高职高专汽车类专业技能型教育教材

车用柴油机电控技术

第 2 版

（配实训工单）

主编　郭建樑　赵培全　赵　洁
参编　李兴旺　张　飞　武耿辉

机械工业出版社

《车用柴油机电控技术》是应用技术型高职院校汽车类专业规划教材。本书采用了全新的阶梯式、系统化的编写方法，对车用柴油机电控原理和高压共轨系统的结构、原理和故障诊断、检查方法进行了详细讲解，使读者能尽快掌握柴油机电控技术并达到维修能力。本书共6个项目18个工作任务，主要介绍了车用柴油机电控技术的发展历程及发展趋势，常见柴油机电控系统的几种类型，保有量大且具典型性的博世、电装电控高压共轨燃油系统结构与原理，柴油机电控系统电路分析与检测，故障诊断基础知识，以及柴油机电控系统故障案例分析。

　　本书条理分明、讲解详细、简单明了、由浅入深、层层引入、图文并茂，具有较强的针对性和实用性，除可作为高职院校及应用型本科院校的汽车维修专业教学用书外，还可作为汽车维修专业培训用书，及维修从业人员自学参考用书。

图书在版编目（CIP）数据

车用柴油机电控技术：配实训工单/郭建樑，赵培全，赵洁主编. —2版. —北京：机械工业出版社，2022.1

高职高专汽车类专业技能型教育教材

ISBN 978-7-111-69955-2

Ⅰ.①车…　Ⅱ.①郭…　②赵…　③赵…　Ⅲ.①汽车-柴油机-电子系统-控制系统-高等职业教育-教材　Ⅳ.①U464.172

中国版本图书馆CIP数据核字（2021）第266493号

机械工业出版社（北京市百万庄大街22号　邮政编码100037）
策划编辑：赵海青　责任编辑：赵海青　丁　锋
责任校对：梁　静　责任印制：张　博
涿州市般润文化传播有限公司印刷
2022年4月第2版第1次印刷
184mm×260mm·20.75印张·505千字
0001—1900册
标准书号：ISBN 978-7-111-69955-2
定价：59.90元

电话服务　　　　　　　　　网络服务
客服电话：010-88361066　机工官网：www.cmpbook.com
　　　　　010-88379833　机工官博：weibo.com/cmp1952
　　　　　010-68326294　金书网：www.golden-book.com
封底无防伪标均为盗版　机工教育服务网：www.cmpedu.com

前　言

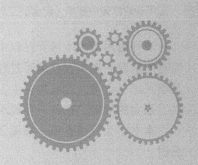

随着汽车行业的快速发展，汽车人才需求激增，无论是汽车制造企业对于汽车研发、汽车制造人才的大量需求，还是汽车后市场对于汽车服务型人才的大量需求，都需要高职院校不断地输送相关人才。而目前，我国高等教育所培养的大部分人才还是以理论知识为主，缺乏实践动手能力，在进入企业一线工作时，往往高不成低不就，一方面企业会抱怨找不到合适的人才，另一方面毕业生们又抱怨没有合适的工作可找，主要问题就在于人才培养模式没有跟上社会发展的实际需求。

国家发布的中长期教育改革和发展规划中明确指出，要提高人才培养质量，重点扩大应用型、复合型、技能型人才培养规模。培养理论和实操兼具的人才，使其去企业到岗直接上手或稍加培养即可适应岗位。

教材建设是高校教学和人才培养的重要组成部分，作为知识载体的教材体现了具体的教学内容和教学要求，不仅是教学的基本工具，更是提高教学质量的重要保证。但目前国内大多数高校在应用型人才培养过程中普遍缺乏适用的教材，现有教材远远不能满足人才培养的要求。因此，如何编写适用教材是培养紧缺人才急需解决的问题。

正是基于上述原因，本书的编写由专职教师和企业骨干相结合，充分体现了专职教师的专业理论知识，同时汇集了企业一线的实践技能；在专业理论知识方面坚持够用为度的指导思想，技能操作方面坚持实用为主的教学原则，理论密切联系实际；特别强调基础知识、基本组成、基本结构、基本原理的重要性，重点突出了在基本电路、工作原理，以及电路分析能力方面的培养，为学员全面掌握柴油机电控技术奠定坚实基础。

本书全面系统地论述了车用柴油机电控技术，全书共分为6个项目。项目一简单介绍了车用柴油机电控技术发展历程、发展趋势，以及柴油机电控系统的基本组成与功能；项目二简要介绍了柴油机常见的几种电控系统；项目三则以当前保有量较大的柴油机高压共轨电控技术为主题，选择应用广泛的博世、电装高压共轨系统作为教学内容，对高压电子控制系统、共轨燃油系统进行了较为详细的阐述；项目四系统、全面、详细地对柴油机电控系统电路进行了分析，包括ECU电源电路的主要构成要素、常见电路控制形式和工作原理，信号传输电路则按传感器、信号开关的共性、特点分类进行电路结构、工作原理的介绍，执行器电路则以电磁喷油器、燃油计量阀为代表介绍了常见电路结构和控制方法；项目五针对柴油机电控系统的故障诊断基础知识，包括常用工具、仪器、诊断仪进行了具有实战性的介绍，并对故障码、数据流以及诊断思路等进行了实例分析；项目六重点通过柴油机电控系统故障案例分析，旨在进一步强化、理解上述所学知识，初步达到对简单故障分析、判断、排除的目的。全书内容紧贴实际，具有较强的实践价值。

　　填补应用型人才培养过程中适用教材的不足，尽快提高应用型人才培养质量，是本教材编写的宗旨。在本教材编写过程中，得到了许多同事、行业专家多方面的帮助与支持，特别是李兴旺、张飞、武耿辉先生，对书中真实车型的相关资料、维修数据、故障案例的收集提供了很大的帮助，在此一并表示感谢。

　　本书在编写过程中，参阅了大量的文献资料，在此对这些文献资料的作者表示衷心的感谢。

　　由于作者水平有限，书中难免有错漏之处，殷切希望广大读者对书中疏漏之处予以批评指正并提出宝贵意见。

编　者

目　录

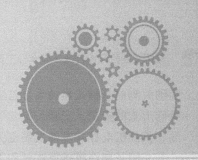

项目一

柴油机电控技术概述

本项目主要了解柴油机电控技术的发展历程、发展趋势以及柴油机电控系统的构成、功能和特点，分两个任务进行学习。

任务1　柴油机电控技术的发展历程及发展趋势

任务2　柴油机电控系统的组成与功能

参考学时及教学建议

本项目总学时为理论教学4学时。

理论教学充分利用多媒体辅助教学的优势，通过生动、形象的图片、动画视觉效果，激发学生的学习兴趣；结合整车实训车辆、柴油发动机试验台架，演示、讲解，调动学生学习的积极性；尽可能多地创造学生动手参与、师生互动的学习氛围；体现教师为主导、学生为主体的教学原则；紧紧围绕"理实一体化"教学模式，使学生在边听、边看、边动的氛围中，真正掌握维修必备知识。

理论知识坚持"够用为度"，重点内容精讲细讲，不求多而全，力求少而精，注重方法传授，培养学习能力。

实践技能坚持"实用为主"，注重示范、强调规范、突出操作、体现动手，像师父带徒弟一样，传授操作技能与维修技巧。

任务1　柴油机电控技术的发展历程及发展趋势

学习目标：

● 了解柴油机电控技术的发展历程及发展趋势

学习内容：

1. 柴油机电控技术的发展历程
2. 柴油机电控技术的发展趋势

1.1.1　柴油机电控技术的发展历程

在石油供应紧张和汽车排放导致环境污染的背景下，仅仅根据柴油机转速控制喷油量和喷油时刻的机械式燃油系统已经远远不能满足发展要求，需要根据实时转速和实际负荷进行特殊形式的控制。于是，柴油机电控技术在飞速发展的电子控制技术平台上应运而生，当然，汽油机电控技术的发展也为柴油机电控技术的发展提供了宝贵经验。

在满足柴油机排放法规和进一步提高燃油经济性和驾驶安全性等社会要求的背景下，从20世纪80年代开始，柴油机电子控制喷油技术先后被世界各大汽车厂商用来控制喷油定时和喷油量，并且控制项目越来越多，如图1-1所示。

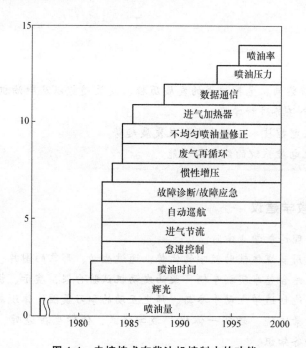

图 1-1　电控技术在柴油机控制中的功能

到目前为止，柴油机电控技术已经历了三代技术变化：

第一代为凸轮压油、位置控制技术。该技术保留了传统柴油机供给系统的基本组成和结构，只是取消了机械控制部件（调速器等），增加了传感器、ECU、执行器等组成的控制系统，使控制精度和响应速度得以提高。位置控制的喷油系统主要是在直列泵和分配泵上进行改进。其优点是：柴油机的结构几乎不需改动，便于对现有柴油机进行升级换代。其缺点是：响应速度慢，控制精度不够高，供油压力不能精确控制。

第二代为凸轮压油、时间控制技术。该技术基本保留了传统燃油供给系统的组成和结构，通过高速电磁阀直接控制高压燃油的适时喷射。一般情况下，电磁阀关闭，执行喷油；电磁阀打开，喷油结束。因此，可实现供油量控制，又可实现供油正时的控制。其优点是：控制自由度更大，供油加压与供油调节在结构上相互独立，使喷油泵结构得以简化，强度得到提高，高压喷油能力大大加强。其缺点是：供油压力无法精确控制。

第三代为共轨蓄压、电磁阀时间控制技术。这是国外于20世纪90年代中期研制的一种新型柴油机电控技术，国内一般称为高压共轨系统。该技术基本改变了传统燃油供给系统的组成和结构，主要以电控共轨（各缸喷油器共用一个高压油管）式喷油系统为特征，直接对喷油器的喷油量、喷油正时、喷油速率和喷油规律、喷油压力等进行时间-压力控制。高压油泵并不直接控制喷油，而仅仅向共轨供油以维持所需的共轨压力，并通过连续调节共轨压力来控制喷射压力。

高压共轨系统具有如下突出特点：

① 高压共轨系统的燃油喷射压力独立于柴油机转速和负荷。在柴油机低转速下，仍可实现较高的燃油喷射压力，可以使柴油机在低速低负荷工况时的性能得以改善。

② 高压共轨系统对喷油时机和喷油量的控制非常自由。

③ 高压共轨系统对喷油规律的调节能力很强。喷油控制仅取决于高速电磁阀，由于该运动件质量比较小，运动惯性也很小。实际控制时，可以实现在一个工作循环内的多次喷射，能够有效地改进燃烧效果。

④ 高压共轨系统能够实现很高的燃油喷射压力。目前已达到 160~200MPa。

⑤ 高压共轨系统适应性较强，可以用于多种柴油机机型。

汽油机采用喷油器替代化油器的技术改进相对简单，进行比较顺利，但是在柴油机上要实现高精度地控制高压燃油的喷射是非常难的，也走过了几个过程，直到今天的高压共轨燃油系统。柴油机电控技术的发展过程如下：

① 模拟电子控制的燃油系统。最初的柴油机电控技术采用模拟电子控制回路、传感器和执行器代替控制喷油量的调速器，如图 1-2 所示。采用电子控制系统代替机械式调速器控制机构可以更加精密地控制柴油机的转速。

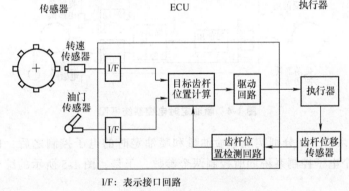

I/F：表示接口回路

图 1-2　模拟电子控制燃油系统框图

② 计算机控制的燃油系统。20 世纪 80 年代以后，随着微型计算机的广泛运用，柴油机的控制技术也进入了革命性的变革。采用微型计算机代替模拟控制电路，通过计算机软件可以实现各种功能的控制，如图 1-3 所示。

利用计算机可以对目标伺服位置进行非常精确地计算处理，使精确控制特性得以实现。计算机电控燃油系统的核心包括两大部分：计算软件和数据 MAP。数据 MAP 法是一种最基本的也是最有效的技术方法，即使在目前最新的喷油控制系统中也在使用。

③ 喷油定时电控系统。要使柴油机获得最佳的噪声和排放效果，必须根据柴油机的实际运行工况控制喷油定时。在机械式提前器中，主要是利用飞块的离心力控制喷油定时。喷油定时只随转速的变化而变化，与其他参数无关。而利用电子、油压伺服机构代替机械系统中的飞块，通过计算机控制喷油定时，可以使柴油机的排放、噪声达到最佳效果，如图 1-4 所示。

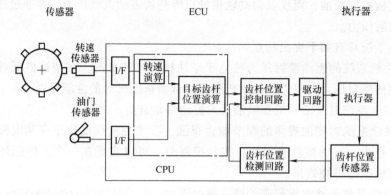

图 1-3　计算机控制的燃油系统框图

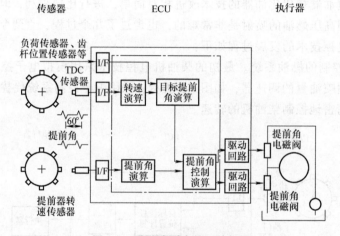

图 1-4　喷油定时电控系统框图

④ 综合电控系统。在分别实现了喷油量和喷油定时的电子控制之后，自然而然地就会考虑到能否用一个电子控制系统同时控制两个参数，于是，图 1-5 所示的综合电控系统应运而生。

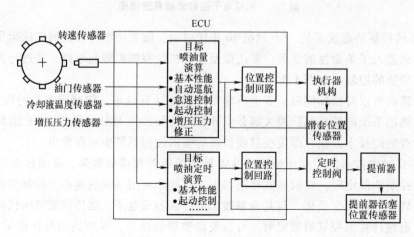

图 1-5　综合电控系统框图

　　在综合电控系统中，将调速器控制和喷油定时控制有机地结合起来，控制精度更高，控制自由度更大。控制系统根据油门开度和柴油机转速确定最佳喷油量的同时，还考虑到喷油量和冷却液温度、转速等参数的相互关系，然后计算出使排放值达到最好的喷油定时，并加以控制。

　　⑤ 电磁阀控制燃油系统。早期的电控燃油系统的基本特点是通过电子伺服机构对调节齿杆或调速器滑套进行位置控制。随着控制技术的发展，电控技术采用了更加简单的电磁阀控制燃油系统。该系统将电磁阀的基本功能应用于燃油压送回路，使计算机可以直接控制燃油喷射，如图 1-6 所示。在 20 世纪 80 年代，人们将该技术用于分配泵控制，开发了高速电磁阀及其电子控制回路，但是，并没有完全实现采用电磁阀同时控制喷油量和喷油定时的目的。该系统的特征是：控制精度不仅取决于电磁阀的响应特性，还与基准凸轮位置的检测精度、转速的检测精度以及速度、计算机的精确度和速度等都有很大的关系。

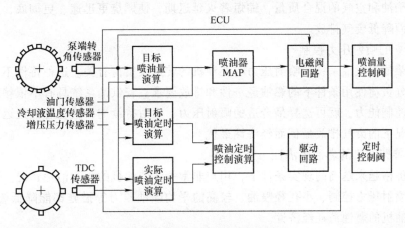

图 1-6　电磁阀控制燃油系统的框图

　　⑥ 共轨式燃油系统。前面几种燃油系统采用的都是传统的机械式喷油泵。为了满足日益严格的排放和噪声法规的要求，并且降低燃油消耗，必须提高喷油量和喷油定时的控制精度，同时还要控制喷油率，对各个气缸进行精细控制，采用高压喷射使燃油能够更好地雾化，能够同时满足这些要求的燃油系统只能是高压共轨燃油系统，如图 1-7 所示。

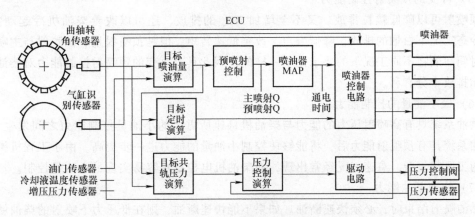

图 1-7　共轨系统的控制框图

共轨技术是指在高压油泵、压力传感器和ECU组成的闭环系统中，将喷射压力的产生和喷射过程彼此完全分开的一种供油方式，由高压油泵把高压燃油输送到共轨管（公共供油管），通过对共轨管内的油压实现精确控制，使共轨管内压力的大小与发动机的转速无关，可以大幅度减小柴油机供油压力随发动机转速的变化，因此也就克服了传统柴油机的缺陷。

高压共轨燃油系统已经得到了广泛应用，并且占据了柴油发动机燃油系统的主导地位。在发动机的电子控制系统中，主要有博世，电装，德尔福，西门子和新风等品牌。

1.1.2 柴油机电控技术的发展趋势

（1）高的喷射压力

为了满足排放法规的要求，柴油喷射压力从10MPa提高到200MPa。如此高的喷射压力可明显改善柴油和空气的混合质量，缩短着火延迟期，使燃烧更迅速、更彻底，并且控制燃烧温度，从而降低废气排放。

（2）独立的喷射压力控制

传统的柴油机供油系统的喷射压力与柴油机的转速及负荷有关。这种特性不利于车辆在低转速、部分负荷使用条件下的燃油经济性和排放要求。若供油系统具有不依赖转速和负荷的喷射压力控制能力，就可选择最合适的喷射压力、喷射持续期、最佳着火延迟期，使柴油机在各种工况下的废气排放最低而经济性最优。

（3）改善柴油机的燃油经济性

在燃油价格越来越高的现实条件下，用户非常关注柴油机的燃油消耗状况。而高喷射压力、独立的喷射压力控制、小孔径喷油、较高的平均喷油压力等措施都能降低燃油消耗率，从而提高柴油机的燃油消耗经济性。

（4）独立的燃油喷射正时控制

喷射正时直接影响着柴油机活塞上止点前喷入气缸的油量，决定着气缸的峰值爆发压力和最高温度。高的气缸压力和温度可以改善燃油消耗经济性，但会导致NO_x增加，而不依赖于转速和负荷的喷射正时控制能力，是在燃油消耗率和排放之间实现最佳平衡的关键措施。

（5）可变的预喷射控制能力

预喷射可以降低颗粒排放，又不至增加NO_x的排放，还可以改善柴油机冷起动性能、降低冷态工况下白烟的排放，降低噪声，改善低速转矩。但是预喷射量、预喷射与主喷射之间的时间间隔在不同工况下的要求是不一样的。因此具有可变的预喷射控制能力对柴油机的性能和排放十分有利。

（6）最小油量的控制能力

供油系统具有高喷射压力的能力与柴油机怠速所需要的小油量控制能力之间发生矛盾。当供油系统具有预喷射能力后，将能够使控制小油量的能力进一步提高。由于工程机械用柴油机的工况很复杂，怠速工况经常出现，而柴油机电控技术容易实现最小油量控制。

（7）快速断油能力

燃油喷射结束时，必须快速断油。如果不能快速断油，则在低压力下喷射的柴油就会因燃烧不充分而冒黑烟，导致HC的排放增加。电控柴油机喷油器上采用高速电磁阀开关就很容易实现快速断油。

（8）降低驱动转矩冲击载荷

燃油喷射系统在很高的压力下工作，既增加了驱动系统所需要的平均转矩，也加大了冲击载荷。燃油喷射系统对驱动系统平稳加载和卸载的能力，是一种衡量喷射系统的标准。而柴油机电控技术中的高压共轨技术则大大降低了驱动转矩冲击载荷。

练习与思考

一、填空题

1. 第一代为凸轮压油、_____技术。该技术保留了传统柴油机供给系统的基本组成和结构，知识取消了_____部件（调速器等），增加了传感器、ECU、_____等组成的控制系统。

2. 第二代为凸轮压油、_____技术，该技术基本保留了传统燃油供给系统的组成和结构，通过_____直接控制_____的_____。

3. 第三代为共轨蓄压、_____技术。该技术基本改变了传统燃油供给系统的组成和结构，主要以电控共轨式_____为特征，直接对喷油器的_____、_____、_____和_____、_____等进行时间-_____控制。

二、简答题

简述柴油机电控技术的发展过程以及发展趋势。

任务2　柴油机电控系统的组成与功能

学习目标：

- 掌握柴油机电控系统的基本构成
- 熟悉柴油机电控系统的功能
- 了解柴油机电控系统的主要特点

1.2.1　柴油机电控系统的构成

柴油发动机电子控制系统与车辆其他电子控制系统（汽油发动机、ABS等）基本相同，主要由信号传输装置（传感器、信号开关）、电子控制器（ECU）和执行器三大部分构成。图1-8为柴油机典型的电控系统结构示意图。还可将柴油机电控系统简化为图1-9所示的几个模块，下面分别予以介绍。

1. 信号传输部分

信号传输部分是电控系统中的重要组成部分，包括传感器和信号开关，它们可以把物理量、电量、磁量和化学量等信号转换成ECU可识别的信号，用以对燃油喷射系统进行精确地控制。

（1）传感器

① 进气温度和压力传感器。它们可以分别将柴油机进气（通过涡轮增压器后）的温度

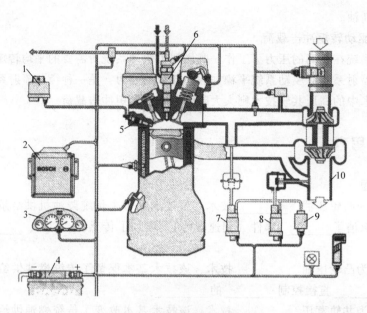

图 1-8　柴油机电控系统构成图

1—预热电控单元　2—ECU　3—燃油消耗仪表　4—蓄电池　5—预热塞
6—喷油器　7—EGR 调节阀　8—压力执行器　9—真空泵　10—涡轮增压器

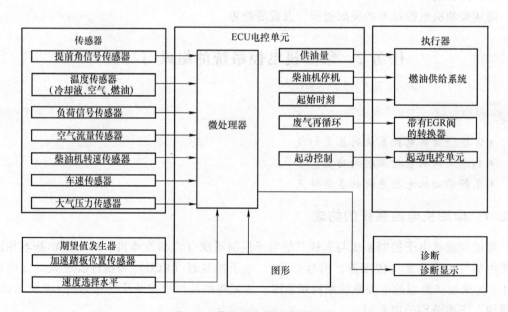

图 1-9　柴油机电控系统模块图

和压力转换成电压信号，这些信号经 ECU 处理后可以用于计算柴油机的进气量。

　　② 曲轴信号传感器。曲轴信号传感器安装在靠近曲轴正时齿轮或飞轮的位置，当曲轴上安装的柴油机转速脉冲齿轮通过传感器时，传感器内线圈的磁场发生变化，从而产生 AC 电压。柴油机 ECU 将 AC 电压作为检测信号而检测出来，通过对电压信号的处理，可以得到柴油机转速、角加速度的瞬态值和平均值。

③ 凸轮轴信号传感器。电控柴油机的凸轮轴上装有铁磁材料的信号轮。凸轮轴信号传感器安装在凸轮轴旁边，当凸轮轴转动时，凸轮轴信号传感器就会产生与凸轮齿廓对应的电脉冲信号。凸轮轴信号主要用于对柴油机的运转状态做相角初定位。

④ 冷却液温度传感器。常用的冷却液温度传感器是用热敏电阻制成，通过铜材料外壳的保护，直接安装在柴油机的冷却液循环通道内的合适位置。控制系统将根据不同的冷却液温度实施相应的控制策略。

⑤ 加速踏板位置传感器。在电控柴油机中，"油门"已经不是传统的含义，其对应的功能由一个加速踏板位置传感器取代。其外观仍像传统的加速踏板，但它与供油量的控制没有任何机械的连接关系。在它的转轴位置安装着一个由精密导电塑料作为接触材料制成的电位器（也有汽车厂家采用霍尔元件），与加速踏板一起转动，可以将加速踏板的位置转角转换成电信号。控制系统通过对这一传感器的采样可以了解驾驶人的操控意图，并结合其他控制要素的综合处理，最终控制供油量和供油时机。

⑥ 废气再循环阀位置传感器。废气再循环（Exhaust Gas Recirculation，EGR）阀门工作时连动着一个位置传感器，该传感器一般是由精密导电塑料制成的电位器，它将阀门的位移量转换为电信号量。通过对这一传感器采样，控制系统可以获取废气再循环阀的当前开度，通过与开度期望值的比较，可以决定此刻应对该阀门的控制动作。

（2）信号开关

作为信号传输部分的重要组成部分，信号开关在电控系统中的数量一般要大于传感器的数量。这是因为信号开关发送的是数字信号，是电子控制器最易于处理的信号。所以，电控系统中除了必须通过传感器监测的一些模拟信号外，大多采用了信号开关。在柴油机电控系统中最常见的信号开关有：点火开关、起动开关、空档开关、离合器开关、制动灯开关、排气制动开关、空调开关、巡航开关、远程油门开关、诊断开关、省油开关等。

随着柴油机控制系统的日益发展，其功能和用途也越来越丰富，导致控制系统中需要使用的传感器和信号开关的种类和数量也日益增多，传感器和信号开关的相关知识将在项目三中进行详细介绍。

2. 执行器

发动机电子控制系统的各种控制功能的实现，都是借助于各自的执行器来完成的。因此，根据发动机电子控制系统具备的控制功能强弱不同，各种车型上控制发动机的执行器也有多有少。电控系统主要的执行器有电控喷油器、燃油计量阀、预热装置、针阀升程电磁阀、排气制动阀、废气再循环阀、冷却风扇、起动机、压缩机和各种报警显示等。

执行器随车型不同数量和种类也不同，按照执行器的构造和作用大体上可分为以下几种。

（1）电磁阀式

电磁阀式执行器，是通过电流流入电磁线圈产生磁力，使活塞或柱塞移动，以打开或关闭阀门，这种类型的执行器在电控系统中应用最多。根据其功能或要求的不同，又可分为通断控制和占空比控制两种控制方式。

① 通断控制：即电磁阀的阀门工作在两种状态——打开或关闭。

② 占空比控制：在电子控制系统中，根据工作的需要，有些通道或阀门要随时进行任意度的调节，以满足不同工况时的需要，如发动机进气系统的怠速控制阀、燃油系统的电

控喷油器、燃油压力控制阀等。

（2）继电器式

当控制的电器件需要较大电流时，继电器是一种理想的控制元件，因为它具有小电流控制大电流的功用，所以在电路中广泛采用，不仅对开关，特别是对电子控制器内的电子电路起到了很好的保护作用。工作时通过开关或电子控制器内部电路对继电器电磁线圈通以电流，使电磁线圈产生磁力吸动触点，大电流将通过继电器触点输送给用电器，从而控制执行器完成工作任务。比如，柴油机预热塞、冷却风扇、空调压缩机离合器、排气制动阀等均用继电器控制。

（3）伺服电动机式

对于利用电动机作为动力来控制阀门或通道的系统来说，伺服电动机已经发挥了不可替代的作用，工作中通过电子控制器（ECU）控制电动机的电流极性，使电动机正转或反转，以控制零件或阀门的转动或移动。如发动机怠速电动机，也称步进电动机，电脑控制其电枢旋转时，可随时停在任意位置，以精确控制阀门的开度，来调节发动机怠速；还有空调系统空气通道的风门转换或开闭所用的伺服电动机等。

（4）显示器式

显示器式多指电子控制器对仪表板中的显示器或指示灯进行控制，以提供驾驶所需的信息。最常见的有各种电子控制系统故障指示灯、工作指示灯，有些还有各种电子式仪表等。

3. 控制器

柴油机电控系统的电子控制器一般称为电控单元，也称为柴油机控制模块，习惯上简称为 ECU（Electronic Control Unit）或 ECM（Engine Control Module）。本书中一律采用 ECU 的称呼。注意：ECU 的称呼并不是柴油机电子控制器专属的。事实上，在当前生产的某些车辆上有许多其他的电子控制系统，如自动变速器、防抱死制动系统、安全气囊等，都有自己的 ECU，不要搞混了。在本书中如没有特殊说明，ECU 都是指柴油机电控系统中使用的控制器。

ECU 主要根据各传感器输入信号和内存程序，计算出供（喷）油量和供（喷）油开始时刻，并向执行元件发出执行令信号。

① ECU 的控制功能。在电控柴油机中，可以将 ECU 看成是"大脑"。电控柴油机的所有机械部件只是使柴油机具备了能够发挥出效能的可能性，而只有在 ECU 的控制下，才能部分或全部发挥出其效能。

② ECU 的硬件。从外观上看，ECU 就是一个铝外壳的扁平盒子，里边装有一块集成电路板。集成电路板上有个多路的插接器（Connecter），所有的对外电路连接都通过插接器实现。集成电路板上一般是采用贴片制造工艺安装的电路元件，其中最重要的元件是一片单片计算机（Chip Computer）或称微控制器（Microcontroller）。另外，还有一些其他的元件完成一些辅助的输入输出功能。

③ ECU 的软件系统。ECU 既然是微型计算机系统，它的所有工作当然是受软件控制的。ECU 的软件系统完成的主要功能有：单片计算机运行环境的配置、外部信号的输入操作、内部的逻辑运算和处理、对输出信号和驱动的控制、对其他信息系统的通信等。

④ ECU 的标定与调试。在 ECU 控制柴油机的工作过程中，有一些专用控制参数能够决定控制效果。这些控制参数的不同取值会不同程度、不同范围地影响最终控制效果。其中最

重要的是每次喷射的供油量和供油相位。确定这些控制参数在每一个特定的工况条件下最佳取值量的调试过程称之为标定。调试与标定过程需要利用另一台计算机,通过与 ECU 的通信,在 ECU 实时控制柴油机工作的过程中对每个工况进行标定。

1.2.2　柴油机电控系统的功能

柴油机电控系统的任务是对喷油系统进行电子控制,实现对喷油量以及喷油定时随运行工况的变化而进行实时控制。采用转速、加速踏板位置、喷油时刻、进气温度、进气压力、燃油温度、冷却液温度等传感器,将实时检测的参数同时输入 ECU,与已储存的设定参数值或参数图谱(MAP 图)进行比较,经过处理计算按照最佳值或计算后的目标值把指令送到执行器。执行器根据 ECU 指令控制喷油量(供油齿条位置或电磁阀关闭持续时间)和喷油正时(正时控制阀开闭或电磁阀关闭始点),同时对废气再循环阀、预热塞等执行机构进行控制,使柴油机运行状态达到最佳。电控系统的主要功能见表 1-1,在此不再一一展开详述。

表 1-1　电控系统的主要功能

控制项目	具体内容
喷油量控制	基本喷油量控制
	怠速转速控制
	起动喷油量控制
	加速时喷油量控制
	不均匀油量补偿控制
	定车速控制
喷油时间控制	基本喷油时间控制
	起动喷油时间控制
	低温时喷油时间控制
喷油压力控制	基本喷油压力控制
喷油率控制	预喷油量控制
附加功能	预行程控制
	自我故障诊断
	故障应急系统
	数据通信
	变速器控制
	EGR 控制
	进气量控制
	……

1.2.3　柴油机电控系统的主要特点

柴油机电控系统的一个突出特点是借助微型计算机的功能,可以实现更为复杂的控制工作,而这在以前是不可能实现的。在采用电子控制系统之后,柴油机的面貌大为改观,且随着电子控制系统技术的逐步发展和不断成熟,人们对柴油机所提出的种种苛刻要求也逐步得以满足。下面简要介绍柴油机电子控制系统的特点：

1) 能够智能化地控制燃油喷射量和根据柴油机的工作状况控制喷油提前角，有效地提高了柴油机的燃料经济性、动力性和排放质量。

2) 改善了柴油机的调速特性，由 ECU 控制代替了传统的离心式调速器，使转速控制更精确、更可靠。

3) 提高了柴油机的冷起动（低温起动）性能，ECU 可通过冷却液温度传感器或机油温度传感器确定柴油机是否处于冷起动。ECU 接受传感器信号后，根据信号参数值对喷油量和喷油正时进行优化控制，使之既能起动容易又避免了柴油机起动时冒白烟。另外，ECU 只要确认柴油机是在低温下怠速运转，就会将柴油机的转速提高至 800~900r/min，并且，如果此时在柴油机冷却液温度或机油温度低于最低限值，ECU 则不会接收油门位置的任何输入信号。

4) 降低柴油机的排烟。ECU 根据油门开度、冷却液温度、机油温度以及涡轮增压器的进气压力，精确地控制喷油量和喷油正时，使尾气排放更加理想化。

5) 减少柴油机排气污染。为了实现这一目标，提高了喷油器的制造精度，提高了燃油的喷射压力，提高了柴油机各缸喷油量的一致性，可以在电磁阀的标牌上查到校准码，通过仪器向 ECU 输入每个喷油器电磁阀的校准码。

6) 可通过程序实现对柴油机的功率进行重新编程。对一定型号的柴油机，可以设计三种不同的功率状态。

7) 由于取消了机械调速器，减少了维修任务。

8) 具有柴油机的保护功能，当 ECU 测知传感器的信号失控时，ECU 除了闪烁警告灯以提醒驾驶人注意外，同时减少喷油量，甚至使柴油机熄火。

9) 具有柴油机自我诊断功能。ECU 对电控系统所有传感器、执行器、插接器及其电路的断路、短路、信号失真等故障，均可以进行连续性的监测，如发现电控系统有故障，便储存故障码，必要时可以起动安全保护功能；维修时则可通过仪器调取故障码、数据流以及波形，以利于快捷维修。

10) 提高了柴油机运转稳定性、动力性和经济性。ECU 可根据柴油机的曲轴位置传感器和凸轮轴的位置传感器的信号，准确地测知柴油机的转速信号和凸轮轴的位置，再根据柴油机工况提供的其他信号，准确地控制喷油量和喷油提前角，使柴油机始终工作在最佳状态，也就是说，无论负荷怎样变化，都能保证柴油机在任何工况下稳定良好运转，有利于提高其经济性。

11) 适应性广。只要改变 ECU 的控制程序和数据，一种喷油泵就能广泛用在各种柴油机上，而且柴油机燃油喷射控制可与变速器控制、怠速控制等各种控制系统进行组合实现集中控制，有利于缩短柴油机电控系统开发周期，并降低成本，从而扩大柴油机电控系统的应用范围。

练习与思考

一、填空题

1. 柴油机电子控制系统与车辆其他电子控制系统（汽油发动机、ABS 等）基本相同，主要由_____（传感器、信号开关）、_____（ECU）和_____三大部分构成。

2. 作为信号传输部分的_____部分，信号开关在电控系统中的数量一般要大于_____的数量，因为，信号开关发送的是_____信号，是电子控制器最易于处理的_____。

3. 在柴油机电控系统中最常见的信号开关有：_____开关、_____开关、_____开关、_____开关、_____开关、_____开关、_____开关、_____开关、_____开关、_____开关、_____开关等。

4. 柴油机电控系统中，主要的执行器有_____、_____、_____、_____电磁阀、_____、_____阀、_____、起动机、_____和各种报警显示等。

5. ECU 主要根据各_____输入信号和_____，计算出_____油量和_____时刻，并向执行元件发出_____信号。

二、简答题

1. 简述柴油机电控系统都有哪些最常用的传感器。

2. 简述柴油机电控系统中哪些执行器是进行占空比控制的。

3. 简述柴油机电控系统中哪些执行器是通过继电器进行控制的。

项目二

几种类型的柴油机电控系统

本项目主要了解几种类型的柴油机电控系统的基本组成、结构及工作原理，分为4个任务进行学习。

任务1 电子控制直列泵燃油系统

任务2 电子控制柱塞式分配泵燃油系统

任务3 电子控制泵喷嘴和单体泵

任务4 电子控制高压共轨燃油系统

 参考学时及教学建议

本项目总学时为12学时，其中：理论教学为4学时，实践教学为8学时。

理论教学充分利用多媒体辅助教学的优势，通过生动、形象的图片、动画视觉效果，激发学生的学习兴趣；结合整车实训车辆、柴油发动机试验台架，演示、讲解，调动学生学习的积极性；尽可能多地创造学生动手参与、师生互动的学习氛围；体现教师为主导、学生为主体的教学原则；紧紧围绕"理实一体化"教学模式，使学生在边听、边看、边动的氛围中，真正掌握维修必备知识。

理论知识坚持"够用为度"，重点内容精讲细讲，不求多而全，力求少而精，注重方法传授，培养学习能力。

实践技能坚持"实用为主"，注重示范、强调规范、突出操作、体现动手，像师父带徒弟一样，传授操作技能与维修技巧。

在柴油机供油系统中采用电子控制技术，主要是通过电控技术来实现对喷油泵喷油量、喷油正时、喷油速率及喷油压力的控制。根据对柴油机不同喷油量和喷油时间的控制，可将柴油机电控喷射系统分为两类：以"时间控制"或"位置控制"为目标的第一代柴油机电控喷射系统，在不改变喷油压力的前提下，控制喷油量和喷油正时，主要包括直列柱塞泵电控系统和分配泵电控系统；以"压力控制"为目标的第二代柴油机电控喷射系统，喷油压力较传统燃油喷射系统有所提高，主要包括泵喷嘴电控系统和共轨式电控燃油喷射系统。

任务 1 电子控制直列泵燃油系统

学习目标：

1. 了解直列柱塞泵电控系统的组成
2. 熟悉直列柱塞泵电控系统的工作原理

学习内容：

1. 直列柱塞泵电控系统的组成
2. 直列柱塞泵电控系统的工作原理

传统直列柱塞泵燃油供给系统如图 2-1 所示。柴油通过输油泵进入柴油滤清器，经过滤清器过滤后的低压柴油流经低压油管进入直列柱塞泵 5，在柱塞泵内被加压的柴油通过出油阀偶件，被泵入喷油器 10 内，通过喷油器给柴油机各缸供油。输油泵供给的多余柴油通过直列柱塞泵的回油管路 6 流回，并继续循环使用。

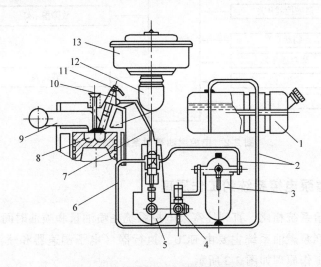

图 2-1 传统直列柱塞泵燃油供给系统

1—燃油箱 2—低压管路 3—燃油滤清器 4—输油泵 5—直列柱塞泵 6—直列柱塞泵回油管路 7—高压管路
8—柴油机燃烧室 9—排气道 10—喷油器 11—喷油器回油管 12—进气道 13—空气滤清器

传统直列泵燃油供给系统泵油量的多少取决于柱塞在柱塞套筒内的有效行程。所谓柱塞的有效行程是指从出油阀打开到柱塞中心的斜槽与套筒上的低压油孔接通时柱塞上移的距离。要改变柱塞泵泵油量的多少，可以通过旋转柱塞，从而改变有效行程来实现。传统的直列泵燃油供给系统供油量的调节是由机械调速器来完成的。通过供油拉杆或供油齿条的横向移动，使柱塞在柱塞套筒内转动，来改变柱塞的有效行程，从而增加或减少泵油量。柱塞泵供油时刻主要取决于供油提前角的大小。所谓供油提前角是指从柱塞泵开始供油到柱塞运行到上止点所对应的曲轴转角。柱塞泵供油时刻的调整是通过改变滚轮体的有效高度来实现的。当增加调整垫片的厚度，使滚轮体有效高度增加时，柱塞位置上升，柱塞泵的供油时刻提前，供油提前角增大；若降低垫片厚度，则供油提前角减小。

2.1.1 直列柱塞泵电控系统的组成

直列柱塞泵电控燃油喷射系统由 ECU、各类传感器以及执行元件组成。如图 2-2 所示，ECU 接受各类传感器输入的脉冲信号，并对接收到的信号进行判断、演算，与预先存储数据进行对比后确定相应的控制量，通过输出电路将指令发送到各执行元件从而改变执行元件的工作状态。

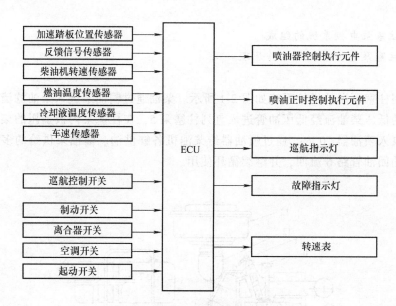

图 2-2 电控燃油喷射系统工作过程

2.1.2 直列柱塞泵电控系统的工作原理

与传统燃油供给系统相比，直列柱塞泵电控系统在喷油量和喷油时间等方面均采用电控技术。电子控制直列泵燃油系统主要由 ECU、执行器（电子调速器和喷油定时器）以及喷油泵等部件组成。工作原理如图 2-3 所示。

其中，控制喷油量多少的供油齿条或拉杆由电子调速器进行驱动，喷油正时由喷油提前器（正时控制器）进行调节，并分别通过供油拉杆（或齿条）位置传感器和喷油正时传感器对喷油量和喷油正时进行闭环控制，如图 2-4 所示。

1. 电子调速器

图 2-4 所示为直列柱塞泵喷油量闭环控制系统。ECU 接受各传感器信号，结合柴油机转速信号来确定喷油泵的基本供油量，同时根据齿条位置传感器、冷却液温度传感器以及进气流量传感器等传感器发出的信号对基本供油量进行修正。伺服电路通过电子调速器控制供油拉杆（或齿条）的位置，使柱塞泵达到预期供油量。直列柱塞泵电控系统对供油量采用"位置控制式"，常用电子调速器来控制供油拉杆（或齿条）的位移方向和位移量。根据对供油拉杆控制方式的不同，可将电子调速器分为线性直流电动机型电子调速器和螺线管型电

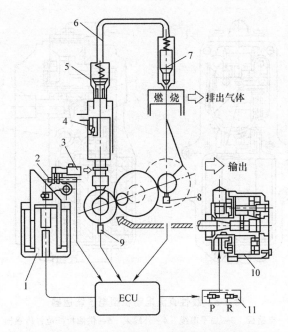

图 2-3 直列柱塞泵电控系统工作原理

1—调速器 2—供油拉杆位置传感器 3—供油拉杆 4—柱塞 5—出油阀 6—高压油管
7—喷油器 8—柴油机转速传感器 9—喷油正时传感器 10—正时控制器 11—电磁阀

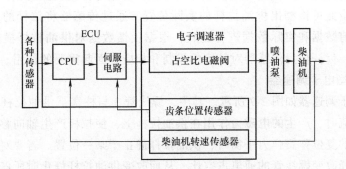

图 2-4 直列柱塞泵喷油量闭环控制系统

子调速器。

(1) 线性直流电动机型电子调速器

喷油量的多少主要通过电子调速器进行控制。如图 2-5 所示,电子调速器由线性步进电动机、供油拉杆以及供油拉杆位置传感器等部件组成。永久磁铁构成的圆柱形磁场中装有可上下移动的线圈套筒,当线圈中有电流通过时即会产生电磁力使线圈套筒上下移动。线圈移动方向受线圈中电流的流通方向的影响,通过改变电流方向来改变磁场中作用力的方向,进而控制线圈上下移动。

图 2-6 所示为电动机型电子调速器对直列泵喷油量的控制系统。控制系统中线圈套筒的往复运动带动连杆绕连杆轴进行旋转。如图 2-6 所示,线圈套筒上移,连杆绕轴作逆时针旋转,此时上端的供油拉杆向左侧移动。反之,若改变电流方向使线圈套筒向下移动,则供油

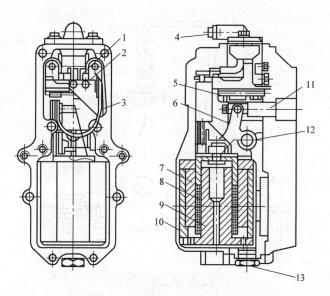

图 2-5 线性直流电动机型电子调速器

1—销子 2—电路板 3—扁平电缆 4—外线束 5—供油拉杆位置传感器 6—连杆
7—永久磁铁 8—移动线圈 9—内芯 10—外芯 11—供油拉杆 12—拉杆轴 13—机油回路

拉杆向右侧移动，由此来控制喷油量。供油拉杆末端固定着可随拉杆移动的铜片，齿杆位置传感器固定不动。因此当拉杆移动时，铜片与传感器的相对位置发生变化，传感器感应线圈中的磁场变化，由此可检测出供油拉杆的实际位置，通过传感器将拉杆的位置信号传递给ECU，ECU对已有数据和实际数据进行比较，根据反馈数据对供油拉杆横向移动位置进行控制。由此可见，齿杆位置传感器对精度的控制和相应方面起重要的作用。

（2）螺线管型电子调速器

螺线管型电子调速器如图 2-7 所示。其中，螺线管 3 与柱塞泵供油拉杆的一端相连。当向螺线管提供电流时，产生的电磁力作用在供油拉杆上，使拉杆产生轴向移动，直至电磁力与供油拉杆左侧的复位弹簧弹力平衡时，供油拉杆静止于某一位置。若要对柱塞泵的喷油量进行调节，可选择改变螺线管的通电占空比，从而改变供油拉杆静止时所停留的位置。在整个供油过程中，供油拉杆位置传感器可随时将拉杆的实际位置通过电信号的形式反馈给ECU，实现供油量的闭环控制。

2. 正时控制器

柴油喷射时间对柴油机 NO_x 排放量影响较大。因此对燃料喷射时间的控制可有效改善尾气中 NO_x 的排放。柱塞泵电控系统中采用正时控制器通过控制供油时刻来控制喷射定时。直列柱塞泵采用电控液压式正时控制器，根据对油路中机油压力控制方式不同，可分为电磁阀型正时控制器和步进电动机型正时控制器两种。

（1）电磁阀型正时控制器

直列柱塞泵的供油时刻随液压腔内机油压力的变化而变化，而机油压力的改变受 ECU的控制，ECU通过控制供油电磁阀和回油电磁阀的开闭来实现对液压腔内油压的控制。正时控制器具体工作原理如图 2-8 所示。

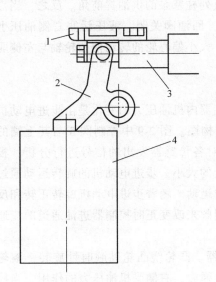

图 2-6　供油拉杆控制装置

1—供油拉杆位置传感器　2—连杆

3—供油拉杆　4—可移动线圈套筒

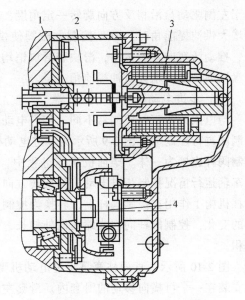

图 2-7　螺线管型电子调速器

1—供油拉杆　2—复位弹簧　3—螺线管

4—转速传感器

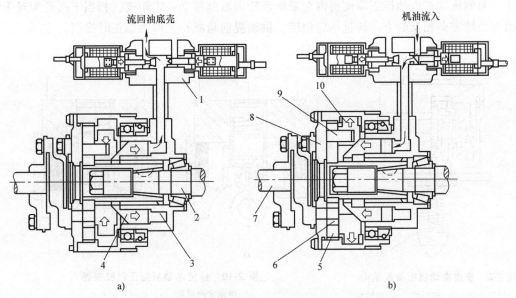

a)　　　　　　　　　　　b)

图 2-8　电磁阀型正时控制器工作原理

a) 电磁阀不通电　b) 电磁阀通电

1—电磁阀　2—凸轮轴　3—液压油腔　4—液压活塞　5—大偏心轮

6—小偏心轮　7—驱动轴　8—驱动盘　9—滑块销　10—滑块

　　滑块销安装在两个用弹簧连接的半圆形滑块上，在弹簧弹力的作用下，两个滑块始终处于向轴心靠拢的状态。当需要减小供油提前角时，ECU 控制电磁阀使供油阀关闭而回油阀打开。此时液压腔内的机油通过回油通道流回油底壳，液压腔内油压下降。液压活塞沿图 2-8a 中箭头方向向右侧轴向移动。滑块和滑块销的径向移动使大小偏心轮转动，凸轮轴相对于左侧驱动盘沿相反方向旋转一定角度，由此减小直列柱塞泵的供油提前角。反之，当需要增大供油提前角时，ECU控制电磁阀使供油阀打开，回油阀关闭。液压活塞右侧油压上升，推动活塞向左侧运动，滑块和滑块销均向外移动。大小偏心轮的转动使凸轮轴与左侧驱动盘同向转动，增大供油提前角。

（2）步进电动机型正时控制器

与电磁阀式正时控制器不同，步进电动机正时控制器内机油压力的变化是由步进电动机控制阀进行控制的。图2-9所示为步进电动机控制阀结构图。图2-9中控制阀5与其上端的控制阀杆连接为一体。柴油机工作过程中，ECU通过对各传感器发出的信号进行分析，根据车辆运行情况控制步进电动机的旋转方向以及转动量的大小。步进电动机的旋转运动通过丝杠机构1作用在控制阀杆上，转换为控制阀杆的直线运动。随着步进电动机旋转正转和反转的变化，控制阀杆向内收缩或向外伸长，并通过控制阀来改变正时控制器进油通道的流通面积。

图2-10所示为直列柱塞泵步进电动机型正时控制器。凸轮绕凸轮轴顺时针旋转，滚轮体安装在一个可横向移动的滑套内。滑套左侧承受弹簧弹力，右侧受机油压力的作用。当控制阀向内收缩时，进油通道流通截面增大，此时机油腔内油压迅速上升，滑套克服弹簧弹力带动滚轮体向左移动一定距离，相当于凸轮相对于滚轮沿其旋转方向转过一定角度，此时供油提前角增大，即供油正时提前。反之，若控制阀向外伸长，则进油通道处的横截面积相应减小，右侧机油腔内油压下降使得滑套带动滚轮向右侧移动一定距离，相当于凸轮相对于滚轮沿与旋转方向相反的方向转过一定角度，供油提前角减小，即供油正时推迟。

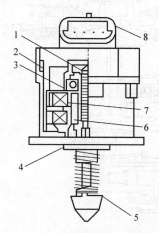

图2-9 步进电动机控制阀结构

1—丝杠机构 2—密封圈 3—后轴承
4—前轴承 5—控制阀 6—转子
7—定子 8—线束插接器

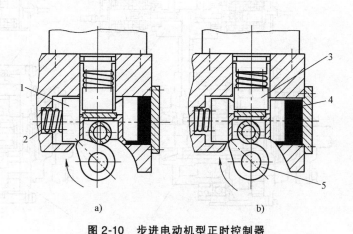

a) b)

图2-10 步进电动机型正时控制器

a) 供油正时提前 b) 供油正时推迟

1—滑套 2—滑套弹簧 3—滚轮体 4—机油腔 5—分泵驱动凸轮

练习与思考

一、填空题

1. 传统直列泵燃油供给系统_____的多少取决于柱塞在_____内的有效_____。

2. 所谓柱塞的_____是指从_____打开到_____的_____与_____上的低压油孔_____时柱塞上移的_____。

3. 传统的直列泵燃油供给系统_____的调节是由_____来完成的。通过_____或_____的_____移动，使柱塞在_____内_____，来改变柱塞的_____，从而增加或减少_____。

4. 柱塞泵供油时刻主要取决于_____的大小。所谓供油提前角是指从_____开始供油到_____运行到_____所对应的_____转角。

5. 直列柱塞泵电控系统对供油量采用_____，常用_____来控制_____的_____和_____。

二、简答题

1. 简述直列柱塞泵电控系统的电子调速器的作用。

2. 简述直列柱塞泵电控系统的电子调速器的类型。

3. 简述直列柱塞泵电控系统的正时控制器的作用。

4. 简述直列柱塞泵电控系统的正时控制器的类型。

5. 简述直列柱塞泵电控系统的工作原理。

任务 2　电子控制柱塞式分配泵燃油系统

学习目标：

- 了解传统柱塞式轴向压缩分配泵基本结构与工作过程
- 熟悉位置控制与时间控制柱塞式分配泵的相同与不同之处
- 掌握电子调速器的作用、结构、工作原理及常见类型
- 掌握正时控制器的作用、结构、工作原理及常见类型
- 了解径向柱塞式电控分配泵结构及工作原理

学习内容：

1. 传统柱塞式轴向压缩分配泵
2. 位置控制柱塞式分配泵
3. 时间控制柱塞式分配泵
4. 径向柱塞式分配泵

柱塞式分配泵在工作时主要依靠柱塞的往复运动和轴向的转动实现泵油和燃油分配的。在分配泵柱塞上，沿其径向均匀分布着与柴油机气缸数相等的进油槽，当柴油机气缸工作时，每气缸工作一次，就通过分配泵柱塞上的每个进油槽完成一次吸油过程。

2.2.1　传统柱塞式轴向压缩分配泵

传统的柱塞式分配泵为柱塞轴向压缩的分配泵，又称 VE 型分配泵，具体结构如图 2-11 所示。VE 型分配泵的工作分为柱塞工作过程、供油过程和分配泵工作过程 3 个阶段。

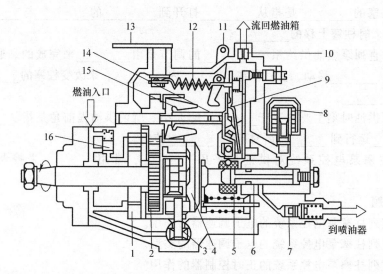

图 2-11 VE 型分配泵

1—滑片式输油泵 2—驱动齿轮 3—喷油提前器 4—凸轮盘 5—油量控制滑套 6—柱塞
7—出油阀 8—断油阀 9—张力杠杆 10—溢流节流孔 11—驻车手柄 12—调速弹簧
13—调速手柄 14—调速套筒 15—飞锤 16—高压阀

1. 柱塞工作过程

泵轴的旋转带动着端面凸轮旋转，端面凸轮与分配泵柱塞连为一体，如图 2-12 所示，端面凸轮上的凸峰数量与气缸数是相等的。凸轮左侧通过联轴器 3 与驱动泵轴 1 相连接，右侧与分配泵柱塞 5 连为一体。

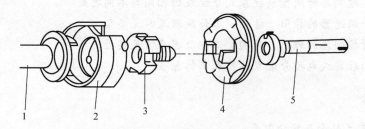

图 2-12 分配泵柱塞驱动机构

1—驱动泵轴 2—滚轮架 3—联轴器 4—端面凸轮 5—分配泵柱塞

当端面凸轮的凸峰与滚轮接触时，端面凸轮带动分配泵柱塞沿轴向向右运动，当转过凸峰时，又在左侧柱塞复位弹簧的作用下向左移动，恢复到原有状态。端面凸轮与分配泵柱塞连为一体，因此当端面凸轮旋转时，柱塞跟随着一同旋转的同时做轴向往复运动，从而完成分配泵的每一次泵油过程。对于四缸柴油机而言，分配泵柱塞每旋转 1 周，对应着发生 4 次轴向往复运动，即与端面凸轮数量相等。

2. 供油过程

图 2-13 所示为安装在 VE 型分配泵内部的叶片式输油泵，主要用于对通过滤清器过滤的柴油进行二次泵油，将柴油输送到 VE 型分配泵内。

图 2-13 中叶片 4 安装在转子 2 的 4 个凹槽内，叶片外端的圆弧面与偏心环的内表面紧

密贴合，在两叶片之间与转子和偏心环内表面共同组成了一个密闭的泵油腔。图2-13中的4个泵油腔随着转子在偏心环内的转动其容积产生周期性的变化。当进油口处容积增大时，泵油腔内的真空吸力将柴油吸入，随着转子的旋转，泵油腔容积减小，内部柴油被压缩，压力逐渐升高。当泵油腔与输出油道5连通时，被压缩的高压柴油通过输油管路被输送到VE型分配泵内。调压阀6安装在输油管道中，当输送给VE型分配泵的油压过高时，高压柴油将调压阀顶开，多余的油液通过调压阀又流回低压油管中；当输油压力过低时，又可通过增加调压阀弹簧预紧力的方法，提高输出油压。

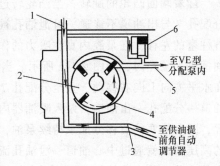

图2-13　叶片式输油泵

1—低压油管　2—转子　3—油道

4—叶片　5—输出油道　6—调压阀

3. 分配泵工作过程

分配泵的工作任务主要是提高柴油压力，并将高压柴油泵入喷油器内；当需要停机熄火时迅速断开油路，停止供油。具体工作原理图如2-14所示，分为吸油、泵油、回油和断油4个工作过程。

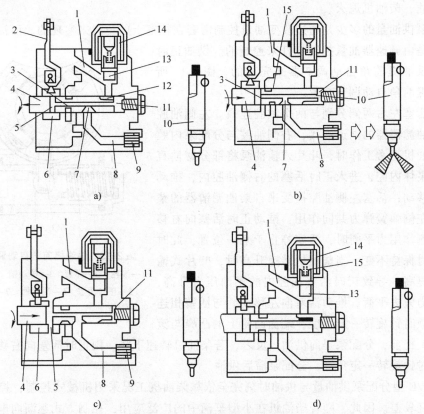

图2-14　分配泵工作过程

a）吸油　b）泵油　c）回油　d）断油

1—进油道　2—油量控制杆　3—柱塞中心油道　4—柱塞　5—泄油孔　6—油量控制滑套　7—分配孔

8—出油道　9—出油阀　10—喷油器　11—泵腔　12—轴向进油槽　13—断油阀体　14—断油电磁阀　15—弹簧

　　随着端面凸轮的旋转，当凸轮转过滚轮架时，在左侧复位弹簧的作用下柱塞向左移动。分配孔 7 与出油道不连通，且泄油孔被油量控制滑套封闭，整个泵腔为一个密闭的空间。随着柱塞的左移，在泵腔内真空吸力的作用下，来自叶片式输油泵的柴油通过进油道、轴向进油槽进入泵腔内，如图 2-14a 所示。当端面凸轮旋转到与滚轮架接触时，柱塞转动并伴随着在水平方向上向右移动，直至分配孔 7 打开与出油道连通。此时泵腔内的高压柴油通过中心油道→分配孔→出油道，泵入喷油器内。至此，分配泵完成了泵油过程。图 2-14c 为回油过程，随着柱塞的右移分配泵持续泵油，当泄油孔 5 与油量控制滑套 6 错开一定位置，泵腔内的高压柴油就通过中心油道→泄油孔流入分配泵壳内腔。出油道内油压迅速下降，伴随着柱塞的右移，分配孔关闭，泵油过程结束。

　　分配泵供油量的多少取决于油量控制滑套在柱塞上的安装位置。当滑套向右移动时，泵油时间延长，供油量增加。反之，若滑套向左移动则泵油时间缩短，柱塞向左移动的有效行程缩短，供油量减少。

　　图 2-14d 称为断油过程。分配泵内的燃油是通过进油道 1→轴向进油槽 12 进入泵体的。当柴油机停机熄火时，为了防止分配泵出现继续供油的现象，在进油道内设有断油电磁阀。接通点火开关，电磁阀通电将阀体向上吸引，进油通道被打开，向分配泵供油。当点火开关断开时，电磁阀断电，在弹簧 15 的弹力作用下，电磁阀向下运动，断开进油道，因此分配泵停止供油，柴油机熄火。

　　分配泵供油量的多少是通过改变油量控制滑套在柱塞上的位置来实现的。而油量控制滑套的位置是由调速器油量控制杠杆来控制的。供油正时则是通过供油提前角自动调节器来完成的。图 2-15 所示为供油提前角自动调节装置。

　　正时活塞左右两侧分别与两个油腔连通。左侧油腔与通过柴油滤清器的油道连接，右侧油腔与分配泵内腔相连。柴油机正常工作时，叶片式输油泵将部分燃油直接输送到泵体内腔，进入正时活塞的右侧油腔内，推动活塞向左移动；活塞左侧油腔接受来自柴油滤清器的柴油压力与左侧弹簧弹力共同作用，推动正时活塞向右移动。当两侧作用力平衡时，活塞静止于某一位置，此时的供油正时保持不变。当柴油机转速升高时，叶片式输油泵转速提高，导致正时活塞油腔内的燃油压力升高，两侧作用力失去平衡，推动活塞向左移动。与活塞相连的滚轮架顺时针旋转一定角度，端面凸轮上的凸峰与滚

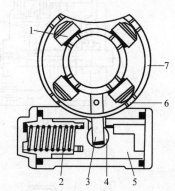

图 2-15　供油提前角自动调节装置
1—滚轮　2—弹簧　3—传动销　4—连接销
5—正时活塞　6—滚轮轴　7—滚轮架

轮接触时刻提前，分配泵提前供油。反之，若柴油机转速下降，则正时活塞向右移动，带动滚轮架逆时针旋转一定角度，分配泵滞后供油。

　　传统 VE 型分配泵供油量与供油时刻完全依靠柴油机工况采用机械式控制，控制原理简单但精确度较差。因此，随着柴油机在小型车辆中的广泛应用，控制方式逐渐向电子控制方向发展。电子控制式分配泵的发展主要经历了三个阶段：采用位置控制方式的第一代柱塞式电控分配泵；以时间控制为主的第二代柱塞电控分配泵；柱塞采用径向分布的第三代柱塞式电控分配泵。

2.2.2　位置控制柱塞式分配泵

从 20 世纪 80 年代起，国外就开始批量生产采用电子控制技术的柱塞式分配泵，并用于轿车柴油机中。当时所生产的分配泵是在机械控制的基础上采用电子控制技术，即保留 VE 型分配泵的机械结构，对供油量的控制仍采用位置控制的方法，对执行机构进行了改进，采用比例电磁阀或步进电动机控制油量控制滑套和正时活塞的位置。较 VE 型分配泵增加了转速传感器、滑套位置传感器、定时器位置传感器，以及控制滑套位置的线性电磁阀和控制供油时刻的定时控制阀等。图 2-16 所示为采用位置控制式的柱塞式电控分配泵。

ECU 控制流经电磁阀线圈的电流，电流大则电磁阀磁场强度大，对可移动铁心产生的磁场力就大。当磁场力与左侧弹簧弹力平衡时，铁心固定于某一位置保持不变，此时油量控制滑套在柱塞上的位置固定，则供油量保持

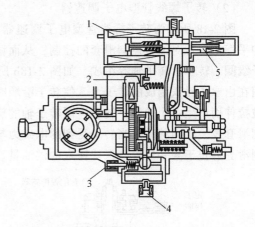

图 2-16　位置控制式的柱塞式电控分配泵
1—线性电磁阀　2—转速传感器　3—定时位置传感器　4—定时控制阀　5—滑套位置传感器

不变。当柴油机转速提高时，ECU 根据转速传感器信号控制流经电磁阀线圈中的电流大小，改变作用在铁心上的磁场力的大小。此时，铁心受到的磁场力和弹簧弹力不平衡，铁心横向移动至新的平衡点。在移动的过程中带动油量控制滑套控制拉杆移动，从而改变油量控制滑套在柱塞上的相对位置，以此来调整供油量。图 2-16 中，在可移动铁心的最前端装有滑套位置传感器，将油量控制滑套的位置信息传递给 ECU，通过 ECU 进行闭环控制。

ECU 对位置控制式分配泵电控系统供油正时的控制是通过正时控制阀实现的。正时控制阀采用比例电磁阀通过改变电磁线圈电流来实现对正时活塞移动方向和移动量的控制，具体控制原理与 VE 型分配泵相似。

1. 电子调速器

位置控制分配泵电控系统对供油量的控制通过电子调速器实现。常用电子调速器有螺线管型电子调速器和转子螺线管型电子调速器两种。

（1）螺线管型电子调速器

图 2-17 为螺线管型电子调速器结构图。螺线管型电子调速器中的控制臂上端与滑套位置传感器的铁心以及电枢连为一体，控制臂下端与油量控制滑套相连，当控制臂移动时就会带动滑套发生左右移动，从而控制分配泵的供油量。当向螺线管中的线圈通电时，产生的电磁力作用在电枢上，使其发生横向移动。当电磁力与复位弹簧的弹力平衡时，滑套静止，供油量保持不变。当螺线管通电时间发生变化时，产生的电

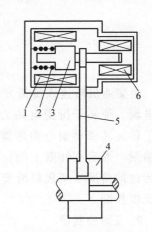

图 2-17　螺线管型电子调速器
1—螺线管　2—复位弹簧　3—电枢　4—滑套　5—控制臂　6—滑套位置传感器

磁力发生变化，电枢上的作用力不平衡引起左右移动，从而改变供油量。

右侧滑套位置传感器铁心随着电枢的移动而产生横向移动，将传感器中产生的感应电压信号传递给ECU，ECU根据对比分析实现对供油量的闭环控制。

（2）转子螺线管型电子调速器

图2-18所示为转子螺线管型电子调速器，它是利用转子所受的电磁力与弹簧弹力之间的平衡来实现对油量控制滑套的控制，从而调节供油量的。这种调速器主要由定子铁心、定子线圈、转子、转子轴等组成。如图2-18b所示，当定子中的线圈通电时，产生的磁场力作用在由永久磁铁制成的转子上，使转子沿顺时针方向旋转。同时作用在转子两侧的复位弹簧被拉伸而产生一个弹力。转子连同转子轴的旋转带动下端的偏心钢球同步旋转，带动油量控制滑套发生轴向移动。当转子受到的电磁力与弹簧弹力相平衡时，转子静止，则此时油量控制滑套静止于某一位置，保持稳定的供油量。

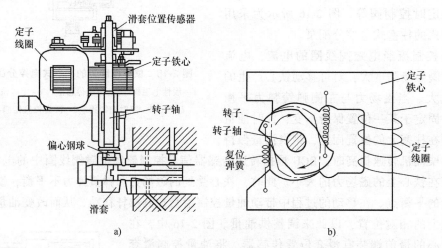

图 2-18　转子螺线管型电子调速器

a）结构　b）工作原理

当柴油机转速或负荷发生变化时，ECU根据各传感器反馈的信号改变线圈中的通电电流，使转子所受电磁力发生变化。在寻求电磁力和弹簧弹力新的平衡的过程中，转子轴旋转带动偏心钢球旋转，从而引起油量控制滑套发生轴向移动，改变分配泵的供油量。滑套在柱塞上的位置由转子轴的转角来表示，因此滑套位置传感器通过转子轴转过的角度来实现对滑套位置的测定，并将数值反馈给ECU，对分配泵的供油量实现反馈控制。

2. 正时控制器

正时控制器控制分配泵的供油时间。如图2-19所示，正时控制器主要由正时活塞、滚轮架、弹簧、正时位置传感器、正时控制电磁阀以及正时活塞两侧的油腔构成。图2-19中，正时活塞左侧为吸油室，右侧为压力室。左右两侧油腔通过输油管路连接，正时控制阀安装在输油管路中，对流入压力室的油量进行控制。

在柴油机工作过程中，ECU通过柴油机转速及负荷信息来判断柴油机的运行工况，通过对流入正时控制器电流的控制实现对泵油时间的控制。当柴油机转速升高时，电流流入正时控制阀使油路打开，吸油室内的柴油通过连通管路进入压力室，正时活塞右侧压力室油压

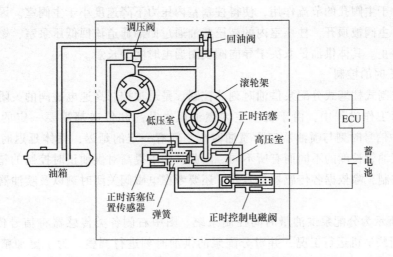

图 2-19 转子式分配泵正时控制系统

升高而向左移动，带动滚轮架顺时针旋转一定角度，实现提前供油。正时位置传感器将活塞的位移数据反馈到 ECU 中，ECU 将传入数据与存储数据进行比较，对活塞位移实现闭环控制。

2.2.3 时间控制柱塞式分配泵

时间控制式电控分配泵是以时间控制方法对供油量进行控制。通过高速电磁阀实现了对供油量和供油时刻的控制。供油量的多少取决于电磁阀的持续通电时间，而分配泵何时供油即供油始点，则取决于电磁阀通电时刻。时间控制式电控分配泵的结构紧凑，精确度高，人们称这类分配泵为第二代电控分配泵。

1. 供油量控制

在时间控制式电控分配泵的控制系统中，无论是对供油量的控制还是对供油时刻的控制，都是通过高速电磁阀的工作来实现的。电磁阀由主阀、导向阀、线圈和铁心等部件组成。主阀将柱塞上部分为柱塞室和主阀室两部分。如图 2-20 所示，ECU 接通导向阀线圈中的电流，导向阀向左移动至回油通道，此时主阀室成为一个密闭的空间。当柱塞向右移动进行压油时，柱塞室内的柴油通过主阀上的小孔进入主阀室，主阀室内油压升高。从图 2-20 中可以看出，主阀内外与柴油接触面积不同，外侧面积较小，因而所受燃油压力要小于内侧压力。在内外两侧压力差

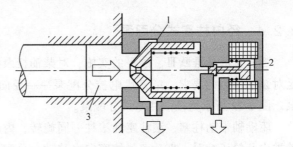

图 2-20 时间控制式电控分配泵主阀
1—主阀 2—导向阀 3—柱塞室

的作用下，主阀落座于阀座上，保持密封状态。此时，柱塞继续右移，向喷油器供油，完成分配泵的泵油过程。当 ECU 切断导向阀线圈中的电流时，导向阀在弹簧弹力和主阀室内燃油压力的作用下向右移动，打开回油通道。主阀室内柴油迅速通过回油通道流回低压泵室，

压力下降。由于主阀孔的节流作用，使得柱塞室内压力下降速度小于主阀室。因此在左右压差的作用下，主阀被顶开，柱塞室内的高压柴油通过回油通道流回低压泵室，燃油压力迅速下降，供油停止。具体供油量取决于导向阀线圈通电时间的长短。

2. 供油正时的控制

对时间控制式柱塞式分配泵供油时刻的控制，是通过控制高速电磁阀的关闭时刻来实现的。但在实际工作过程中，由于柱塞室内燃油压力升高和传递都需要一定的时间，因此ECU输出脉冲信号时刻与喷油器实际喷油时刻之间有一定的延迟，具体延迟时间随着柴油机转速、高压油管长度的不同而有所不同。因此，为了提高对供油正时控制的精确度，ECU对分配泵的控制，除依据各传感器信号外，还要考虑电磁阀关闭时刻以及喷油器的实际喷油时刻。

图2-21所示为分配泵供油量时间控制系统。图中右侧各类传感器将信号传递给ECU，ECU以此判断柴油机运行工况，并对分配泵的供油时刻进行调整。为了更加精确地控制供油时刻，在左图中，通过电磁阀关闭时间传感器测定电磁阀打开和关闭的时刻，并向ECU提供实际输出正时，实现对电磁阀供油正时的闭环控制。此外，还利用各个喷油始点传感器得到各喷油器实际喷油时刻，根据喷油时刻对分配泵供油时刻进行修正。

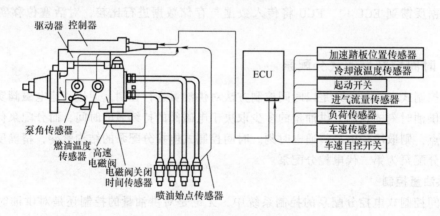

图2-21 分配泵供油量时间控制系统

2.2.4 径向柱塞式分配泵

随着排放标准欧Ⅲ、欧Ⅳ的实施，对柴油机泵油压力要求提高，机械式分配泵已无法满足对泵油压力的要求。第三代电控分配泵——径向柱塞式分配泵取代了传统轴向结构分配泵。图2-22所示为径向柱塞式分配泵。

驱动轴带动柱塞、滚柱座和滚柱一同旋转，内凸轮9始终处于静止状态。当滚柱旋转开始被内凸轮压缩时，带动两侧柱塞向内移动，分配泵油腔内的柴油被压缩。高压柴油通过转子分配口和分配套筒上的出油通道进入某一缸的喷油器，进行喷油，如图2-23中压油段2。当滚柱到达内凸轮的凸峰处时，继续旋转则柱塞在离心力的作用下开始向两侧移动，油腔内油压下降，分配泵泵油结束，在图中显示为卸油段3。

分配泵继续旋转，当到达吸油段4时，一方面，分配套筒上的进油口与分配转子径向油道接通；另一方面，滚柱向两侧移动的同时在旋转离心力的作用下柱塞继续向两侧移动，并在分配泵油腔内产生真空吸力。在真空吸力的作用下，来自叶片式输油泵的柴油通过进油管道被吸入分配泵油腔内。当滚柱旋转至内凸轮基圆处时停止吸油，并保持泵腔内油压不变，直至再次进入压油阶段。至此，径向分配泵完成了一次泵油过程。

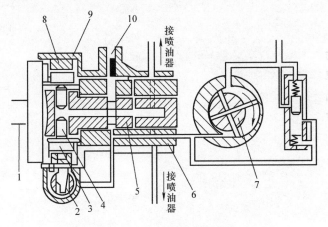

图 2-22 径向柱塞式分配泵

1—驱动轴 2—供油提前角自动调节器 3—滚柱座

4—分配泵柱塞 5—分配转子 6—分配套筒

7—叶片式输油泵 8—滚柱 9—内凸轮 10—油量控制阀

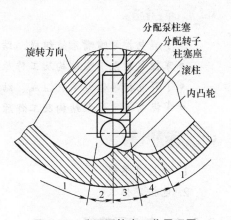

图 2-23 分配泵柱塞工作原理图

1—内凸轮基圆 2—压油段

3—卸油段 4—吸油段

练习与思考

一、填空题

1. 柱塞式分配泵在工作时主要依靠柱塞的_____和_____实现_____和_____的。

2. 传统的柱塞式分配泵为_____的分配泵，又称_____，其工作分为柱塞_____、_____和_____3个阶段。

3. ECU对位置控制式分配泵电控系统_____的控制是通过_____实现的。正时控制阀采用_____通过改变_____来实现对正时活塞_____和_____的控制。

4. 位置控制分配泵电控系统对_____的控制是通过_____实现。常用电子调速器有_____电子调速器和_____型电子调速器2种。

5. 在时间控制式电控分配泵的控制系统中，无论是对_____的控制还是对_____的控制，都是通过_____的工作来实现的。

6. 对时间控制式柱塞分配泵_____的控制，是通过控制_____的_____来实现的。

7. 第三代电控分配泵—径向柱塞式分配泵_____传统_____分配泵。

二、简答题

1. 简述电子控制式分配泵的发展经历。

2. 简述位置控制柱塞式分配泵工作原理。

3. 简述时间控制柱塞式分配泵工作原理。

任务3 电子控制泵喷嘴和单体泵

学习目标：

- 了解电控泵喷嘴系统组成、结构
- 掌握电控泵喷嘴结构及工作原理
- 了解电控单体泵系统组成、结构
- 掌握电控单体泵结构及工作原理

学习内容：

1. 电控泵喷嘴
2. 电控单体泵

2.3.1 电控泵喷嘴

电控泵喷嘴系统是将泵油柱塞和喷油器组合安装在一个壳体内的柴油机燃料喷射系统。泵油嘴无高压油管，直接用凸轮轴通过挺柱驱动喷油泵的柱塞。由于无高压油管，所以可以消除高压油管中压力波和燃油压缩的影响，柱塞泵泵油时产生的高压燃油直接进入喷油器的承压环槽内。

图2-24和图2-25所示为美国Detroit（底特律）公司的DDEC型电控泵喷嘴系统。该系统主要由泵喷嘴体、控制电磁阀以及电动机组成，泵喷嘴体将喷油泵和喷油器合为一体，取消了喷油泵和喷油器之间的高压油管，喷油泵柱塞泵油时产生的高压燃油立即进入喷油嘴。由于这种电控泵喷嘴将柱塞、喷油嘴、电磁控制阀都安装在一个壳体内，又没有高压油管，

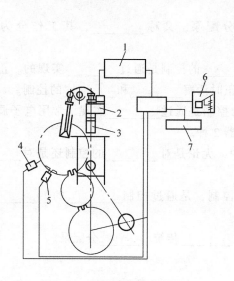

图2-24 电控泵喷嘴喷射系统

1—电子分配器 2—控制电磁阀 3—电控泵喷嘴 4—传感器
5—喷油定时传感器 6—加速踏板位置 7—传感器

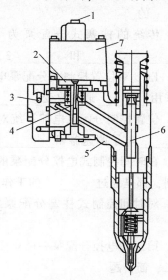

图2-25 电控泵喷嘴结构

1—接线柱 2—衔铁 3—燃油通道 4—电磁
阀阀芯 5—壳体 6—柱塞 7—电磁铁

高压密封容积很小，因此可以产生更高的喷射压力。DDEC 喷射压力就达到 100MPa，同时减小了密封表面和密封接头，因此电控泵喷嘴系统具有良好的可靠性。

柴油机工作时，泵油柱塞在顶置凸轮的驱动和其弹簧弹力的作用下进行泵油。若此时电磁阀开启，虽然柱塞压油，但高压油腔内的燃油经已开启的电磁阀回油，柱塞下腔不能建立起高压油。当电磁阀断电时，电磁阀在其弹簧弹力作用下关闭，所以当柱塞泵油时立即建立高压，喷油器即开始喷射。电磁阀再次打开，高压油立即卸压，喷油器随即停止喷油。电磁阀的关闭和打开由 ECU 控制，图 2-26 所示为 ECU 指令开始到电磁铁线圈电流、电压变化规律、控制阀运动规律、喷射压力和喷油器针阀升程之间的相互关系。

电磁阀为了实现高速开、关，提高电磁阀的相应特性，其设计采用短行程、小质量、压力平衡式阀和低电感线圈的平面盘形电磁铁，通过检测电磁阀的关闭时刻作为反馈信号，实现喷射过程的闭环控制。DDEC 型电控泵喷嘴系统采用电磁铁线圈电压波形作为检测信号，为此，对流通电磁阀线圈的电流要有一个调节器进行调节，以便当电磁阀线圈中的电流达到某一值后维持不变，如图 2-26 所示。当接通电磁阀电源，衔铁开始移动，电磁线圈中的电压产生跃变而电流在逐渐增加，当电磁铁中电流达到某一值后保持不变。当衔铁移动到极限位置停止运动时，线圈电压突然降到仅需维持电流保持不变的水平，这个电压突降可以很方便地检测到。为了提高响应速度，需降低线圈电感，以保证在很低的电源电压下，电流能以足够快的速度达到维持不变的水平。用这种方法来检测电磁关闭点精度可达到 ±0.25° 曲轴转角。这种检测方法也可排除电源电压变化时造成的供油量和喷油正时波动。

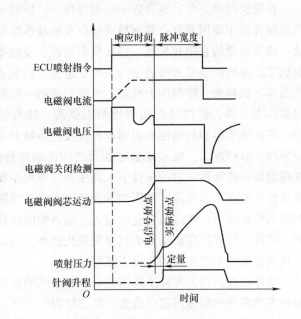

图 2-26 电信号与燃油喷射的关系

2.3.2 电控单体泵

电控单体泵是一种模块式结构的高压喷射系统，柴油机每个气缸均装配一个电控单体泵，燃油喷射由各自的喷射单元完成。喷油器和喷油泵之间用一根很短的高压油管连接，柴油从油箱出来后先经过一个低压输油泵将柴油加压，再经过单体泵加压，以 200~250MPa 的高压喷射。

如图 2-27 所示，单体泵电控系统的燃油喷射一般由 ECU 通过电磁溢流阀控制，在 ECU 的控制指令下，电磁溢流阀可精确地控制喷油器的喷射时刻和喷射持续时间，喷油量则由电磁溢流阀通电时间长短来确定。当柴油机运转时，柴油机机体内凸轮轴驱动单体泵的滚轮式挺柱，推动柱塞完成泵油过程。当柴油机控制电磁溢流阀开启时，高压燃油经很短的高压油管直接输送到喷油器，使喷油器立即建立高压而进行喷射。当 ECU 控制电磁溢流阀关闭时，柱塞泵泵油室内的燃油和高压短油管内的燃油经回油孔回油，喷油器内的燃油压力迅速降低，喷油器迅速停止喷射。

在喷油器弹簧等其他参数一定的条件下，影响单体泵的喷油特性的主要因素有：柱塞横截面积和喷油器喷孔的面积比、高压油管的直径和长度。柱塞横截面积和喷油器喷孔的面积之比直接影响燃油喷射压力。面积越大，供油速率和喷油速率之比越大，喷射压力越高；当喷射面积一定时，燃油喷射压力升高，燃油喷射速率也相应提高。柱塞的压油容积、高压油管容积和喷油器内部容积直接影响喷射系统的相应特性。容积越大，喷油泵到喷油器之间的响应特性越差。在喷油泵和喷油器一定的条件下，高压系统容积主要取决于高压油管的直径和长度。高压油管直径过小，直接影响单位时间的供油能力；高压油管直径过大，则影响响应特性。因此，高压油管直径应根据柴油机排量优化选择，而高压油管的长度在系统布置允许的前提下越短越好。

单体泵在结构上弥补了高压共轨喷射系统的高压油管长而带来的高压密封等问题的隐患，但在控制特性上，由于采用短高压油管，通过喷油泵的供油特性间接控制喷油规律，所以高速响应特性及动态控制特性等方面不及高压共轨系统和泵喷嘴系统。随着柴油机电控技术的发展，共轨式电控燃油喷射系统仍是未来柴油机技术的发展方向。

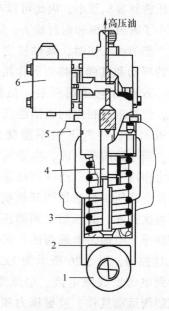

图 2-27　电控单体泵
1—滚轮　2—滚轮体　3—柱塞弹簧　4—柱塞　5—柴油机机体　6—电磁溢流阀

 练习与思考

简答题

1. 简述什么是电控泵喷嘴系统。
2. 简述电控泵喷嘴的工作过程。
3. 简述什么是电控单体泵系统。
4. 简述电控单体泵的工作过程。

任务4　电子控制高压共轨燃油系统

学习目标：

- 了解高压共轨式电控燃油喷射系统的基本组成、结构
- 熟悉高压共轨式电控燃油喷射系统的类型
- 掌握高压共轨式电控燃油喷射系统的特点
- 了解中压共轨燃油喷射系统基本组成及工作原理
- 了解压电式共轨燃油喷射系统基本组成及工作原理

学习内容：

1. 共轨式电控燃油喷射系统的类型
2. 电控高压共轨喷射系统
3. 中压共轨系统
4. 压电式共轨系统

2.4.1　共轨式电控燃油喷射系统的类型

共轨技术不仅是指用一个公共油轨，还包括用高压（或中压）输油泵、压力传感器和 ECU 组成的闭环系统独立控制喷油压力的供油方式。在电子控制共轨燃油系统中，由高压（中压）输油泵将高压燃油输送到公共油轨，ECU 对共轨内的油压和喷油时间进行控制。其中，保持喷油压力一定，通过控制喷油时间来控制喷油量，为时间-压力控制方式；保持喷油时间一定，通过控制喷油压力来控制喷油量，为压力控制方式。

共轨柴油系统按油轨压力大小可分为高压油轨和中压油轨两种基本类型。按控制喷油器喷油的电控执行元件的不同，共轨系统可分为电磁阀式和压电式两种类型。

1. 高压共轨系统

高压共轨系统不再采用喷油系统的柱塞泵分缸脉动供油原理，而是用一个设置在高压油泵和喷油器之间的具有较大容积的共轨管，把喷油泵输出的燃油蓄积起来并抑制压力波动，再通过各高压油管输送到每个喷油器上，ECU 根据柴油机的工作需要控制高速电磁阀迅速打开或关闭，电磁阀起作用的时刻决定喷油定时，其起作用的持续时间和共轨压力共同决定喷油量。此类系统一般采用时间-压力控制方式。

2. 中压共轨系统

中压共轨系统中，输油泵输出的燃油是中、低压燃油，压力为 $10\sim30$MPa，由此压力燃油进入共轨，然后进入喷油器。ECU 根据柴油机的工作需要通过高速电磁阀控制喷油器开闭。喷油器中有液压放大结构（即增压器），燃油在此被加压到 120MPa 以上，然后再喷入气缸。此类系统一般通过控制共轨中的油压来控制喷油量，即采用压力控制方式。

3. 压电式共轨系统

高压、中压共轨系统均属电磁阀式共轨系统，即利用电磁阀作为执行元件，通过控制喷油器的开始与结束来实现燃油喷射控制。而在压电共轨系统中，则是利用压电晶体作为执行元件，通过控制喷油器喷油开始与结束来实现燃油喷射控制。

2.4.2　电控高压共轨喷射系统

1. 电控高压共轨系统的组成及控制原理

电控高压共轨喷射系统主要由高压泵、带调压阀的共轨管、带电磁阀的喷油器、ECU 和各种传感器组成，如图 2-28 所示。

柴油机共轨喷射系统中，压力的形成和燃油的喷射过程是独立的，喷油压力的形成取决于柴油机的转速和喷油的数量。喷油始点和喷油压力通过 ECU 输出指令，触发电磁阀，再将燃油喷入气缸。ECU 根据柴油机的转速、负荷等控制调压阀的开度，从而增加或减少高压输油泵输送给共轨的燃油，实现对共轨中油压的控制，以保证供油压力稳定在目标值，使

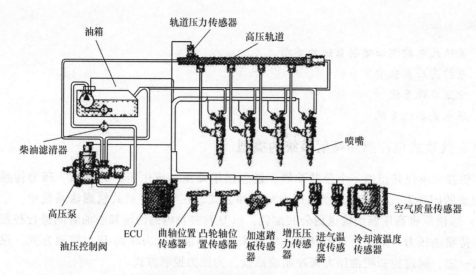

图 2-28 电控高压共轨喷射系统结构图

喷油压力保持不变，再通过控制三通电磁阀工作实现喷油量和喷油正时的控制。同时，ECU还根据燃油压力传感器信号对共轨中的油压进行闭环控制。

2. 电控高压共轨系统的特点

电控高压共轨系统主要有以下几方面的特点：

① 系统中的喷油压力可以弹性调节，根据柴油机的不同工况确定对应的最佳燃油喷射压力。

② 可独立控制喷油正时，控制范围宽度。

③ 喷油速率的弹性控制，可实现理想喷油规律，容易实现预喷射和多次喷射，保证良好的动力性和经济性。

④ 电磁阀控制喷油，其控制精度高，各缸供油不均匀情况可得到改善。

3. 电控高压共轨系统的类型

随着排放法规的不断严格，柴油机电控高压共轨系统已经得到了广泛应用。在车用柴油机高压共轨喷射系统方面，代表性的产品有日本电装公司开发的 ECD-U2 系统和德国博世公司开发的 CR 系统；而在工程机械柴油机高压共轨喷射系统方面，代表性的产品则有美国卡特彼勒公司开发的 HEUI 系统。除以上三家之外，还有德尔福共轨系统、康明斯共轨系统等。

（1）日本电装公司 ECD-U2 高压共轨喷油系统

1）ECD-U2 系统概述。日本电装公司的 ECD-U2 系列高压共轨系统最早用于日野、三菱和日产等汽车公司生产的大中型商用车柴油机上，目前也有部分小型乘用车使用该系统。在我国，ECD-U2 被广泛应用在上柴、锡柴两大企业的柴油机上，市场份额占到了全国市场的 5.6%。

ECD-U2 系统由燃油供给系统和控制系统两大部分组成，如图 2-29 所示。

燃油供给系统主要由油箱、柴油滤清器、输油泵、高压供油泵、共轨、压力限制器、液流缓冲器、高压油管、喷油器等组成；控制系统主要由各种传感器、控制开关、ECU 和执

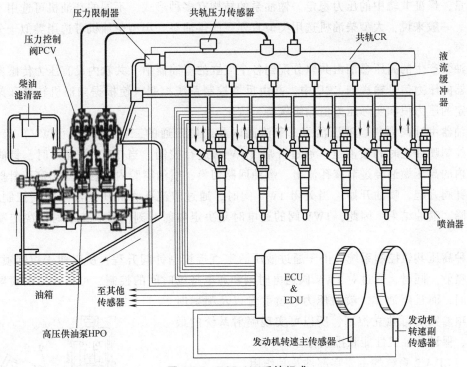

图 2-29 ECD-U2 系统组成

行器组成。

传感器有发动机转速主传感器（曲轴位置传感器）、发动机转速副传感器（凸轮轴位置传感器）、加速踏板传感器、共轨压力传感器、增压压力传感器、燃油温度传感器、冷却液温度传感器、进气温度/压力传感器等。

控制开关有点火开关、发动机起动开关、发动机停机开关、空档保护开关、离合器开关等。

执行器有压力控制阀 PCV（线圈电阻值约为 $2.9 \sim 3.5 \Omega$）、喷油器电磁阀 TWV（线圈电阻值约为 $0.35 \sim 0.55 \Omega$，驱动电压为 110V DC）、发动机转速表、发动机检测诊断灯。

2）ECD-U2 系统基本原理。输油泵将柴油输送到高压供油泵 HPO，HPO 将燃油加压后送入共轨；ECU 接收传感器和控制开关的信息，判断发动机工况，确定轨压 MAP 图中的基本轨压，再根据共轨压力传感器的信号进行修正，然后向 PCV 阀发出脉冲指令，PCV 阀控制高压供油泵向共轨供油，从而形成对共轨压力的闭环控制；共轨内的高压柴油经过高压油管分送到各缸喷油器；ECU 根据发动机的运行工况，从各 MAP 图中确定基本喷油量、喷油时间和喷油提前角，再根据油温、冷却液温度和其他信息进行修正，并将脉冲指令发送给各缸喷油器 TWV 阀，TWV 阀控制喷油器的开闭，将高压柴油通过喷油器喷射到燃烧室，从而完成喷油量、喷油时间和喷油率的科学控制。

该系统常用于中、重型车用柴油机上。系统的主要硬件是高压输油泵、共轨、喷油器和各种传感器。高压输油泵的凸轮一般采用按圆周方向均匀分布的多凸轮设计，当输油泵旋转一周时每次供油三次，以提高供油速率和能力，保证共轨能迅速建立起高压。输油泵内设有压力控制阀（PCV），它根据 ECU 发出的电信号，使 PCV 阀在适当的时刻开启和关闭来控制供油量，保证共轨中的压力稳定。输油泵的结构有多种形式，不同的柴油机可选用不同的输油泵。一般来说，大型柴油机选用类似直列泵的供油泵，小型柴油机可选用类似于分配泵的供油泵。

输油泵产生的高压燃油由共轨分配到各个气缸的喷油器中，共轨内设有压力传感器，压力传感器的压力信号输送到ECU中，并由反馈控制系统控制，使根据柴油机转速和柴油机负荷设定的压力值和实际压力值始终保持一致。

喷油器由针阀偶件、液压活塞、节流阀以及二位三通的三向电磁阀（TWV）等组成。喷油器控制喷油定时和喷油量，通过开启TWV阀进行控制。当TWV阀开启时，针阀上部控制室内的高压燃油经过节流孔流出、燃油回路切换，喷油嘴腔内的燃油压力高于针阀开启压力，针阀升起，喷油开始。当关闭TWV阀时，通过节流孔将高压燃油附加到控制室内，针阀下降，喷油结束。因此，TWV阀的通电时刻决定喷射时刻，通电持续时间决定喷油量的大小。

这种高压共轨控制系统，由于通过液压活塞直接控制针阀升程，所以便于控制喷射率，实现预喷射。同时，通过对TWV阀通电时刻和通电持续时间的控制，可任意控制喷射量和喷射时间，而且喷油器、喷射压力、喷射量以及喷射时间等各项参数均可独立控制，所以可实现喷射系统的最佳配比，保证柴油机性能和排放特性。

3）ECD-U2系统的主要零部件及其作用。

① 高压输油泵结构及其工作原理。高压输油泵的作用是，为了产生和控制一定的共轨压力，控制输油泵的供油量。ECD-U2系统采用的是直列式高压输油泵，结构如图2-30所示。

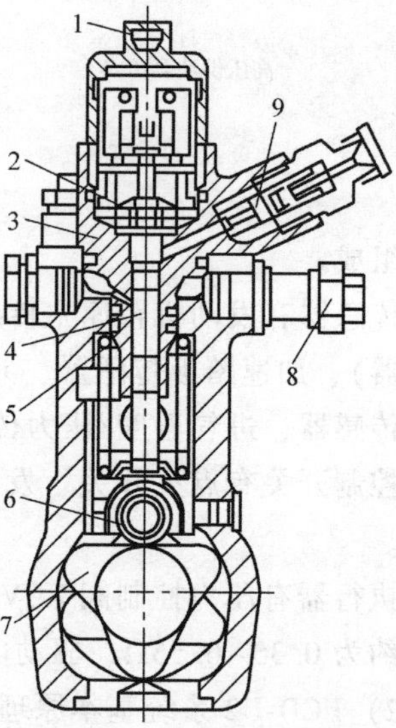

直列式高压输油泵主要由凸轮、挺柱体、柱塞和油泵压力控制阀（PCV）等组成。和传统系统的直列泵结构相似，通过凸轮和柱塞机构使燃油增加，各柱塞上方配置控制阀。凸轮有单作用型、双作用型、三作用型及四作用型。图2-30所示为三作用型，采用三作用型凸轮，可使柱塞长度减少到原来的1/3。向共轨中供油的频率和喷油频率相同，这样可使共轨中的压力平衡。

图2-31所示为高压输油泵工作原理。

当柱塞泵柱塞下移时，PCV阀打开，低压燃油经PCV阀流入柱塞腔，完成吸油过程。当柱塞上行时，此时PCV阀中尚未通电，PCV阀始终处于开启状态，吸进

图2-30 直列式高压输油泵
1—接头 2—PCV阀 3—柱塞套
4—柱塞 5—柱塞弹簧 6—挺柱体
7—三作用型凸轮 8—溢流阀 9—出油阀

的燃油并未升压，经PCV阀又流回到低压油腔。如果在需要供油的时刻，接通PCV阀使之关闭，回油通道被关闭，柱塞腔内燃油被升压，推开出油阀将燃油压送到共轨中。因此，输油泵的供油量主要取决于PCV阀关闭以后的柱塞行程，此行程称为供油有效行程。改变输油泵的输油量可以通过改变PCV阀的关闭时刻，即通过改变输油泵柱塞的有效行程来实现，由此控制共轨压力。

② 压力控制阀。压力控制阀的作用是用于调整共轨内的燃油压力。调整共轨内的燃油

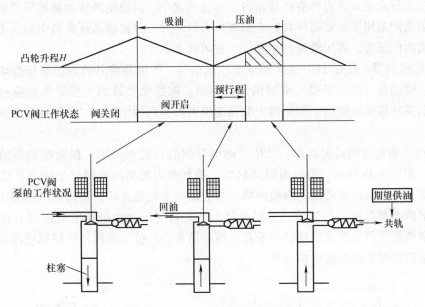

图 2-31　高压输油泵工作原理

量即可控制共轨内的燃油压力。因此，控制阀通电和断电的时刻就决定了供油泵向共轨内供入的供油量。

③ 共轨的作用。共轨的作用是将高压输油泵提供的高压燃油进行蓄压后分配到各缸喷油器中。共轨部件结构如图 2-32 所示。

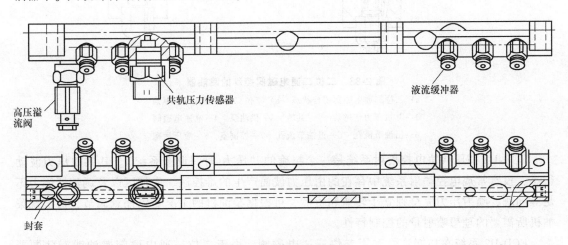

图 2-32　共轨部件结构图

共轨的容积应削减高压泵的供油压力波动和每个喷油器由喷油过程引起的压力振荡，使高压共轨中的压力波控制在 5MPa 以下。但为了保证共轨有足够的压力响应速度，其容积又不能太大，ECD-U2 高压共轨系统的高压输油泵最大循环供油量为 $600mm^3$ 时，共轨容积约为 $94000mm^3$。

在高压共轨上装有共轨压力传感器、液流缓冲器和高压溢流阀。压力传感器是向 ECU 提供高压共轨中的油压信号；液流缓冲器是用来保证在喷油器出现燃油泄漏故障时切断向喷油器供油，也可以使共轨内和高压管路内压力波动减小，以稳定的压力将高压燃油供入喷油器。高压溢流阀是用来保证高压共轨在出现压力异常时，迅速将高压共轨中的压力卸掉，以此维持共轨内的压力。高压溢流阀一般处于常闭状态。

④ 电控喷油器。根据 ECU 送来的电子控制信号，喷油器将共轨内的高压燃油以最佳的喷油定时、喷油量、喷油率喷入柴油机燃烧室中。电控喷油器的主要零件是喷油嘴、节流孔、液压活塞和高速电磁阀。喷油器中的高速电磁阀有两种结构：二位二通电磁阀、二位三通电磁阀。

a. 二位二通电磁阀式控制器。二位二通电磁阀的开启和关闭，控制喷油器的喷油量和喷油定时。如图 2-33 所示，当二通阀开启时，控制腔内的高压燃油经出油节孔流入低压油腔，控制室内的燃油压力降低，而喷油嘴压力腔的燃油仍是高压。压力腔中的高压使针阀开启，向气缸内喷射燃油。当二位二通阀关闭时，共轨高压油经控制室的进油节孔流入控制室，控制室的燃油压力升高，使针阀下降，喷油结束。二位二通阀通过控制喷油器控制室内的压力，来控制喷油的开始和喷油终止。

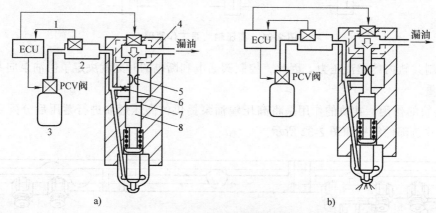

图 2-33　二位二通电磁阀控制的喷油器

a）二位二通电磁阀闭合状态　b）二位二通电磁阀开启状态

1—共轨压力传感器　2—共轨　3—供油泵　4—高速电磁阀
5—出油节流孔　6—进油节流孔　7—控制室　8—液压活塞

ECD-U2 高压共轨电控喷射系统是一个精确的"压力-时间调节系统"。其共轨压力波动很小，没有常规电控喷射系统中存在的由压力波而产生的难控区、失控区以及调速器能力不足等问题，喷射压力完全独立于转速和负荷，可根据柴油机的工况要求任意调节，可实现柴油机所需要的理想喷射量的控制特性。

ECD-U2 系统在初期阶段采用二位三通电磁阀，由于二位三通电磁阀燃油泄漏问题严重，已经被停止使用。在新的 ECD-U2 系统中都采用二位二通电磁阀结构。

b. 二位三通电磁阀式控制器。二位三通电磁阀安装在喷油器顶部，电磁阀主要由阀体、电磁线圈、内阀和外阀组成，两阀同轴，精密地配合在一起。内阀和外阀分别具有各自的密封锥面。其工作原理如图 2-34 所示。不喷油状态电磁阀不通电，外阀在其复位弹簧作用下保持在下端极限位置，处于关闭状态，控制室的回油道关闭，进油道开启，共轨中的高压柴油进入控制室，喷油器不喷油。

喷油器开始状态，电磁阀开始通电，外阀在电磁铁的作用下开启阀口，并关闭共轨与控

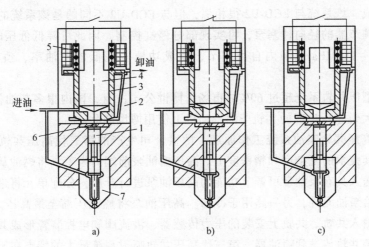

图 2-34　二位三通电磁阀工作原理

a）无喷射　b）开始喷射　c）喷射结束

1—液压活塞　2—阀体　3—外阀　4—内阀　5—弹簧　6—节流孔　7—喷油嘴

制室的油路，控制室的油液通过固定的节流孔流出，使控制室的油压下降，即喷油器油腔内的高压油将针阀顶起开始喷油。如果持续通电，则针阀上升到最大升程，达到最大喷油率状态。

喷油结束状态，电磁阀断电，在弹簧力和燃油压力的作用下，外阀关闭阀口，并打开共轨与控制室的油路，共轨内的高压燃油流入喷油器的控制室内，针阀关闭，喷油结束。

（2）德国博世公司的 CR 高压共轨喷油系统

1）CR 型高压共轨喷油系统概述。德国博世公司是柴油机高压泵和喷油器制造业的先驱，为了提高车用柴油机的性能，满足欧洲越来越严格的排放法规，研制出了一种称为CommonRail（简称 CR 型）的高压共轨系统，如图 2-35 所示。

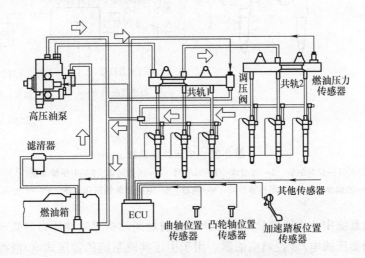

图 2-35　博世公司 CR 型共轨系统

CR 型高压共轨系统主要由电子电控单元（ECU）高压输油泵、共轨、电控喷油器以及各种传感器组成。该系统与 ECD-U2 很相似，但与 ECD-U2 不同的是该系统的高压供油泵为带有电控压力调节器的径向柱塞泵，可实现部分停缸控制。因此可降低低压时的功率消耗，共轨压力在 15～140MPa 范围内自由调节，能成功地实现低的喷油率、预设喷射和多次喷射。

据悉，高型压共轨系统超过 60% 的市场由博世公司占有，国内很多柴油机商（如玉柴、潍柴、锡柴、大柴等）生产的共轨柴油发动机上使用博世产品。

2）CR 型高压共轨喷油系统工作原理。博世公司生产的第三代高压共轨喷射系统的特点主要体现在其技术的复杂度和精密度上。高压输油泵前端的齿轮泵将燃油从油箱抽出，通过燃油滤清器送入具有泵油量可调节功能的高压油泵进行升压，分配单元将进入的燃油分成两路。一路供给泵油元件，另一路用于冷却。高压油泵将燃油压缩至最高压力达到 160MPa 左右，并将其输入共轨。共轨上安装的压力传感器、溢流阀和电控装置形成共轨压力闭环控制。高压燃油经共轨传送到喷油器。第三代高压共轨喷射系统最大的特点在于采用了一个快速开关的电压直列喷油器，压电执行器内置于喷油器轴体上，相对传统喷油器减少了约 75% 的运动件及 75% 的质量，开关速度也得到了很大的提高。第三代高压共轨燃油喷射系统可满足欧Ⅳ排放法规标准。

2.4.3 中压共轨系统

为降低对供油压力的要求，喷油量控制采用压力控制方式的中压共轨系统。中压共轨系统如图 2-36 所示。中压共轨系统主要由低压输油泵、蓄压式电液控制喷油器、调压阀、共轨等组成。ECU 根据各传感器信号控制调压阀，以调节共轨中的油压；ECU 同时通过控制安装在喷油器上的电磁阀工作，使喷油时间保持不变，以实现喷油量的控制。

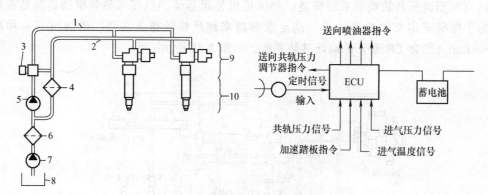

图 2-36 中压共轨系统
1—公共油轨 2—回油管 3—调压阀 4—热交换器 5—中压输油泵
6—燃油滤清器 7—低压输油泵 8—油箱 9—电磁阀和中压调节器 10—喷油器

在中压共轨系统中，由于共轨中的油压不能满足柴油机对喷油压力的要求，因此都采用具有增压功能的蓄压式电/液控制喷油器。用于中压共轨系统的蓄压式电/液控制喷油器工作原理如图 2-37 所示。

喷油器上部装有一个电控的三通电磁阀，电磁阀通电时，增压活塞上方进油通道开启而回油通道关闭，共轨中的低压油进入喷油器中的活塞上方，由于增压活塞上方面积大于柱塞

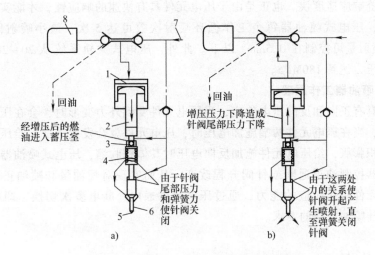

图 2-37　蓄压式电/液控制喷油器工作原理
1—增压活塞　2—增压柱塞　3—单向阀　4—蓄压室　5—针阀
密封锥面　6—喷油器针阀　7—公共油轨　8—电磁阀

下方的面积，根据液力放大原理经过单向阀进入柱塞下方蓄压室中的燃油压力提高并充满喷油器柱塞偶件，但此时由于在针阀上部油压和复位弹簧力作用下，针阀关闭，喷油器不喷油；当电磁阀断电时，增压活塞上方回油通道开启而进油通道关闭，针阀上部油压迅速降低，喷油器油腔内的高压燃油将针阀顶开，喷油器开始喷油，直到喷油器油腔内的油压下降到一定值时，柱塞上方的燃油压力和弹簧力使针阀关闭，喷油结束。喷油时刻取决于电磁阀断电的时刻，由于针阀复位弹簧的弹力是一定的，停止喷油时喷油器油腔内的压力也一定，所以喷油正时一定时，喷油器的喷油时间也就固定。

喷油器孔一定，喷油时间一定，控制喷油压力即可控制喷油量；而在增压活塞和柱塞尺寸一定时，喷油压力取决于共轨中的油压，共轨中的油压是由 ECU 根据各种传感器信号通过燃油调压阀来控制的，所以此种喷油量控制方式称为压力控制方式。

2.4.4　压电式共轨系统

1. 现代柴油机电控燃油喷射系统的要求

根据柴油机混合气形成和燃烧过程的特点，在保证柴油机动力性的前提下进一步改善经济性和排放特性，其关键技术就是放热规律的精确控制。高压共轨及泵喷嘴等柴油机电控技术已极大地改善了柴油机喷射规律的控制自由度，大幅地降低了有害气体的排放量，为柴油机的节能和环保及开发打下了良好的基础。但随着排放法规及节能要求的日趋严格，有效控制排放热规律，不断提高燃油喷射压力，实现多次喷射已经成为对柴油机喷射系统的基本要求。

2. 压电共轨系统的特点

压电共轨系统是指采用了压电技术的共轨系统，主要是控制喷油器的执行元件用压电元件取代了电磁阀，用压电元件作为控制执行元件的喷油器称为压电式喷油器。由于压电元件像一个在电压下立即就能充电的电容器，它在施压以后的 0.1ms 以内就会发生形变，所以压电共轨的系统响应速度快。也正是由于压电元件具有快速的响应性，才能实现高频率切换和高精度控制，压电式喷油器每个工作循环喷射次数可达 5 次，最小喷射间隔时间可达 0.1ms，最小喷射量可控制在 $0.5mm^3$ 以下。此外，压电式共轨系统从 20~200MPa 弹性调节，最高喷射压力达到 180MPa。

3. 压电式喷油器工作原理

压电元件具有正向和反向压电效应，当压电元件受到外力变形时，会在压电元件两端产生电压；反之，当在压电元件两端施加电压时，压电元件就会发生形变，给压电元件施加正向电压时其体积膨胀，给压电元件施加反向电压时其体积收缩，压电式喷油器就是利用这一原理来使喷油器控制油道通断或针阀升程改变，从而实现对喷油量和喷油正时的控制。此外，利用压电元件快速响应的能力，通过压电元件通电、断电多次切换，即可实现多次喷射，以满足最佳喷油规律的要求。

练习与思考

一、填空题

1. 共轨技术不仅是指用一个_____，还包括用高压（或中压）_____、_____和_____的_____独立_____的供油方式。

2. 保持喷油压力一定，通过控制_____来控制喷油量，为_____方式；保持喷油时间一定，通过控制_____来控制喷油量，为_____方式。

3. 中压共轨系统中，输油泵输出的燃油是_____燃油，压力为_____ MPa，由此压力燃油进入_____，然后进入_____。

4. 高压、中压共轨系统均属_____式共轨系统，即利用_____作为_____，通过控制_____的_____与_____来实现燃油喷射控制。而在压电共轨系统中，则是利用_____作为_____，通过控制喷油器喷油_____与_____来实现燃油喷射控制。

5. 电控高压共轨喷射系统主要由_____、_____、_____、_____和各种_____组成。

6. 在中压共轨系统中，由于共轨中的_____不能满足_____对_____的要求，因此都采用具有_____的_____喷油器。

二、简答题

1. 简述高压共轨系统。
2. 简述高压共轨喷射系统工作过程。
3. 简述高压共轨系统的主要特点。
4. 简述高压共轨系统的常见类型，以及它们的应用车型。
5. 简述压电共轨系统的特点。
6. 简述压力式喷油器工作原理。

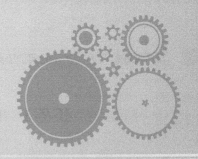

项目三

柴油机电控燃油系统结构与原理

本项目主要了解和学习柴油机电子控制系统的组成、结构和工作原理，以及典型高压共轨燃油喷射系统的结构、原理，分为三个任务进行学习。

任务1　柴油机电子控制系统结构与原理

任务2　博世电控高压共轨燃油系统的结构与原理

任务3　电装电控高压共轨燃油系统的结构与原理

参考学时及教学建议

本项目总学时为20学时，其中：理论教学为12学时，实践教学为8学时。

理论教学充分利用多媒体辅助教学的优势，通过生动、形象的图片、动画视觉效果，激发学生的学习兴趣；结合整车实训车辆、柴油发动机试验台架，演示、讲解，调动学生学习的积极性；尽可能多地创造学生动手参与、师生互动的学习氛围；体现教师为主导、学生为主体的教学原则；紧紧围绕"理实一体化"教学模式，使学生在边听、边看、边动的氛围中，真正掌握维修必备知识。

理论知识坚持"够用为度"，重点内容精讲细讲，不求多而全，力求少而精，注重方法传授，培养学习能力。

实践技能坚持"实用为主"，注重示范、强调规范、突出操作、体现动手，像师父带徒弟一样，传授操作技能与维修技巧。

随着汽车电子技术的发展，柴油机电控系统日趋成熟。柴油机电控系统同样主要由三部分组成：第一部分是进行信号采集，它通常是由若干相同或不同功能的传感器或信号开关组成；第二部分是对传感器采集信号进行分析处理，然后向被控制装置输出控制信号的电子控制单元（ECU）；第三部分则是根据ECU输出的信号，来完成控制操作的执行器。同汽油机电控系统一样，柴油机电控系统的主要功能也是利用安装在汽车各部位的信号转换装置，测量和检测汽车在不同运行工况下的各种工作参数，并将它们转换为计算机能够识别的电信号送给ECU，ECU经过分析计算，发出指令控制相应执行元件的动作，实现柴油机的优化控制。可以这样讲，信号采集部分是电子控制系统的关键性部件，如果没有各种传感器、信号开关，各种电控功能就无法实现。

任务1　柴油机电子控制系统结构与原理

学习目标：

- 了解柴油机电控系统传感器的分类方法
- 掌握各类传感器的类型、结构、作用、基本电路及工作原理
- 了解柴油机电控系统信号开关的分类方法
- 掌握各类信号开关的类型、结构、作用、基本电路及工作原理
- 了解电子控制器基本组成以及输入信号的类型
- 掌握电子控制器基本工作原理
- 熟悉电控系统执行器的类型及控制方式

学习内容：

1. 信号传输部分
2. 电子控制器
3. 执行器

3.1.1　信号传输部分

3.1.1.1　传感器

所谓传感器，就是一种能测量各种机械运动状态的物理量，并把它们转变成电量的装置。传感器相当于人的感觉器官，通过传感器的感知来正确地检测出各种条件下的物理量。"传感器技术就像是人的眼睛一样重要，且远不止是眼睛"，这是人们对传感器重要性做出的形象比喻。和人一样，具有灵敏的感觉器官，机器才能测量并感知更准确的信息，才能更可靠地运行。传感器就相当于人的感觉器官，通过其感知并正确测量出各种条件下的物理量，见表3-1。国际电工委员会的定义为"传感器是测量系统中的一种前置部件，它将输入变量转换成可供测量的信号。

表 3-1　人的感觉器官与传感器

人的感觉与器官	产生现象	传感器及举例	人的感觉与器官	产生现象	传感器及举例
听觉——耳	声波	压电元件：压敏电阻	肤觉——皮肤	温度	热电元件：热敏电阻
视觉——眼睛	光	光电元件：光敏电阻	触觉——皮肤	位移压力	位移元件：应变片

汽车中所用的传感器种类很多，且同一种被测参数可用多种不同类型的传感器来测量，而同一种传感器往往可以测量多种被测参数。传感器的分类方法有很多种，常用的分类法有如下5种：

（1）按有无外加能量分类

传感器按能量关系可分为主动型和被动型两类。汽车中使用的大多是被动型传感器，这种传感器需要外加电源才能工作并产生电信号，也可称有源传感器，它实际上是一个能量控制器。外加电源因传感器的种类不同而不同，例如进气压力传感器、空气流量传感器、霍尔

传感器等，所需外加工作电源一般为 DC 5V；而温度类传感器所需外加电源则称参考电源，即在不与传感器连接的情况下显示为 DC 5V 电压，当传感器与线束连接后则为信号电压，这是因为温度类传感器的热敏电阻是 ECU 计算温度电路的一个可变串联电阻。

主动型传感器的工作不需要外界提供电源，属于无源传感器，由自身吸收其他能量，经变化后再输出电信号。它实际上是一个能量变换装置。车辆上较为典型的当属电磁式传感器（检测转动信号）和爆燃传感器。

（2）按信号转换分类

根据传感器信号变换方式的不同，传感器可分为两种：第一种是由非电量转换为另一种非电量传感器，如弹性敏感传感器和气动元件；第二种是由非电量变换为电量的传感器，如进气温度传感器、进气压力传感器等。

（3）按工作原理分类

按传感器的工作原理分类，有电阻式传感器、电容式传感器、应变式传感器、电感式传感器、光电式传感器、光敏式传感器、压电式传感器及热电式传感器。

（4）按输出信号形式分类

按传感器输出信号形式分类，有模拟式和数字式传感器两种。模拟信号不能直接送入 ECU，需要经过 A/D 转换后才能被 ECU 识别。

（5）按检测控制参数分类

汽车用传感器根据控制参数的不同，有温度传感器、压力传感器、位置与角度传感器、空气流量传感器、浓度传感器等。这些传感器的作用、结构、工作原理及性能检测将在本项目中逐一介绍。

1. 温度传感器

随着现代汽车电子化程度越来越高，柴油机使用温度传感器的地方越来越多。例如，要控制柴油机的热状态需要冷却液温度传感器，要对进气量进行精确控制必须检测进气温度，对空气流量传感器检测的进气量进行修正等。

（1）进气温度传感器

1）进气温度传感器的作用。柴油机进气温度传感器的功能是对喷油量和喷油正时进行修正，同时对柴油机过热进行保护。当检测到进气温度有异常时，限制柴油机的输出功率，防止柴油机过热。进气温度传感器一般安装在进气总管上，也有安装在空气流量传感器内的。

2）进气温度传感器的工作原理。进气温度传感器一般采用负温度系数的热敏电阻作为检测元件，其结构如图 3-1 所示。热敏电阻式温度传感器是根据热敏电阻效应制成的，热敏电阻效应指物质的电阻率随其本身温度的变化而变化，简称热敏电阻。热敏电阻是用陶瓷半导体材料与其他的金属氧化物按适当的比例混合后高温烧结而制成的温度系数很大的电阻体，按照温度系数不同分为正温度系数和负温度系数。正温度系数热敏电阻随温度上升元件阻值增大，负温度系数热敏电阻随温度上升阻值降低。

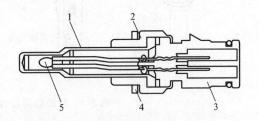

图 3-1 进气温度传感器结构图
1—绝缘套 2—塑料外壳 3—防水插座
4—铜垫圈 5—热敏电阻

通常，进气温度传感器和冷却液温度传

感器均用负温度系数的热敏电阻作为感温元件，主要是因为这种热敏电阻的动态响应特性更好。其使用温度范围为-40~130℃，在空气中温度系数为-2mV/℃，响应时间为10s。图3-2所示为一种负温度系数传感器的特性。

进气温度传感器与 ECU 连接关系如图3-3所示。图中 THA 端子，传感器开路时，由 ECU 为其提供参考电源，传感器连接时，向 ECU 输送温度信号；E2 端子，由 ECU 为传感器提供电源负极。+B 端子与 E1 端子分别是 ECU 的正极和负极。

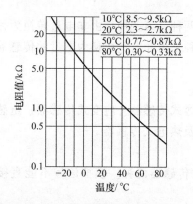

图 3-2 负温度系数传感器特性

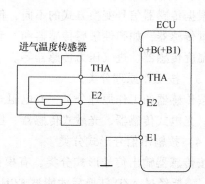

图 3-3 进气温度传感器与 ECU 连接关系

（2）冷却液温度传感器

1）冷却液温度传感器的作用。冷却液温度将作为计算供油量的修正值使用。冷机时对供油量进行加浓修正，使柴油机尽快暖机，热机时对供油量进行减少修正，防止柴油机温度过高。如果冷却液温度传感器失灵，ECU 会用存储的默认值进行计算。

2）冷却液温度传感器的工作原理。冷却液温度传感器一般设置在柴油机缸体缸盖水套上，外形如图3-4a所示。冷却液温度传感器一般要安装两个，一个给 ECU 提供冷却液温度信号，另外一个反应到仪表板上。冷却液温度传感器主要由热敏电阻、金属引线、接线插座和壳体组成，结构如图3-4b所示，特性如图3-4c所示。

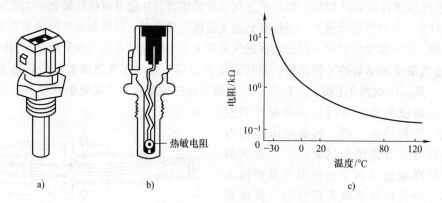

图 3-4 冷却液温度传感器外形、结构与特性

a）外形 b）结构 c）特性

冷却液温度传感器一般采用负温度系数热敏电阻，与 ECU 的连接关系同进气温度传感器。表3-2为一种冷却液温度传感器信号电压与冷却液温度之间的关系。

表 3-2 冷却液温度传感器温度与电压关系

冷却液温度/℃	-20	0	20	40	60	80	100	120
信号电压/V	4.62	4.45	3.78	3.09	2.25	1.99	1.56	0.70

（3）燃油温度传感器

1）燃油温度传感器的作用。燃油温度影响其密度，ECU 要精确计算供油量必须考虑燃油的温度。信号中断时，ECU 会用存储的默认值进行计算。柴油相比汽油，重质馏分多，流动性差，密度与温度有着密切的关系。

2）燃油温度传感器的工作原理。燃油温度传感器大多安装在燃油管路上，采用负温度系数热敏电阻作为检测元件。燃油温度传感器与 ECU 的连接关系如图 3-5a 所示，实物接线如图 3-5b 所示。图中 ECU 35 号端子是燃油温度信号端子。

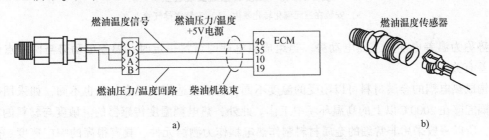

图 3-5 燃油温度传感器与 ECU 的连接关系及实物接线
a) 与 ECU 的连接关系　b) 实物接线图

（4）机油温度传感器

1）机油温度传感器的作用。检测机油温度，用于发动机热管理系统的自动控制，如果过热，柴油机将减少供油量，降低功率。

2）机油温度传感器的工作原理。机油温度传感器直接安装在油底壳上，跟机油液位传感器一起放置，采用正温度系数热敏电阻作为检测元件，实物如图 3-6 所示。机油温度传感器与 ECU 的连接关系同进气温度传感器。

图 3-6 机油温度传感器

（5）排气温度传感器

1）排气温度传感器的作用。在催化转化器异常发热时，能够以排气温度警告灯点亮的方式快速地发出报警信号，以便保护催化转化器，防止高温引发故障。

2）排气温度传感器的工作原理。排气温度传感器安装在排气管上，也有的安装在三元催化转化器内，如图 3-7 所示。排气温度传感器类型多样，有热敏电阻式、热电耦式、熔丝式。热敏电阻式温度传感器已在进气温度传感中介绍，下面重点介绍热电耦式温度传感器和熔丝式温度传感器工作原理。

① 热电耦式温度传感器。热电耦式温度传感器是利用热电效应制成的温度传感器，如图 3-8 所示。热电耦又称温差电阻，由端点彼此紧密接触的两种不同材料的金属丝组成。当两种不同材料金属丝的两个接点处于不同温度环境中时，在回路中就有直流电动势产生，该

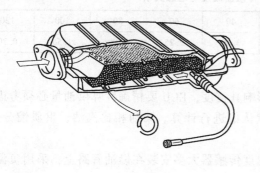

a)   b)

图 3-7　排气温度传感器安装位置

a) 安装在三元催化转化器内　b) 安装在排气管上

电动势称为温差电动势或热电动势。当组成热电耦的材料一定时，温差电动势与两接点处的温度差有关。

构成热电耦的金属材料可以耐受的温度不同，传感器适用的温度范围也不同，如采用钨铼热电耦能够在 2000℃ 以上的高温环境中工作。此外，热电耦温度传感器的灵敏度与材料的粗细无关，所以一般采用非常细的金属材料制作热电耦作为测温元件，具有很高的响应速度。热电耦式温度传感器主要缺点是灵敏度比较低、抗干扰能力差，不适合测量微小的温度变化。

② 熔丝式温度传感器。熔丝式温度传感器如图 3-9 所示，它利用金属材料受热熔化的特性，当温度达到一定值时，传感器内的熔丝熔断，使电路断路或短路。熔丝式温度传感器通常用来控制高温报警装置，一旦熔丝熔断，传感器就不能继续使用了。

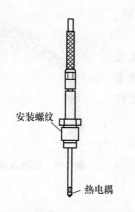

图 3-8　热电耦式温度传感器   **图 3-9　熔丝式温度传感器**

2. 压力传感器

（1）进气压力传感器

1）进气压力传感器的作用。检测进气管内的绝对压力，ECU 根据此信号确定进气量，以便根据供（喷）油量对进气量进行控制，保证最佳的混合气浓度，测定的压力范围一般为 2~400kPa。

2）进气压力传感器的工作原理。进气压力传感器安装在进气总管上，进气压力传感器种类较多，按其产生信号原理可分为半导体压敏电阻式、电容式、压电式和真空膜盒式。其中，半导体压敏电阻式和电容式压力传感器应用较多；真空膜盒式由于抗振动性和紧凑性差，现已很少使用。

① 半导体压敏电阻式压力传感器。半导体压敏电阻式压力传感器主要由硅膜片、集成电路、滤清器、绝对真空室和壳体组成，结构如图 3-10 所示。

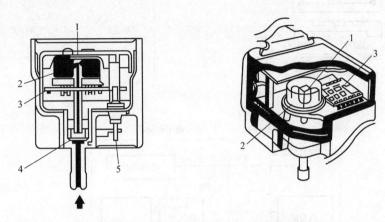

图 3-10 半导体压敏电阻式压力传感器结构
1—硅膜片 2—绝对真空室 3—集成电路 4—滤清器 5—接线器

硅膜片是利用半导体的压电效应制成，结构如图 3-11a 所示。其周围有 4 个应变电阻，以惠斯顿电桥的方式连接，等效电路如图 3-11b 所示。硅膜片的一面是真空室，另一面引入进气压力。4 个应变电阻采用差动电桥的方式连接，即 R_2 和 R_4 在硅膜片变形时受拉力，电阻随压力增加而增加，而 R_1 和 R_3 在硅膜片变形时受压力，电阻随压力增加而减少。这样，当柴油机进气量发生变化时，硅膜片受到变化的压力，电桥输出相应的信号电压，该电压经过集成放大电路放大后送给 ECU，作为计算进入气缸内空气流量的主要依据。工作原理如图 3-11c 所示。

② 压电式压力传感器。压电式压力传感器主要组成元件有压电元件和电极引线等，如图 3-12 所示。当压电元件受压变形时，会在压电元件的两端产生电压，此电压与压电元件承受的压力成正比，ECU 根据这一电压信号确定被测压力。压电式压力传感器利用石英晶体的压电效应制成，但石英晶体的压电效应在一定温度范围内有效，超过这个范围压电效应消失，所以石英已被其他压电晶体取代。现在人造晶体磷酸二氢铵由于具有良好的高温承受力，已得到广泛应用。

③ 电容式压力传感器。电容式压力传感器是在两个固定的电极间，插入一个可随压力变化而移动的电极，当进气压力作用于该电极时，电极发生位移，于是在移动电极与两固定电极间形成两个可变电容 C1、C2，将这两个可变电容置入交流电桥相邻两桥臂，电桥就输出与电容变化相对应的交流电压，亦即输出与进气压力大小成正比的电信号，结构如图 3-13a 所示。电控装置 ECU 可以根据输入信号的频率来感知进气歧管的绝对压力，与 ECU 的连接关系如图 3-13b 所示。

此种压力传感器测量精度高，但电容变化量与位移呈线性关系的范围较小，所以当压力变化较大时，与电容变化量呈非线性关系。

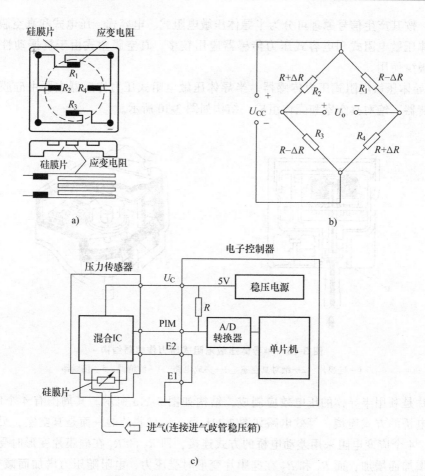

图 3-11　硅膜片结构、等效电路及原理图

a）硅膜片结构　b）等效电路　c）电路原理图

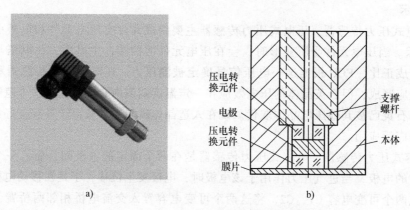

图 3-12　压电式压力传感器实物及结构

a）实物　b）结构

④ 真空膜盒式压力传感器。真空膜盒式压力传感器的膜盒由薄金属片焊接而成，其内部被抽成真空，外部与进气管相连，如图 3-14 所示。当进气管进气压力发生变化时，膜盒收缩或膨胀，使操纵杆移动，操纵杆移动距离与进气管内压力的变化成正比。通过膜盒的机

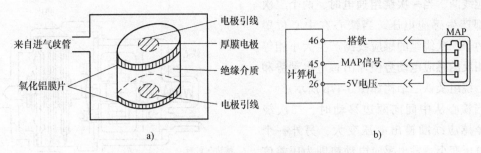

图 3-13　电容式进气压力传感器结构及接线

a) 结构　b) 接线

械运动转化为电信号输出，可采用可变电感式、可变
电阻式和差动变压器式 3 种装置。

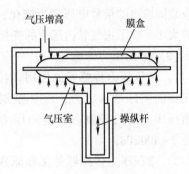

a. 可变电感式进气压力传感器的结构如图 3-15 所
示。基本工作原理为：振荡器输出的交变电压通过 W_1
线圈使 W_2 线圈感应出电压信号，信号的大小取决于
两线圈的耦合程度。耦合越松，输出电压信号越小，
反之越大。当铁心向两线圈中间运动时，输出的电信
号会增大，通过输出信号的变化量计算出进气管内进
气压力。

图 3-14　真空膜盒式进气压力传感器结构

b. 可变电阻式进气压力传感器的结构如图 3-16 所
示。其工作原理为：当滑动变阻器滑动臂在电阻上移动时，可改变电压输出值大小。当空气
压力高时，操纵杆使滑动触点向上移动，电阻减小，输出电压值增大，反之输出电压值减
小。通过输出电压值变化量计算出进气压力的大小。

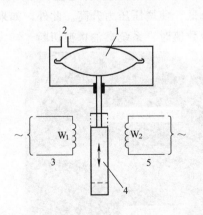

图 3-15　可变电感式进气压力传感器结构

1—膜盒　2—进气管

3、5—线圈　4—铁心

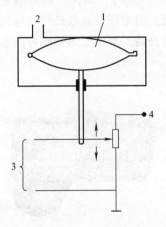

图 3-16　可变电阻式进气压力传感器结构

1—真空膜盒　2—接进气管

3—输出信号　4—基准电压

c. 差动变压器式进气压力传感器结构如图 3-17a 所示。传感器有两个绕组：一个为一次绕
组，与振荡电路连接，产生交变电压；另一个为二次绕组，产生感应电压信号。二次绕组有两

个感应线圈，当一次绕组通电时，两个二次绕组都产生感应电压。当铁心在中心位置时，两个二次绕组的感应线圈产生大小相等方向相反的感应电动势使输出感应电动势和为零。绕组及铁心结构如图 3-17b 所示。

当铁心从中间向两边移动时，二次绕组一个感应线圈输出电压变大，另外一个输出电压变小，输出感应电动势即为压差信号，大小由铁心的移动距离决定。当进气管内压力发生变化时，膜盒带动铁心移动，使感应线圈输出的信号电压发生变化，电压变化的大小反映了进气管内压力的变化。

（2）增压压力传感器

1）增压压力传感器的作用。检测涡轮增压器的实际增压压力，ECU 根据此信号对增压压力进行控制。测定的压力范围一般是 2~400kPa。

2）增压压力传感器的工作原理。涡轮增压压力传感器一般安装在增压器压气机出口侧的进气管中，如图 3-18 所示，采用硅膜片作为检测元件，硅膜片结构及等效

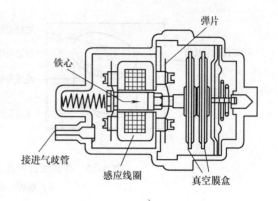
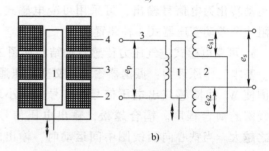

图 3-17 差动变压器式进气压力传感器
a）结构 b）绕组及铁心结构
1—铁心 2、4—二次绕组 3—一次绕组

电路如图 3-11 所示。在怠速、冷却液温度超过 115℃或冷却液温度传感器异常时，增压电磁阀不通电（切断），阀控制器的膜片承受实际增压压力，增加排气的旁通量，增压压力下降；相反，当增压控制电磁阀通电时，排气旁通量降低，使增压压力升高。此外，如果增压压力异常升高，增压压力传感器的输出电压超出一定数值时，系统燃油将被切断。

a） b）

图 3-18 增压压力传感器
a）实物 b）安装位置

（3）大气压力传感器

1）大气压力传感器的作用。检测实际环境的大气压力，ECU 根据此信号校正与大气压力有关的、用于闭环控制回路的设定值，如废气再循环闭环控制、增压压力闭环控制。测定的压力范围一般为 60~150kPa。

2）大气压力传感器的工作原理。大气压力传感器一般安装在空气流量传感器上，也有安装在前保险杠内的，如图 3-19a 所示。大气压力传感器结构原理与进气管压力传感器相似，有 3 根引线，1 根线是电源线，另 1 根是信号线，第 3 根是搭铁线。这种传感器同 ECU 的连接电路如图 3-19b 所示。

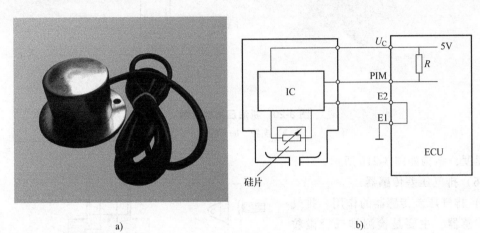

图 3-19　大气压力传感器

a）实物　b）电路

（4）机油压力传感器

1）机油压力传感器的作用。机油压力传感器用来检测柴油机机油压力，并在机油压力过低时报警。

2）机油压力传感器的工作原理。早期机油压力报警传感器基本是机械的，即通过机油传递的压力使弹性膜片产生机械位移，再通过杠杆使一电阻板上滑动触点的位置发生改变，使输出电阻值相应的发生变化。这种接触式的结构特征，由于不可避免的机械磨损，严重影响传感器的可靠性和使用寿命。又由于机油压力报警传感器工作环境恶劣，温度高，振动剧烈，加之和二次仪表配套使用时，汽车电气系统电压不稳定，往往导致二次仪表指针最终反映的压力值和实际机油压力相差较大，现已被淘汰，取而代之的是电子机油压力报警传感器，如图 3-20 所示。

（5）共轨压力传感器

1）共轨压力传感器的作用。共轨压力传感器又称燃油压力传感器，适用于电控共轨燃油供给系统，ECU 根据此信号对共轨压力进行闭环控制，测定的压力范围一般为 0~200MPa。

2）共轨压力传感器的工作原理。共轨压力传感器一般安装在共轨上，如图 3-21a 所示。有些柴油机的低压燃油泵与滤清器之间也装有压力传感器，利用它来监测柴油滤清器的堵塞情况。高压共轨（Common Rail）电喷技术是指在高压油泵、压力传感器和 ECU 组成的闭环系统中，将喷射压力的产生和喷射过程彼此完全分开的一种供油方式。它是由高压油泵将高压燃油输送到公共供油管（Rail），通过公共供油管内的油压实现精确控制，使高压油管压力（Pressure）大小与柴油机的转速无关，可以大幅度减小柴油机供油压力随柴油机转速变

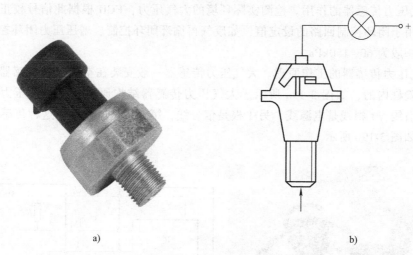

图 3-20 机油压力传感器

a）实物 b）结构

化的程度，结构如图 3-21b 所示。

（6）排气压差传感器

1）排气压差传感器的作用。排气压差传感器，主要是检测排气管微粒捕集器（DPF）两侧压力差。压差传感器将压力差信号送入 ECU，ECU 根据该压力差判断微粒捕集器中颗粒的积聚程度，决定"再生"触发时刻及额外燃料注入量。同时，ECU 还可以通过控制 EGR 阀调节尾气的温度。

2）排气压差传感器的工作原理。压差传感器的结构原理与压力传感器基本相同，只是压差传感器的硅片两侧均为压力气室，一侧为低压气室，一侧为高压气室，结构如图 3-22a 所示。压力传感器也可以看作压差传感器，只是检测的压力为相对于绝对压力为零的压差，实物如图 3-22b 所示。

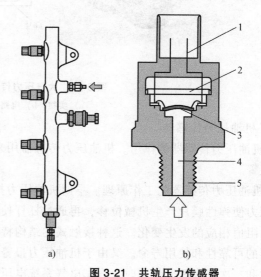

图 3-21 共轨压力传感器

a）安装位置 b）结构

1—插头 2—电路系统 3—膜片 4—高压油路 5—螺纹

柴油机为了达到排放标准的要求，通常的方法是在汽车尾气排放部分放置捕集器，捕集尾气中的微小颗粒。颗粒过滤器不同于催化转化器，只是一种物理降低排气微粒方法。随着过滤下来的微粒积累，造成排气背压增加，使柴油机动力性和经济性恶化。因此必须要及时除去颗粒过滤器中的微粒，以便使柴油机能继续正常工作。除去颗粒过滤器中积存的微粒称为再生，这是颗粒过滤器使用中的关键技术。再生过程中有一个问题，再生间隔时间太长会降低柴油机性能，频繁再生会增加柴油机耗油量。因而，选择合理的再生触发时刻显得非常重要。

（7）燃烧压力传感器

1）燃烧压力传感器的作用。实时测量气缸内的燃烧压力，作为闭环调节回路一个精确的反馈信号，进一步优化燃烧过程，将燃料的喷射压力控制在最佳状态以提高燃烧效率，降低柴油机的原始排放，满足日益严格的排放要求。

2）燃烧压力传感器的工作原理。燃烧压力传感器是柴油机上一种新型传感器，德国大众和奥迪已经在柴油机上安装使用燃烧压力传感器，对燃料喷射压力进行闭环控制。一般柴油机气缸内最大压力为 10MPa，燃烧压力传感器最大量程可达 25MPa，能够满足柴油机正常工作要求，如图 3-23 所示。

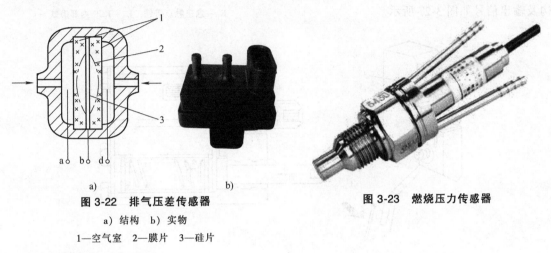

图 3-22　排气压差传感器

a）结构　b）实物

1—空气室　2—膜片　3—硅片

图 3-23　燃烧压力传感器

3. 位置与角度传感器

（1）加速踏板位置传感器

1）加速踏板位置传感器的作用。检测加速踏板被驾驶人踩下的位置，将信号送给 ECU，再由 ECU 通过控制供（喷）油量的执行元件来控制循环供（喷）油量。

2）加速踏板位置传感器的工作原理。早期的柴油机汽车上，驾驶人通过加速踏板由机械装置直接控制高压油泵来实现循环供油量控制，控制精度较低。加速踏板位置传感器又称柴油机负荷传感器，常用的有 4 种类型。

① 电位器式加速踏板位置传感器。电位器式加速踏板位置传感器的原理与节气门位置传感器相似，电位器的滑动臂由加速踏板轴或拉索驱动，电位器可以连续测量加速踏板位置及怠速触点，实物如图 3-24 所示。点火开关接通后，ECU 通过 V_c 端子送给传感器 5V 参考电压，电位器电阻值恒定，因此流过电位器的电流保持不变。当驾驶人踩下加速踏板时，电位器滑动臂滑动，使 V_a 和搭铁端子 E_1 之间的电阻变大，从而使输出电动势变大且与加速踏板位置成正比。ECU 根据这一电压信号确定加速踏板位置变化。怠速触点为一个动合触点，只有当加速踏板在放松状态时，怠速触点闭合，怠速触点开关向 ECU 输送加速踏板处于完全松开位置的信号，电路原理如图 3-25 所示。

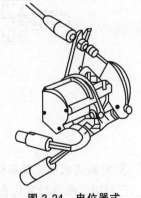

图 3-24　电位器式加速踏板位置传感器外形

② 差动电感式加速踏板位置传感器。差动电感式加速踏板位置传感器同差动变压器工作

原理相似，主要由铁心、感应线圈、推杆、线束插接器等组成，外形及内部结构如图3-26所示。

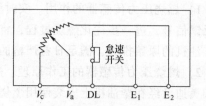

图3-25　电位器式加速踏板位置传感器电路原理

V_c—电源电压　　V_a—信号端子　　DL—怠速触点

E_1—怠速触点搭铁　　E_2—ECU内部搭铁

当驾驶人踩下加速踏板时，传感器中的铁心移动，使两个绕组内的自感电动势发生一增一减的变化，柴油机负荷越大，铁心移动的距离越大，输出的感应电动势越大，根据输出端绕组的电压信号即可确定加速踏板的位置，绕组内部结构及输出信号如图3-27所示。

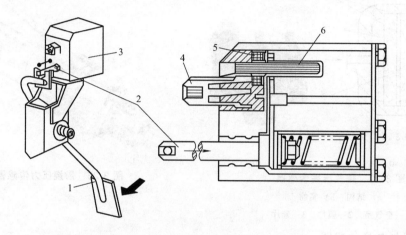

图3-26　差动电感式加速踏板位置传感器

1—加速踏板　2—推杆　3—加速踏板位置传感器
4—线束插接器　5—感应线圈　6—衔铁

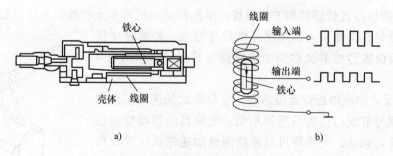

图3-27　绕组内部结构及输出信号

a）绕组内部结构　b）输出信号

③ 电涡流式加速踏板位置传感器。这是一种比较常见的加速位置传感器，如图3-28所示。它利用了磁通量变化在导体内产生涡电流的原理，由检测线圈、E字形铁心和两个短路环组成，一个短路环安装在油门调节齿杆的尾部，沿E字形铁心以非接触式方式移动。当检测线圈通过交流电时，短路环便产生涡电流，并产生与激励方向相反的磁通量。检测线圈内交流电的变化幅度随短路环的位置而变化，由此信号判断油门调节齿杆的位置。通过选择合适的铁心形状，可以获得良好的线性响应特性。铁心上的固定短路环用来补偿温度影响，以提高传感器检测精度。

④ 霍尔式加速踏板位置传感器。霍尔式加速踏板位置传感器利用霍尔效应原理来检测加速踏板位置，该传感器主要由永久磁铁、霍尔元件以及线束插接器组成。永久磁铁安装在与加速踏板联动的轴上，霍尔元件则是固定的，如图3-29所示。当加速踏板位置发生变化时，与加速踏板同轴的永久磁铁转动，从而使永久磁铁与霍尔元件之间的相对位置发生改变，使永久磁铁作用在霍尔元件上的磁场强度发生变化，导致霍尔元件输出的电压发生变化，ECU接收霍尔元件输出的电压信号以确定加速踏板位置及位置变化。

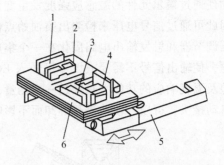

图3-28 电涡流式加速踏板位置传感器
1—补偿短路铜环 2—补偿检测线圈 3—检测线圈 4—短路环 5—齿杆 6—E字形铁心

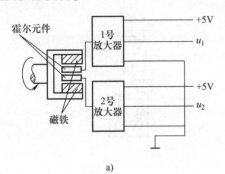
a)

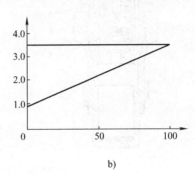
b)

图3-29 霍尔式加速踏板位置传感器
a) 结构 b) 输出特性曲线

（2）供（喷）油正时传感器

1）供（喷）油正时传感器的作用。检测柴油机实际供（喷）油正时，向ECU提供供（喷）油正时闭环控制所需的反馈信号。供（喷）油正时影响柴油机的动力性、经济性、排放性和噪声，因此在电控柴油喷射系统中必须对供（喷）油正时进行闭环控制。

2）供（喷）油正时传感器的工作原理。在柴油机电控系统中，根据检测供油正时的方法选择不同传感器。在直列柱塞泵电控系统中，通过检测泵凸轮轴的基准位置和转角来确定实际供油正时，工作原理同凸轮轴位置传感器，此处不再讲述；在分配泵位置控制方式的电控燃油喷射系统中，通过检测正时调节器活塞的位置来确定供油正时，这种正时活塞位置传感器中最简单的就是用一个能提供液压活塞实际位移信号的线性电位器作为反馈信号传感器；在分配泵时间控制式和共轨式电控系统中，通过检测喷油器针阀开启始点、高速电磁阀关闭始点、燃烧室着火始点来确定实际供（喷）油正时，以下做重点介绍。

① 喷油器针阀开启始点传感器。喷油器针阀开启始点即为喷油始点，该传感器直接安装在喷油器内，传感器输出信号的始点可用来确定实际的喷油正时，也可用于检测针阀行程用于确定喷油量的大小，因此该传感器也可作为检测喷油器实际供油量的传感器。根据检测原理不同，分为霍尔式、电磁感应式和触点式。

a. 霍尔式喷油始点传感器。霍尔元件安装在针阀弹簧座的上方，弹簧座上固定着一块永久磁铁，结构如图3-30a所示。霍尔元件通电后，弹簧座随针阀运动时，因永久磁铁的运动使通过霍尔元件的磁感应强度发生变化，造成输出电压信号与针阀升程近似成正比变化，因此可通过信号电压来检测出喷油始点位置。霍尔元件与线性微分放大器、自调零电路、电压调节器和触发输出电路固化在一个集成芯片内，减少了处理霍尔电压毫伏级模拟信号的问题，使输出信号不需要放大即可送入ECU。这种电路同时具有抑制和消除机械误差、磁误差及温度响应的功能，每经过一次测量，就会自行重新校正一次。这种传感器带有一个快速自动接头，可以方便地进行拆卸而不影响其他零件的工作，工作原理如图 3-30b 所示。

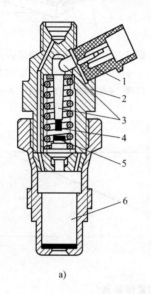
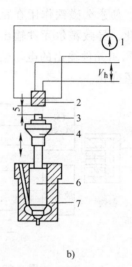

a)   b)

图 3-30　霍尔式喷油始点传感器结构图

a）结构　　　　　　　　　　　　　　　　b）工作原理

1—插接器　2—喷油器　3—电阻元件　　　1—直流电源　2—霍尔元件　3—永久磁铁　4—弹簧座
4—传感器　5—霍尔元件　6—喷嘴　　　　5—间隙　6—针阀　7—针阀体

b. 电磁感应式喷油始点传感器。电磁感应式喷油始点传感器主要由电磁线圈和针阀组成，结构如图 3-31a 所示。电磁线圈内置磁性材料，与喷油器连杆制成一体。线圈通电后，当磁性材料和喷油器顶杆随针阀移动时，使通过电磁线圈的磁通量发生变化，电磁线圈输出感应电信号，感应电动势大小与针阀升程成正比。ECU 接收电压信号，信号的始点作为喷油正时信号，信号的大小反映针阀升程大小，即喷油器的喷油量，工作原理如图 3-31b 所示。

c. 触点式喷油始点传感器。触点式喷油始点传感器种类很多，但工作原理大致相同，如图 3-32 所示。喷油器针阀经弹簧座、弹簧、垫片、导线、接线片与线束插接器上的导线连接，并利用塑料绝缘套、绝缘环、绝缘套筒和针阀滑动面上的绝缘镀层与喷油器壳体和针阀体保持绝缘，喷油器体直接搭铁。它将喷油器的针阀与针阀座作为一个触点开关来控制电路通断。喷油开始前，针阀落在针阀体上，触点闭合，喷油时，针阀升起，触点断开。

传感器电路如图 3-33 所示。喷油器触点与标准电阻 R_1 并联后再与电阻 R_2 并联。ECU 给传感器提供参考电压 V_c，喷油器不喷油时，触点闭合，使流经电阻 R_1 的电流为零，输出电压信号为 $V_s = 0$。喷油器喷油时，针阀离开阀座，触点断开，使输出电压信号 $V_s \neq 0$。输出电压信号由 $V_s = 0$ 变化到 $V_s \neq 0$ 为喷油开始时刻，而电压信号由 $V_s \neq 0$ 变化到 $V_s = 0$ 为喷油结束时刻。

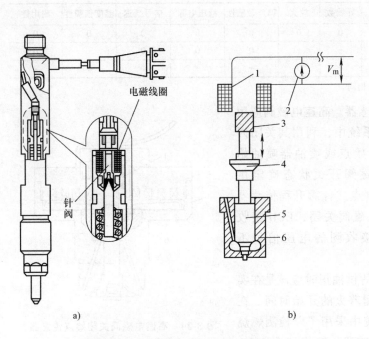

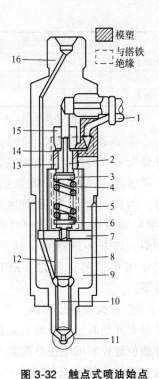

图 3-31　电磁感应式喷油始点传感器

a）结构　b）原理

1—电磁线圈　2—直流电源　3—磁性材料

4—弹簧座　5—针阀　6—针阀体

图 3-32　触点式喷油始点
传感器结构图

1—导线　2—导线支座　3—垫片
4—喷油器弹簧　5—绝缘套筒
6—弹簧座　7—挡板　8—绝缘
镀层　9—针阀体　10—针阀
11—接触点　12—滑动面
13—绝缘环　14—接线片
15—绝缘套　16—喷油器体

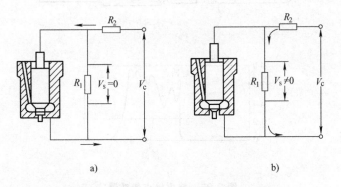

图 3-33　触点式喷油始点传感器电路原理图

a）喷油器不喷油　b）喷油器喷油

与霍尔式和电磁感应式相比，触点式针阀升程传感器具有结构简单、响应性高、检测准确等优点，但对喷油器体与喷油弹簧绝缘性能要求高，针阀绝缘镀层难度大，不利于推广使用。3 种喷油始点传感器特性比较见表 3-3。

表 3-3　喷油始点传感器特性比较

	运动质量	零件数量	装配	导线数	放大	噪声敏感性	稳压电源	信号延迟	温度依赖性	耐用性
电磁感应式	0	0	0	0	0	0	0	0	0	0
霍尔式	+	+	0	−		0	0	0	−	0
触点式	+	+	+	0	0	+	+	+	+	−

注：+表示有利；−表示不利；0表示相同。

② 高速电磁阀关闭始点传感器。高速电磁阀应用在分配泵时间控制系统和共轨系统中，利用其关闭回油通道的方法控制分配泵供油始点或喷油器喷油始点，因此可通过检测高速电磁阀开关状态确定供（喷）油始点。其结构原理与触点式针阀升程传感器相似，如图 3-34 所示。高速电磁阀关闭，ECU 接收到 0 电压信号；反之，ECU 接收到的电压信号不为零。

③ 着火始点传感器。理想的供油正时应该是在实际着火开始时，这样就必须检测着火的开始时间。在有些位置控制的电控分配泵系统中采用了以检测燃烧闪光开始点的着火始点光电传感器，结构如图 3-35a 所示。该传感器通过石英晶体把燃烧闪光传至光敏晶体管，通过脉冲电信号输出，输出波形如图 3-35b 所示。从图 3-35 中可以看出，着火始点传感器输出波形上升曲线段很陡峭，因而可准确检测出实际着火开始时间，由此确定供油始点。

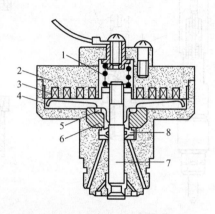

图 3-34　高速电磁阀关闭始点传感器

1—复位弹簧　2—铁心　3—电磁线圈
4—电枢　5—垫片　6—挡块
7—阀柱　8—密封圈

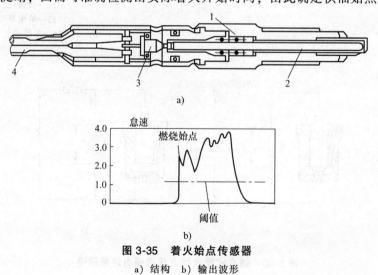

a)

b)

图 3-35　着火始点传感器

a) 结构　b) 输出波形

1—壳体　2—石英晶体棒　3—光敏晶体管　4—线束插接器

（3）供（喷）油量传感器

1）供（喷）油量传感器的作用。检测柴油机的实际供（喷）油量，产生的信号用来实现供（喷）油量的闭环控制。

2) 供（喷）油量传感器的工作原理。供（喷）油量传感器主要包括直列柱塞泵供油拉杆（或齿条）位置传感器、分配泵油量控制滑套位置传感器、喷油器针阀升程传感器。供油齿条和滑套位置传感器通常采用差动电感式，下面做重点介绍。

差动电感式传感器主要用于位移检测，它利用电磁感应原理，将被测对象的位移变化量转换成线圈自感电动势或互感电动势的变化，进而由测量电路转换为电压信号。柴油机电控系统中，常用的差动电感式传感器分为差动自感式和差动变压器式。

① 差动自感式传感器。差动自感式传感器根据结构可分为变间隙型、变面积型和螺线管型 3 种类型，其主要组成部分相同，主要包括线圈、铁心、衔铁和连接杆。在自感传感器的基础上，增加一个与原线圈完全相同的线圈，且两个线圈反向串接，以差动方式输出，即构成差动自感传感器。与只有一个线圈的自感传感器相比，差动自感传感器灵敏度高，测量误差小。

差动自感式传感器实际就是将两个自感传感器耦合在一起，并将两个线圈（L_1 和 L_2）与两个标准电阻器（R_1 和 R_2）接成电桥电路，如图 3-36a 所示。差动自感式传感器输出随衔铁移动，两个线圈产生的自感电动势一增一减。衔铁处于初始位置时，两个线圈产生的自感电动势相等，但极性相反，所以两个线圈输出的差动电感为零，测量电路输出电压为零，衔铁向某一方向移动时，使测量电路输出的电压也随之变化。衔铁移动量越大，两个线圈输出的差动电感增大，测量电路输出的电压也越大。由此判断，采用差动自感传感器作为直列泵供油齿条位置传感器或分配泵油量控制滑套位置传感器时，根据传感器输出的信号电压即可确定油量控制齿条或滑套的实际位置，这一位置直接反映了直列柱塞泵或分配泵的供油量。差动自感式传感器输出特性如图 3-36b 所示。

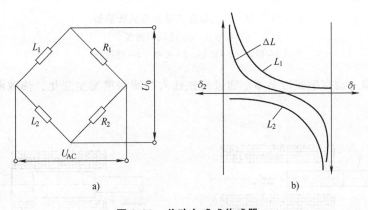

图 3-36　差动自感式传感器

a）测量电路　b）输出特性

a. 变间隙型差动自感式传感器。传感器的衔铁通过连杆与被检测对象连接，传感器工作时，衔铁随被检测对象移动，将引起变间隙型自感传感器的衔铁与铁心之间空气间隙变化，导致线圈磁回路中的磁阻变化，从而使线圈的磁通量变化，进而线圈产生的自感电动势也随之发生变化，传感器线圈产生的自感电动势与衔铁和被检测对象的移动量成正比，如图 3-37 所示。

b. 变面积型差动自感式传感器。工作原理同变间隙型，只不过引起磁通量变化的方式不同。变面积型是通过传感器铁心与衔铁之间相对覆盖面积变化使线圈磁通量变化，如图 3-38 所示。

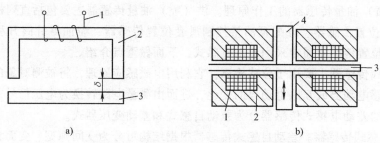

图 3-37　变间隙型差动自感式传感器
a）自感型　b）差动自感型
1—线圈　2—铁心　3—衔铁　4—连接杆

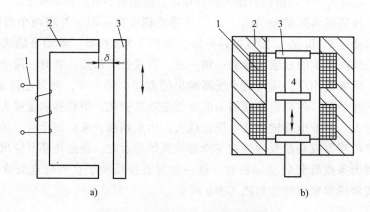

图 3-38　变面积型差动自感式传感器
a）自感型　b）差动自感型
1—线圈　2—铁心　3—衔铁　4—连接杆

c. 螺线管型差动自感式传感器。通过衔铁插入线圈深度发生变化，使线圈磁通量变化，如图 3-39 所示。

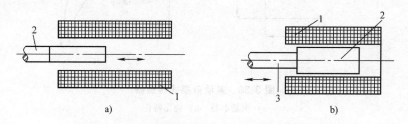

图 3-39　螺线管型差动自感式传感器
a）自感型　b）差动自感型
1—线圈　2—衔铁　3—连接杆

② 差动变压器式传感器。差动变压器式传感器的工作原理类似变压器，二次绕组反向串接，以差动方式输出，所以称为差动变压器式传感器。主要由衔铁、一次绕组、二次绕组和线圈框架等组成，如图 3-40a 所示。其结构同样有变间隙型、变面积型和螺线管型 3 种。

差动变压器式传感器属于互感型，给一次绕组通电时，在两个二次绕组中分别产生互感电动势 E_{21} 和 E_{22}，如图 3-40b 所示。当衔铁移向某二次绕组一边时，该二次绕组产生的互感电动

势增大，而另一个二次绕组产生的互感电动势减小。衔铁处于初始
位置时，两个二次绕组产生的互感电动势大小相等，极性相反，差
动电感为零。衔铁向任何一个方向移动偏离初始位置时，两个二次
绕组的差动电感都不为零，且差动电感随衔铁位移量的增大而增大。
因此，根据差动变压器传感器输出电动势的大小和相位即可确定衔
铁的位移量和移动方向。图 3-40 中纵坐标为感应电动势，横坐标为
衔铁位移量，实线为理想输出特性，虚线为实际输出特性。

③ 喷油器针阀升程传感器。在采用压电共轨系统的燃油供给
系统中，ECU 通过控制喷油孔流通截面即针阀升程来控制喷油量，
利用针阀升程传感器实现喷油量的闭环控制。霍尔式针阀升程传
感器主要由针阀弹簧座、永久磁铁和霍尔元件组成，如图 3-41 所
示。霍尔元件通电后，当与针阀弹簧座制成一体的永久磁铁移动
时，使通过霍尔元件的磁场强度发生变化，霍尔元件输出一个与
针阀升程呈正比的霍尔电压，ECU 根据此电压信号即可确定针阀
升程，信号始点作为喷油正时信号。

（4）曲轴、凸轮轴位置传感器

1）曲轴、凸轮轴位置传感器的作用。曲轴或凸轮轴位置传感
器是电控柴油机上最重要的传感器之一。主要有 3 个方面的作用：

① 提供柴油机转速信号，以便使 ECU 结合柴油机负荷信号，
精确计算循环喷油量。

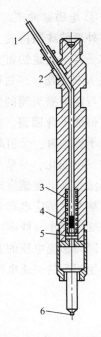

**图 3-41　霍尔式针阀
升程传感器**
1—传感器接线　2—插接端子
3—复位弹簧　4—霍尔元件
5—弹簧座和磁铁　6—喷嘴

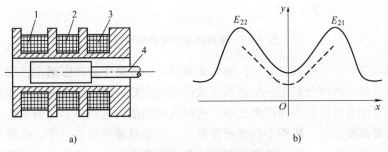

a)　　　　　　　　　　　b)

图 3-40　差动变压器式传感器
a）结构　b）输出特性
1、3—二次绕组　2—一次绕组　4—衔铁

② 向 ECU 提供第 1 缸活塞上止点信号，以便使柴油机对喷油正时做出准确判断。

③ 提供气缸判别信号。

为了能起上述测速、正时和判缸 3 个作用，曲轴或凸轮轴转速与位置传感器通常要向
ECU 提供两组检测信号，一组称为 Ne 信号，用于检测曲轴位置和柴油机转速信号；另一组
称为 G 信号，用于检测活塞上止点位置的信号，同时也用来作为 Ne 信号计算曲轴转角的基
准信号。每隔 360° 发出两个不同的 G_1 和 G_2 信号用来进行气缸的判别。

2）曲轴、凸轮轴位置传感器的工作原理。曲轴、凸轮轴位置传感器一般安装在曲轴前
端或飞轮上，也可安装在配气凸轮轴或喷油泵凸轮轴的前端。根据检测原理，曲轴位置传感
器主要有电磁脉冲式、光电式和霍尔式。

① 电磁脉冲式曲轴位置传感器。电磁脉冲式曲轴位置传感器由一个永久磁铁的铁心和铁心外部的线圈构成，结构如图 3-42 所示。传感器的转子与永久磁铁和支架之间存在间隙，磁力线由磁铁 N 极发出，经过磁铁与转子之间的间隙、转子凸齿与定子磁头间的空气间隙、磁头、永久磁铁 S 极，形成闭合回路。曲轴转动带动信号转子转动，当转子转动时，会引起转子与永久磁铁之间的空气间隙发生变化，导致信号线圈内磁通量发生变化。根据法拉第电磁感应定律，磁通量的变化会在线圈的两端产生感应电动势。转子的旋转导致空气间隙交替变大变小，线圈内磁通量的变化也是交替进行

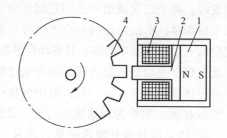

图 3-42　电磁脉冲式曲轴位置传感器
1—永久磁铁　2—铁心　3—感应线圈　4—齿轮

的，因为感应电压的方向总是企图阻止磁通量的变化，因此转子凸齿在接近和离开磁铁时，会产生相反的交流电压信号。脉冲信号产生过程如图 3-43 所示。

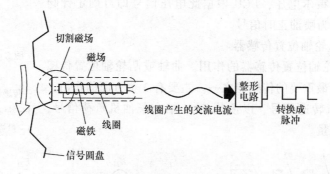

图 3-43　电磁脉冲信号产生过程

当转子凸齿接近信号线圈时，空气间隙逐渐减小，线路中的磁阻减小，磁通量的变化逐渐增大，这时在线圈两端会产生一个逐渐增大的正电动势；随着凸齿向线圈靠近，空气间隙越来越小，但是磁通量变化率却逐渐变小，这时线圈两端的电动势会逐渐变小。当转子凸齿与线圈之间的距离最小时，线圈中的磁通量最大，但是磁通变化率为零，线圈两端的感应电动势为零。转子继续旋转，当转子与线圈间的距离逐渐变大时，线路中的磁阻逐渐变大，但是磁通量的变化率却逐渐增大，所以产生了一个负的但绝对值却逐渐增大的电动势。随着转子的旋转，转子凸齿与线圈间的间隙越来越大，回路中的磁通量减小，磁通量的变化率也在减小，此时线圈两端的电动势减小，但仍为负值。所以，每一个轮齿通过磁头时，都将在感应线圈中产生一个完整的交流电压信号。

假设 Ne 信号转子共有 24 个齿，故转子旋转一周对应曲轴转角 360°，感应线圈产生 24 个交流电压信号，如图 3-44 所示。每个脉冲信号对应曲轴转角 15°，ECU 根据单位时间内脉冲信号的个数计算出曲轴转速。

G 信号用于判别气缸及检测活塞上止点的位置。G_1 和 G_2 信号分别用于检测第 1 缸和第 6 缸上止点。G_1 和

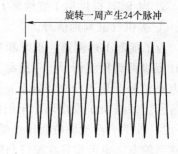

旋转一周产生24个脉冲

图 3-44　Ne 信号原理

G_2 信号发生器的位置并不是活塞正好达到上止点的位置，而是提前一些，以使活塞到达上止点前提前喷油。G_1 和 G_2 信号关系如图 3-45 所示（6 缸柴油机）。

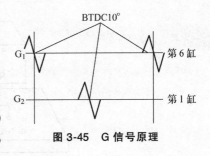

图 3-45　G 信号原理

② 光电式曲轴位置传感器。光电式曲轴位置传感器由信号盘、发光二极管、光敏装置组成，信号盘结构如图 3-46 所示。光电式曲轴位置传感器信号盘外围有 360 条缝隙，产生 1°曲轴转角信号，外围稍靠内侧分布着 6 个光孔（间隔 60°），产生 120°信号，其中有一个较宽的光孔是产生对应第 1 缸上止点的 120°信号。

光电式曲轴位置传感器利用光电效应原理将光量的变化转化为电量的变化，工作原理如图 3-47 所示。当曲轴转动时，带动信号盘一起转动，因为信号盘上弧形槽（缝隙）的缘故，发光二极管发出的光线时而能照射到光电二极管上，时而不能照射到光电二极管上。由于光电二极管上的光量不断发生变化，从而使二极管导通与截止，产生脉冲电压信号，再经过传感器的信号检测电路将杂波滤除，这时的脉冲电压信号就可以作为传感器的输出信号。当信号发生器的发光二极管发出的光线经过信号盘的小孔照射到光电二极管时，光电二极管感光导通，产生一个高压；当光线被信号盘挡住时，光电二极管截止，感应电动势为零，传感器的信号盘边缘均匀分布着 360 个

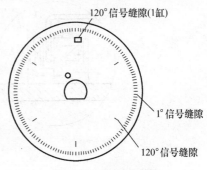

图 3-46　光电式曲轴
位置传感器信号盘结构

缝隙，信号盘每转一周将产生 360 个脉冲。每个脉冲由一个高电压信号和零电压信号组成。由于分电器每转一周，曲轴转两周，所以一个脉冲信号代表 2°曲轴转角，一个脉冲信号的高电压和零电压分别代表 1°曲轴转角。光电二极管产生的脉冲电压信号经电子电路放大后，便向 ECU 输入曲轴转角的 1°信号和 120°信号。由于安装位置的缘故，120°信号并不是活塞到达了上止点，而是在活塞上止前 70°曲轴位置。

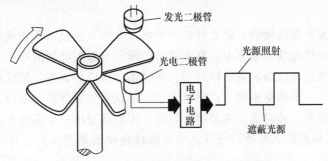

图 3-47　光电式曲轴位置传感器工作原理

③ 霍尔式曲轴位置传感器。霍尔式曲轴位置传感器是利用霍尔效应制成的。置于磁场中的静止载流导体，当它的电流方向与磁场方向不一致时，载流导体上平行与电流和磁场方向的两平面之间产生霍尔电动势，这是根据霍尔效应原理制成的，如图 3-48 所示。根据触发结构的不同，可分为触发叶片式和触发轮齿式两种。

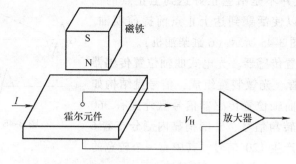

图 3-48　霍尔效应原理

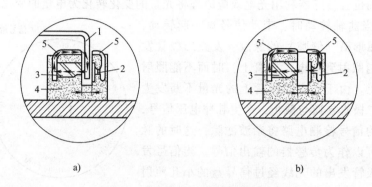

a)　　　　　　　　　　　　　b)

图 3-49　叶片式霍尔曲轴位置传感器

a) 叶片在空气隙内　b) 叶片不在空气隙内

1—叶片　2—霍尔元件　3—永久磁铁　4—底板　5—导磁板

a. 触发叶片式霍尔曲轴位置传感器。触发叶片式霍尔曲轴位置传感器的主要元件包括带导板的永久磁铁、触发叶轮、霍尔元件及集成电路，如图 3-49 所示，永久磁铁和霍尔元件置于触发叶轮的两侧，触发叶轮安装在转子轴上，能够随转子一起转动，触发叶轮上有叶片，当曲轴带动转子转动时，触发叶轮也随之转动，触发叶轮上的叶片便在霍尔元件和永久磁铁之间转动。集成电路主要由放大电路、稳压电路、温度补偿电阻、信号变换电路和输出电路组成。

当曲轴带动触发叶轮转动时，触发叶轮上的叶片会依次通过永久磁铁与霍尔元件之间的间隙，霍尔元件用导线连接在电路中，其上通有电流。当触发叶轮的叶片停在永久磁铁和霍尔元件之间时，霍尔集成电路的磁通被阻挡，此时霍尔电动势为零，集成电路的输出端晶体管截止，传感器输出一个高电平信号；当叶片不在磁铁和集成电路之间时，磁力线磁通构成回路，产生霍尔电动势，此时输出端晶体管导通，传感器输出一个低电平信号，工作原理如图 3-50 所示。ECU 根据输入脉冲信号计算出曲轴转角和活塞上止点，对柴油机的喷油和点火进行控制。

b. 触发轮齿式霍尔曲轴位置传感器。触发轮齿式霍尔曲轴位置传感器安装有两个霍尔元件，因此又称双霍尔式曲轴位置传感器。其结构与电磁脉冲式曲轴位置传感器相似，由带凸齿的信号转子和霍尔信号发生器组成，如图 3-51 所示。

触发轮齿式霍尔曲轴位置传感器工作原理与触发叶片式霍尔曲轴位置传感器原理相同。该传感器的信号转子装在柴油机曲轴上。当曲轴旋转时，传感器的信号转子随之一起旋转。

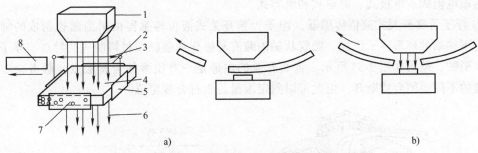

图 3-50　触发叶片式霍尔式曲轴位置传感器工作原理
a) 磁力线被隔断　b) 磁力线穿过缺口
1—永久磁铁　2—外加电压　3—霍尔电压　4—霍尔元件
5—接触面　6—磁力线　7—剩余电子　8—遮板

信号转子上有凸齿,在信号转子转动过程中,信号转子上的凸齿和齿缺依次交替经过传感器探头的位置,使探头和信号转子之间的空气间隙发生变化,从而导致磁路中的磁场强度发生变化。根据霍尔效应原理,传感器的霍尔元件中产生交变电压,其输出电压值为两个霍尔电压的和,输出电压波形如图 3-52 所示。由于输入信号强度增强,所以信号转子凸齿与信号发生器之间的间隙可以增大到 1.5mm,而普通霍尔式传感器间隙仅为 0.2~0.4mm,这样可以将信号转子设计成电磁脉冲式的齿盘式信号盘结构,便于安装。

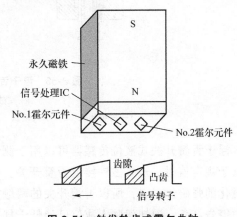

图 3-51　触发轮齿式霍尔曲轴位置传感器结构

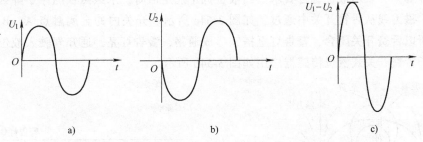

图 3-52　触发轮齿式霍尔曲轴位置传感器输出电压波形图
a) U_1 波形　b) U_2 波形　c) U_1-U_2 波形

(5) 工作液液位传感器

1) 工作液液位传感器的作用。汽车上使用的液位传感器分模拟式和开关式两种。模拟式液位传感器主要用于检测燃油箱油量,开关式液位传感器主要用于测量制动液液位、清洗液液位、冷却液液位,在液位减少到一定值时,产生开关接通和闭合转换,使相应警告灯点亮报警。

2) 工作液液位传感器的工作原理。工作液液位传感器安装于燃油箱、制动液储液罐、洗涤器、散热器储液罐、油底壳等处,以测量各种液体的存储量。根据检测原理主要有浮子式、热敏电阻式、电极式、电热式和电容式。

① 浮子舌簧开关式液位传感器。浮子舌簧开关式液位传感器由树脂圆管制成的轴和可沿轴上下移动的环形浮子组成。圆管状轴内装有易磁化的强磁性材料制成的触点，浮子内嵌有永久磁铁，结构如图3-53所示。舌簧开关的内部是一对很薄的金属触点，触点会随着浮子位置的不同而闭合或断开，由此可以判定液量是否符合规定值。

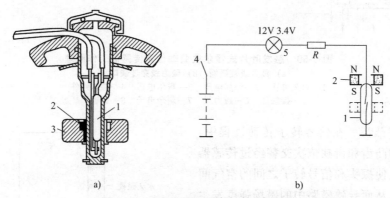

图 3-53　浮子舌簧开关式液位传感器

a）结构　b）电路

1—舌簧开关　2—永久磁铁　3—浮子　4—点火开关　5—警告灯

浮子舌簧开关式液位传感器可以用于测量制动液液位、洗涤液液位和冷却液液位。当液位低于规定值时，永久磁铁接近舌簧开关，很多磁力线从舌簧开关内通过，由于舌簧开关是易磁化的强磁性材料，所以舌簧开关的两触点被磁化互相吸引而闭合。警告灯至搭铁形成通路，警告灯亮，通知驾驶人液位已经低于规定值。当液位到达规定值时，浮子也上升到规定位置，没有磁力线穿过舌簧开关，两触点不互相吸引，而是在自身弹力的作用下打开，此时警告指示灯熄灭，表示液位符合要求。当液位低于规定值时，永久磁铁随浮子降到接近舌簧开关位置，磁力线从舌簧开关中通过，如图3-54a所示。开关内的金属触点A、B之间有吸引作用，所以舌簧开关闭合，警告灯至搭铁形成通路，警告灯亮，通知驾驶人液位已低于规定值。浮子舌簧开关式液位传感器应用如图3-54b所示。

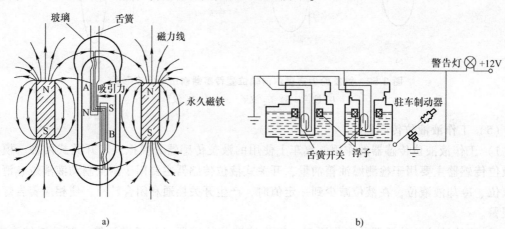

图 3-54　浮子舌簧开关式液位传感器

a）工作原理　b）应用

② 浮子可变电阻式液位传感器。浮子可变电阻式液位传感器主要由浮子、内装滑动电阻的电位器以及连接浮子和电位器的浮子臂组成，如图 3-55 所示。传感器的浮子可以随着液位上下移动，这时滑动臂就在电阻上滑动，从而改变搭铁与浮子之间的电阻值。利用这一阻值变化来控制回路中电流的大小，并在仪表上显示出来。

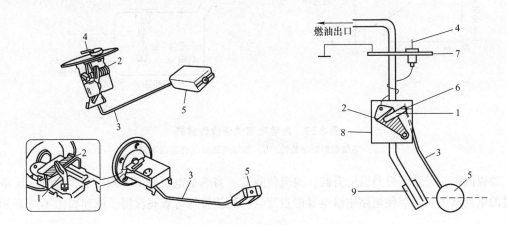

图 3-55　浮子可变电阻式液位传感器结构
1—滑动臂　2—可变电阻　3—浮子臂　4—接线柱　5—浮子
6—支点　7—固定板　8—电位器　9—燃油滤清器

浮子可变电阻式液位传感器在燃油箱仪表中的应用如图 3-56 所示。仪表部分与浮子部分串联，当油箱内装满汽油时，浮子升到最高位置，滑动滑臂向低电阻方向，此时通过回路中的电流增大，使双金属片弯曲增大，指针指向 F 侧，当油箱内油量较少时，浮子降到较低位置，滑动滑臂向高电阻方向，燃油表电路中的电流减小，仪表内双金属片稍有弯曲，指针指向 E 侧。

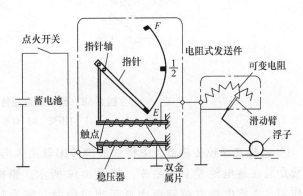

图 3-56　浮子可变电阻式液位传感器应用

③ 热敏电阻式液位传感器。热敏电阻式液位传感器主要用于检测汽油、柴油的液面高度。当给热敏电阻通电时，电阻内有电流产生，热敏电阻在电流的作用下就要发热。当热敏电阻在油液液面以下时，油液对热敏电阻有降温作用，热敏电阻的温度不上升而使电阻值增加，热敏电阻温度特性如图 3-57a 所示。当燃油液位下降时，热敏电阻暴露在空气中，散热性变差，温度升高使电阻值下降。热敏电阻的阻值下降到一定值时，线路中的电流增大到可以使继电器触点闭合，而使低液面警告灯点亮报警。这样，通过警告灯电路电流的大小变化，灯光或亮或灭来判断燃油量的多少，电路如图 3-57b 所示。

以下是热敏电阻型液位传感器在柴油液位传感器中的应用。当燃油箱内燃油高于规定值时，热敏电阻浸泡在柴油中，热敏电阻产生的热量被燃油吸收而其本身温度与燃油一致，此时电阻值较高，灯不亮。如果燃油液面降到热敏电阻露出油面时，热敏电阻的热量无法被吸

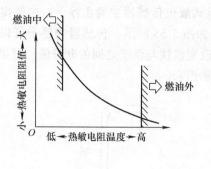

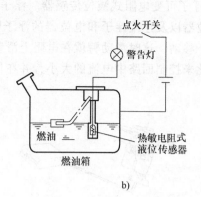

图 3-57 热敏电阻式液位传感器

a）热敏电阻温度特性　b）热敏电阻液位传感器电路

收，难以散出，导致其自身温度升高，电阻值降低。当热敏电阻值下降到一定程度时，线路中流过的电流增大到足以使电路中继电器触点闭合，而使警告灯点亮报警，原理如图 3-58 所示。

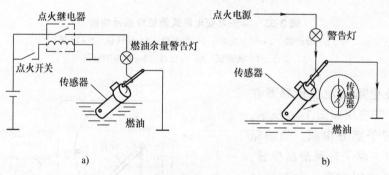

图 3-58 柴油油量报警电路

a）灯不亮　b）灯亮

④ 电极式液位传感器。电极式液位传感器用来测定蓄电池电解液液面的高度。其主要构成是装在蓄电池盖上的铅棒，如图 3-59 所示，铅棒起电极作用。当蓄电池电解液液面低于规定值时，警告灯被点亮，通知驾驶人应该添加电解液。

蓄电池电解液液位传感器警告灯电路如图 3-60 所示。当电解液符合规定要求时，铅棒浸在电解液中产生电动势，晶体管 VT_1 导通，电流从蓄电池正极沿箭头方向经点火开关、晶体管 VT_1 再回到蓄电池的负极，因为Ⓐ点电位接近于零，所以晶体管 VT_1 截止，警告灯不亮，如图 3-60a 所示。当电解液液位低于规定值时，如图 3-60b 所示，铅棒不能浸在电解液中，其上没有电动势产生，所以晶体管 VT_1 截止。这时Ⓐ点电位上升，晶体管 VT_2 的基极中有箭头方向所示的电流通过，晶体管 VT_2 导通，警告灯点亮，通知驾驶人电解液已不足，如图 3-60b 所示。

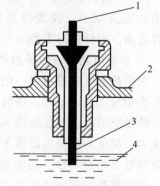

图 3-59 电极式液位传感器

1—接线　2—蓄电池壳
3—电极　4—电解液

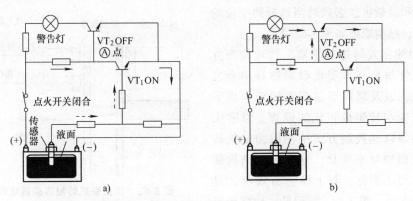

图 3-60 蓄电池电解液液位传感器报警电路

a）警告灯不亮 b）警告灯亮

（6）转矩传感器

1）转矩传感器的作用。柴油机输出转矩直接反映柴油机负荷信息，可以获得对自动变速器更高的控制精度。

2）转矩传感器的工作原理。转矩传感器一般安装在曲轴上，根据检测方式的不同，主要有以下几种。

① 应变片式转矩传感器。这种检测方式是将应变片贴在曲轴上，测量应变片电阻的变化即可测得曲轴受到转矩后产生的扭转变形，结构如图 3-61a 所示。但为了获得信号，必须采用集电环（滑环）或遥测仪，检测原理如图 3-61b 所示。

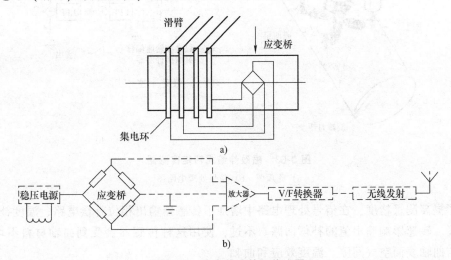

图 3-61 应变片式转矩传感器

a）结构 b）检测原理图

② 相位差式转矩传感器。这种检测方式是利用曲轴扭转角与转矩成正比的原理，用两个相同的齿轮（或沿圆周刻有均匀分布狭槽的圆盘）装在曲轴不同的位置上，通过曲轴扭转时产生的两个齿轮之间的相位差，反映曲轴输出转矩的变化。它采用齿轮加电磁传感器、齿轮加霍尔传感器或采用狭槽圆盘加光检测器等装置来检测曲轴的转矩。在输出转矩为零时，两个传感器的输出脉冲应重合，而当输出转矩不为零时，两个传感器的输出脉冲将分离。为了提

高检测精度和灵敏度，必须适当选择两个齿轮的安装位置，结构原理如图3-62所示。

③ 磁致伸缩式转矩传感器。这种检测方式是利用磁性材料在承受负载时磁导率会发生变化现象，以及圆柱形材料在转矩作用下其表面的应变与转矩成正比的原理，以磁头形式的传感器以非接触方式检测因曲轴旋转而产生的表面磁导率变化。这种方式结构简单，易于实现小型化，与上两种方式相比是一种可取的方法。图3-63a所示是一种将传感

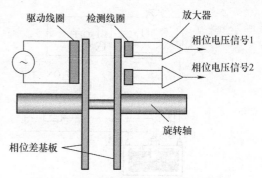

图3-62　相位差式转矩传感器结构原理

器安装在曲轴尾部的方案。它是将一个励磁线圈和4个环绕它分布的检测线圈沿着曲轴受扭转而产生的主应力方向即与曲轴圆周成45°螺旋线方向布置。中间的励磁线圈在接通交流电源后产生磁通强度的变化，通过曲轴使接成单臂电桥形式的4个检测线圈产生电动势，当曲轴不承受转矩时，4个线圈产生的感应电动势是平衡的，电桥输出电压为零。当曲轴承受转矩时，曲轴表面的磁导率会发生变化，电桥平衡被破坏，检测线圈1和3的电动势会增加，而检测线圈2和4的电动势会减小。对输出电压信号进行处理之后，就能检测出柴油机的输出转矩了。

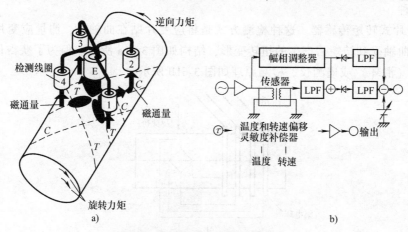

图3-63　磁致伸缩式转矩传感器

a）原理图　b）信号处理电路图

为了提高测量精度，在信号处理电路中增加了传感器输出相位补偿电路、温度补偿回路和受温度、转速影响输出值的补偿回路。不过，使用这种传感器会受到曲轴材料不均匀性、传感器与曲轴表面空气间隙、温度效应和曲轴转动加速度带来的各种影响，从而对检测精度特别是检测瞬间转矩变化的精度带来影响。

④ 光纤维式转矩传感器。光纤维式转矩传感器由激光器和光纤组成，如图3-64所示。在轴和轴承上分别装上一条由反射片和吸收片组成的传感器带，由激光器发出的激光经光纤由吸收小片吸收，再由反射小片反射，经光纤

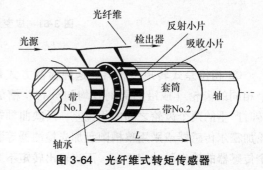

图3-64　光纤维式转矩传感器

送入检测器。当轴受扭转后，相对于轴承产生一定的扭转角度，传感器带将此变化反映到检测装置，从而完成转矩的检测。由于光纤式转矩传感器具有灵敏度高、体积小、质量轻、随意性好、频带宽、绝缘性好、化学稳定性好、不受电磁干扰、成本低等优点，被认为是最有应用前景的一种转矩传感器。

4. 空气流量传感器

1）空气流量传感器的作用。在柴油机电控系统中，空气流量传感器的作用主要用来在废气再循环（EGR）控制中提供计算 EGR 率时的吸入空气流量的信息。

2）空气流量传感器的工作原理。空气流量传感器一般安装在进气总管上，根据检测原理可分为体积流量检测型空气流量传感器和质量型空气流量传感器。体积流量检测型又分为叶片式空气流量传感器和卡尔曼涡流式空气流量传感器，质量型空气流量传感器又分为热线式空气流量传感器和热膜式空气流量传感器。

① 热线式空气流量传感器。热线式空气流量传感器主要由防护网、采样管、热线电阻、温度补偿电阻和控制电路板等组成。热线电阻和温度补偿电阻安装在主进气道中，控制电路板安装在流量传感器下方。进气管连接侧的防护网用于防止回火和脏物进入空气流量传感器，如图 3-65 所示。采样管置于空气流量传感器主空气道中央，两端有金属防护网，防护网通过卡箍固定在壳体上。采样管由两个塑料护套和一个热线支撑环构成。热线支撑环上有一根直径很小的铂丝，其阻值随温度变化而变化。当传感器工作时，铂丝将被控制电路提供的电流加热到 120℃左右，因此称为热线。铂热线是单臂电桥的一个桥臂 R_h，由于进气温度变化使热线的温度发生变化而影响进气量的测量精度，因此在热线附近设有一根温度补偿电阻丝，因其靠近进气口一侧，所以称之为冷线，是单臂电桥电路的另一个臂，其电阻丝也随温度变化而变化。

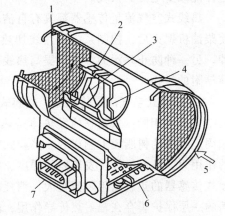

图 3-65　热线式空气流量传感器结构
1—防护网　2—采样管　3—铂热线电阻
4—温度补偿电阻　5—空气流
6—控制电路板　7—插接端子

热线式空气流量传感器的工作原理如图 3-66 所示。安装在控制电路板上的精密电阻 R_a、R_b 和热线电阻 R_h、温度补偿电阻 R_k 组成了惠斯顿电桥。当空气流经热线电阻 R_h 时，热线温度降低，电阻值减小，电桥失去平衡，空气流量越大，热线电阻上被带走的热量越多，电阻减小得越大。若要保持电桥平衡，就必须增加流经热线电阻的电流，以恢复其温度和阻值，精密电阻 R_a 两端的电压也相应增加。流经热线的空气量不同，热线的变化温度不同，其电阻变化量也不同。为保持电桥平衡，需增加流经热线电阻的电流，从而使精密电阻 R_a 两端的电压也相应变化，控制电路将电阻 R_a 两端的电压输送给 ECU，即可确定进气量。

混合集成电路的作用是保持电桥平衡，即保持热线电阻与感应进气温度的温度补偿电阻之间的温度差不变。热线式空气流量传感器直接测量进入柴油机的空气质量流量，不需要进气温度传感器对测量值进行修正。

精密电阻 R_a 为一个温度系数很低的金属薄膜电阻，温度补偿电阻用来对热线电阻的温度进行参照，使其温度差控制在 100℃左右，从而提高测量精度，它与电桥电阻 R_b 的阻值，

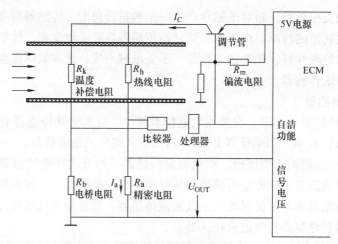

图 3-66 热线式空气流量传感器工作原理

这样能减少电能的损耗。

热线式空气流量传感器都具有自洁功能，即柴油机转速超过 1500r/min，关闭点火开关使柴油机熄火后，控制系统将热线加热到 1000℃ 以上并保持约 1s，使附在热线上的粉尘烧掉。另一种防止玷污的方法是提高热线的保持温度，一般保持温度设在 200℃ 以上，以便烧掉粘附的污物。

② 热膜式空气流量传感器。热膜式空气流量传感器是热线式空气流量传感器的改进型，其结构基本相同，只是它的发热体是热膜而不是热线，如图 3-67 所示。热膜是由发热金属铂固定在薄的树脂膜上制成的。热膜式空气流量传感器的发热体不直接承受空气流动所产生的作用力，从而增加了发热体的强度，提高了传感器的使用可靠性。同时与热线式相比，热膜式传感器的热膜电阻阻值较大，消耗的电流小，使用寿命也较长。但是由于其发热元件表面的一层保护膜存在辐射热传导作用，因此响应性较差。

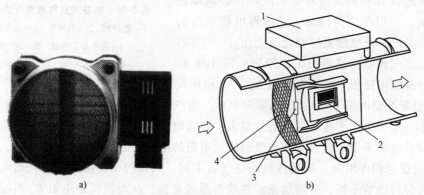

图 3-67 热膜式空气流量传感器结构

a）外形 b）结构

1—控制回路 2—热膜 3—温度传感器 4—金属网

热膜式空气流量传感器与热线式空气流量传感器的工作原理大致一样，如图 3-68 所示。传感器的热膜电阻、温度补偿电阻、精密电阻、信号取样电阻在电路板上以单臂电桥的方式连接。

当空气流经发热元件时，发热元件会因热量被带走而温度降低，阻值减小，电桥失去平衡。这时控制电路会增大供给发热元件的电流，使其与温度补偿电阻的温度差保持一个固定值，一般为100℃。电流增量的大小取决于发热元件受到冷却的程度，即取决于流过传感器的空气量。当电桥电流增大时，信号取样电阻 R_s 上的电压就会升高，从而将空气流量的变化转化为电压信号 U_s 的变化。信号电压输入到 ECU 后，ECU 就计算出空气流量的大小。

热线式和热膜式空气流量传感器能直接测量进气管进入柴油机的空气流量，不需要温度传感器的修正；精度高，能在短时间内反映空气流量；具有无运动组件、进气阻力小、不易磨损、测量范围大等特点，因此在柴油机中得到了广泛的使用。

③ 叶片式空气流量传感器。叶片式空气流量传感器是利用进气气流推力来改变电位器电阻的原理工作的，主要由叶片部分和电位器部分组成，结构如图 3-69 所示。叶片由铸成一体的测量叶片和缓冲叶片两部分组成，测量叶片在主空气道内摆动，缓冲叶片在缓冲室内摆动。叶片轴安装在流量传感器壳体上，一端与螺旋弹簧相连，与电位器内滑块连为一体。当柴油机吸入的空气急剧变化和气流脉动时，缓冲叶片可减小叶片的脉动，保证稳定输出，叶片构造如图 3-70 所示。

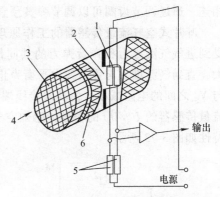

图 3-68　热膜式空气流量传感器原理图
1—控制电路　2—至进气管　3—热膜
4—进气流　5—电桥电阻　6—滤网

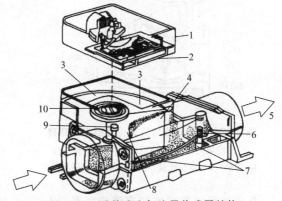

图 3-69　叶片式空气流量传感器结构
1—电位器　2—插接端子　3—缓冲室　4—叶片　5—至进气管　6—调整螺钉　7—旁通道　8—测量叶片　9—进气温度传感器　10—复位弹簧

传感器中电位器位于传感器壳体上方，内有平衡重块、复位弹簧、调整齿圈和印制电路板等，其结构如图 3-71 所示。叶片轴上的复位弹簧一端固定在转轴上，另一端与调整齿圈

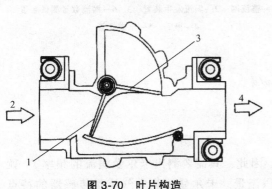

图 3-70　叶片构造
1—测量叶片　2—空气滤清器侧
3—缓冲叶片　4—进气管侧

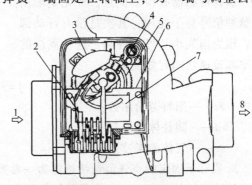

图 3-71　电位器结构
1—空气滤清器侧　2—接点　3—平衡重块　4—调整齿圈
5—复位弹簧　6—电位器　7—印制电路板　8—至进气管

相连，通过调节齿圈可以调节弹簧预紧力，改变传感器的输出特性。

叶片式空气流量传感器的工作原理如图 3-72 所示。当进气气流通过传感器时，叶片将受到进气气流推力和弹簧弹力的共同作用。当进气气流逐渐增大时，叶片的转角也随之增大，直到气流推力与弹簧弹力平衡为止。同时，电位器滑臂在滑道内滑动，使接线端子 V_C 与 V_S 之间的电阻减小，使其两接线端子之间的电压 U_S 增大。这样柴油机 ECU 就根据空气流量传感器的 U_S/U_B 的信号，感知空气流量的大小。U_S/U_B 的值与空气流量成反比，输出特性如图 3-73 所示。

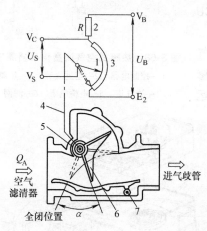

图 3-72　叶片式空气流量传感器工作原理
1—滑动触点臂　2—限流电阻　3—镀膜电阻
4—转轴　5—复位弹簧　6—翼片　7—调整螺钉

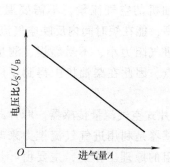

图 3-73　叶片式空气流量
传感器输出特性

④ 卡尔曼涡流式空气流量传感器。卡尔曼涡流式空气流量传感器是利用气流通过障碍物时在障碍物下游产生一种自然振荡分离型漩涡的原理来测量气体的流速，通过气流流速计算进气流量。卡尔曼涡流式空气流量传感器结构如图 3-74 所示。

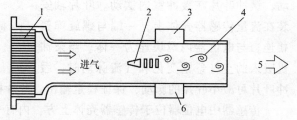

图 3-74　卡尔曼涡流式空气流量传感器结构
1—整流网　2—涡流发生装置　3、6—涡流数量测量装置
4—漩涡　5—至进气管

这种传感器有很多优点，首先是输出的脉冲信号易于处理，其次是没有可动部件，压力损失小，可靠性高。这种涡流的频率和流速之间有如下关系：

$$f = St \times v/d$$

式中　St——斯特劳哈尔数；

　　　d——圆柱体直径；

　　　v——气体的流速。

St 数对于固定的空气流量传感器为一常数。因此，只需要测出卡尔曼涡流的频率 f，就可以计算出气体的流速 v，进而得知气体的体积流量。卡尔曼涡流空气流量传感器的特点是：进气量越大，输出的脉冲频率越高；输出的脉冲信号 ECU 可直接接收。

根据检测卡尔曼涡流频率 f 的方式不同，卡尔曼涡流式空气流量传感器可分为超声波式和反光镜式两种。

1) 超声波卡尔曼涡流式空气流量传感器。超声波卡尔曼涡流式空气流量传感器的结构如图 3-75 所示。主要由涡流发生器、信号发生器和信号接收器组成。

当柴油机运转并吸入一定的气体时，超声波发生器不断向接收器发出一定频率的超声波。当超声波通过进气气流到达接收器时，由于受到气流移动速度及涡流数量变化的影响，接收到的超声波信号的相位差会发生变化：进气量越多，涡流越多，移动速度越快，接收到的超声波的相位及相位差越大，反之越小。控制电路根据超声波信号的相位或相位差的变化就可计算出涡流的频率并将其输入给 ECU，ECU 根据输入的进气涡流频率信号计算出进气量。流量检测原理如图 3-76 所示。

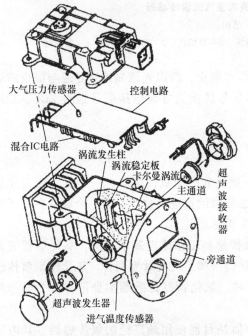

图 3-75　超声波卡尔曼涡流式空气
流量传感器结构

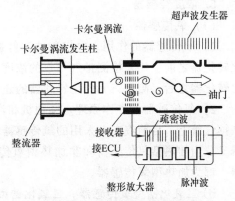

图 3-76　超声波卡尔曼涡流式
空气流量传感器检测原理

2) 反光镜卡尔曼涡流式空气流量传感器。反光镜卡尔曼涡流式空气流量传感器主要由涡流发生器、发光二极管 LED、光敏晶体管、反光镜、导压孔、张紧带及控制电路组成，如图 3-77 示。涡流发生器后面设置有导压孔，用来将变化的涡流导入导压腔内。反光镜安装在张紧带上，发光二极管和光敏晶体管设置在反光镜的上面，发光二极管发出的光经反光镜反射后使光敏晶体管导通。从图 3-77 中可以看出，在传感器的入口处设置有蜂窝状整流网栅，其作用是使吸入的空气在涡流发生器上游形成比较稳定的气流，从而保证气体经涡流发生器后产生与其流速成正比的涡流。

当进气气流流过涡流发生器时，发生器两侧会产生交替涡流，两侧的压力就会交替发生变化。进气量越大，产生的涡流数量越多，压力变化频率就越高。变化的压力被导压孔导入导压腔使张紧带产生振动，从而带动张紧带上面的反光镜一起振动，且振动频率与单位时间内产生的涡流数量成正比。由于反光镜的振动，被反射光镜反射的光束也以同样频率变化，

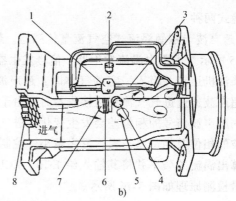

a)

b)

图 3-77 反光镜卡尔曼涡流式空气流量传感器

a）外形 b）结构

1—反光镜 2—LED 3—簧片 4—光敏装置 5—旋涡 6—导压孔 7—涡流发生器 8—整流网

使得光敏晶体管也随光束的变化以同样的频率导通和截止，所以光敏晶体管导通与截止的频率与涡流频率成正比。信号处理电路将涡流频率信号转换为方波电压信号送给 ECU，ECU 根据进气频率信号便可计算出进气量的大小。

5. 浓度传感器

（1）氧传感器

1）氧传感器的作用。电控柴油喷射系统中一般设置两个氧传感器，一个放置在三元催化转化器之前，用来检测排气中氧的浓度，对喷油器喷油量进行修正。另一个放置在三元催化转化器之后，测量三元催化转化器的还原效果是否达标。

2）氧传感器的工作原理。柴油机和汽油机氧传感器工作原理基本相同，氧传感器安装在排气管上，目前汽车上采用的氧传感器有二氧化锆型和二氧化钛型两种。氧化锆型氧传感器又分为加热型氧传感器和非加热型氧传感器两种，氧化钛型传感器本身带有一个电加热器，都为加热型氧传感器。

① 二氧化锆型氧传感器。二氧化锆型氧传感器是目前使用最广泛的氧传感器，其内部构造如图 3-78 所示。氧化锆元件为一试管状多孔陶瓷体，俗称锆管，管的内外表面覆盖着一层多孔铂膜作为电极。传感器安装于排气管中，氧化锆的外侧与废气接触，内侧导入大气。为了防止废气对铂膜的冲刷和腐蚀，在铂膜上又覆盖了一层多孔性陶瓷层，并加装了防护外罩。

二氧化锆为一种固体电解质，在高温下，氧化锆的氧电离成氧离子，它的性能与电解液相似，具有氧离子传导性。当氧化锆管的内外侧表面分别接触到不同密度的氧时（即存在氧浓度

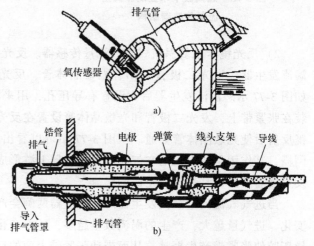

图 3-78 二氧化锆型氧传感器

a）安装位置 b）结构

差），电解质内的氧离子便从内向外扩散，离子运动产生电动势，使氧化锆管称为微电池，管内外的铂电极产生电压。也就是说，排气氧浓度与大气氧浓度的差值产生电动势，把该电动势在输入回路的比较器中与基准电压比对，以 0.45V 以上为 1（表示为浓信号），以 0.45V 以下为 0（表示为稀信号）输入 ECU，ECU 根据此电压信号修正喷油器供油量，再通过氧传感器的反馈信号进行监测。氧传感器的工作原理如图 3-79 所示。

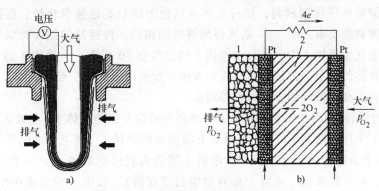

图 3-79　二氧化锆型氧传感器工作原理

a）结构　b）工作原理

　　二氧化锆型氧传感器的最佳工作温度为 300~400℃，因而在传感器内设有电加热丝，用于暖机或轻负荷下的内部加热，使氧传感器能迅速达到正常工作温度，电加热丝的加热由 ECU 进行控制。

　　② 二氧化钛型氧传感器。二氧化钛型氧传感器采用 TiO_2 半导体元件制成。TiO_2 半导体元件为一圆板状电极，与之串联的是 TiO_2 热敏电阻。从两元件的首尾与两元件的中点共引出 3 根导线至外接端子，分别是基准电源、传感器输出端与搭铁端，如图 3-80 所示。同时，在绝缘体的表面缠绕着钨丝加热圈，从中又引出 2 根导线。

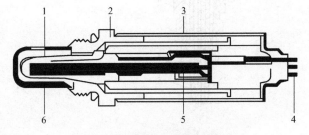

图 3-80　二氧化钛型氧传感器结构

1—钛管　2—壳体　3—护套　4—插接端子
5—加热元件　6—传感器护管

　　当传感器周围气体介质中的氧元素多时（表示混合气稀），二氧化钛阻值增大，反之电阻值降低。电阻值变化导致输出电压值变化，ECU 根据电压信号修正喷油器供油量，再通过氧传感器的反馈信号进行监测。

　　由于二氧化钛的电阻随温度变化，故串联热敏电阻后具有温度补偿作用。在低温状态下，二氧化钛电阻值增大，影响其正常的性能。为使之快速升温以激活其性能，传感器中装有电加热丝，加热功能由 ECU 控制。

　　（2）排烟传感器

　　1）排烟传感器的作用。检测柴油机排气中形成的炭烟或未燃炭粒，并提供一种能表示炭烟存在的输出信号，通过 ECU 来自动调节空气和燃油的供给，以达到完全燃烧和避免形成过多的炭烟。

2）排烟传感器的工作原理。重油和柴油等重碳氢化合物的不完全燃烧会形成大量炭烟，由于柴油机作为汽车动力的车辆日益增加，虽然其本身的一氧化碳和碳氢化合物的排放均很低，但排出的黑烟会导致周围空气的污染。所以，在柴油机的电子控制系统中必须安装能够监测炭烟排放量的传感器。

连续测量柴油机排烟的传感器感应头是由绝缘材料和两个金属电极所组成，暴露在烟气中的电极周围涂有强催化剂材料，使得沉积在电极上的炭能迅速氧化掉，保持电极始终干净，满足连续测量的要求。图 3-81 是该传感器的结构图，传感器的整体类似于汽油机的火花塞，感应头装在金属体 2 中，通过中间体 1 同接线盒 10 相连，金属体 2 的下端有螺纹可以方便地安装在排气管上。传感器感应头的本体一般采用三氧化二铝做成陶瓷体，暴露在烟气中的电极由贵重金属铂或铂合金材料等做成。

图 3-82 为排烟传感器的工作原理图，传感器的感应头由绝缘体 1、电极 2 和催化剂 3 所组成。绝缘体 1 中埋有两个电极 2，电极 2 下端伸出绝缘体 1，两电极之间保持很小的缝隙 4，并涂有基本上是绝缘的强催化剂 3，电极上端接入直流电源 B 中，一般可采用 12V 或 24V 直流电源，A 为电流表（表盘上标有对应的烟度值），在电子控制系统中，A_1、A_2 与 ECU 相连。

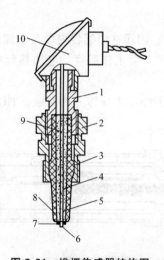

图 3-81　排烟传感器结构图

1—中间体　2—金属体　3—传感器感应头本体
4—其他金属丝　5—焊点　6—缝隙　7—催化剂
8—铂丝　9—粘合剂　10—接线盒

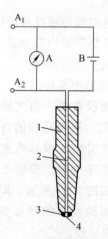

图 3-82　排烟传感器工作原理

1—绝缘体　2—电极　3—催化剂　4—缝隙

当感应接头接入电路中时，由于电极之间的电阻很大，电流表 A 无电流指示或只指示极微小的电流，当感应头插入烟气中时，缝隙 4 中充满了炭烟，形成炭桥，电极之间的电阻就发生变化，炭烟少电阻大，炭烟多电阻小，电流表 A 的读数就随着炭烟的多少相应变化。同理，在电子控制系统中，供给 ECU 的信号也随炭烟的多少做相应的变化。

由于感应头的电极端涂有强催化剂 3，加上烟气中有充足的氧气存在，沉积在电极上的炭烟能迅速氧化，不会因电极上的炭烟堆积而使测量失效，尤其是在烟气温度较高的情况下，连续测量结果完全反映了烟气中的炭烟量变化情况。

随柴油机负荷变化，柴油机排气温度、烟度和传感器的电流值对照见表 3-4。随着柴油

机负荷的增加，排气温度、烟度和传感器电流都相应增加，烟度和对应的传感器电流之间，满足下列关系式，即

$$R = KI$$

式中　R——博世烟度；

　　　I——传感器电流值；

　　　K——比例常数。

表 3-4　柴油机排气温度、烟度和传感器电流值随负荷变化关系

功率/kW	排气温度/℃	烟度 BSU	传感器电流/μA	功率/kW	排气温度/℃	烟度 BSU	传感器电流/μA
0	0	0	1.0	9.71	325	1.8	15
5.00	190	0.3	2.5	10.29	350	2.0	19
5.74	200	0.5	3	11.47	390	2.7	33
7.79	240	0.8	5.5	11.84	405	3.0	42
8.75	260	1.1	7	12.13	420	3.4	50
9.04	290	1.3	10	12.35	430	4.3	65
9.41	300	1.5	12	12.57	440	5.0	80

（3）氮氧化传感器

氮氧化（NO_x）传感器是国Ⅳ电控柴油发动机后处理系统（SCR）的一个重要传感器，安装在排气管中，用于检测尾气中的 NO_x 浓度。SCR 系统利用 NO_x 传感器可以检测尾气经催化转化反应后的 NO_x 含量，用于国Ⅳ标准中的 OBD 控制。

NO_x 传感器总成包括传感器及 NO_x 传感器控制模块两部分，如图 3-83 所示。

NO_x 传感器工作条件：

① 当接通点火开关时，NO_x 传感器将被加热到 100℃。之后等待 ECU 发出一个"露点"温度信号。

"露点"温度是指：在这个温度后排气系统内将不会有能损坏 NO_x 传感器的湿气存在。目前露点温度被设定为 140℃，温度值是参考 DCU 的出口温度传感器测出的数值。

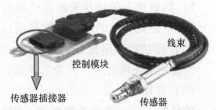

图 3-83　氮氧化（NO_x）传感器

② 传感器当接收到 ECU 发来的露点温度信号后，传感器将自行加热到一定温度，最大可为 800℃。

③ 加热到工作温度后，传感器开始正常的测量工作。

④ 传感器将氮氧化物值发送到 ECU 总线上，发动机后处理单元通过这些信息对氮氧化物的排放进行监测。

NO_x 传感器的基本测量原理：

图 3-84 所示为 NO_x 传感器测量原理。

在第一测量室内尾气中的氧气被泵出，同时在铂金材料上 HC、CO、H_2 被氧化。

第二测量室中，NO_x 在催化材料上被还原，同时释放出 O_2。第二测量室产生的 O_2 的量就代表了 NO_x 的含量。

NO_x 传感器是一个智能传感器，通过 CAN 总线与发动机 ECU 通信，NO_x 传感器可以进

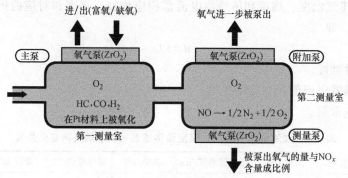

图 3-84　NO_x 传感器测量原理

行内部故障自诊断，通过 CAN 总线将故障报告给 ECU；对传感器的检测可通过诊断仪的故障码或数据流进行分析判断；NO_x 传感器体与 NO_x 控制模块连在一起，是一个完整的部件，一旦确认故障应该更换总成，不可部分更换。

3.1.1.2　信号开关

电控系统信号采集除了传感器以外，还有很大一部分是通过开关来实现的，因为开关能直接产生数字信号，是电控单元最理想的信号源。所以，除了反映模拟量必须采用传感器外，仅反映通、断，有、无等两种状态的参数，就可以采用信号开关。常见的信号开关有以下几种。

（1）按工作性质分类

电控系统中用于信号采集的开关有机械式和电磁式两大类。

1）机械式开关指开关触点的动作是通过操作人员的手、脚或其他外力来实现的。

2）电磁式开关的触点动作是通过电磁线圈产生的磁力来实现的。

（2）按功能和用途分类

根据用途不同开关可分为电源总开关、点火开关、起动开关、空档开关、离合器开关等。

（3）按结构分类

按结构不同，可分为推杆式、顶杆式、旋转式、板柄式、翘板式、按钮式和组合式等多种形式。

（4）按操纵方式分类

按操纵方式的不同，可分为手动开关、压力开关、温控开关、液位开关、机械开关等。

（5）按状态分类

按开关的工作状态不同，可分为常开型开关、常闭型开关、混合型开关和选择开关等。

1）常开型开关一般仅有两个接线端子。一端为电源输入端，可以是蓄电池或点火开关提供的正极，也可能是 ECU 提供的蓄电池电压或 5V 电压，也可以是直接连接蓄电池负极，也可能是由 ECU 内部输出的负极；另一端为信号输出端，连接电控单元。常开型开关即操作开关时闭合。

2）常闭型开关即操作开关时断开，其他与常开型开关相同。

3）混合型开关即内置有常闭型开关和常开型开关，操作开关时触点动作相反。

4）选择开关即可以选择两个状态，用于发动机电控系统的选择开关，主要有巡航开关。

5）档位开关即通过一个操纵手柄选择不同的档位，比如有级调速鼓风机的调速开关，用于发动机电控系统中主要是指省油开关。

1. 空档开关

空档开关设置的目的同离合器开关一样，都是防止发动机起动时带档起动。一般采用常闭型开关，可以串接在起动机控制电路当中，也可以作为发动机电控单元的一个信号，只有在空档时才能保证起动机电路正常工作。

2. 离合器开关

离合器开关一般用于起动系统，它的主要作用是防止起动时有挂档现象，导致起动时车辆移动，造成不安全因素。所以，在起动控制电路中串联离合器开关（常开型或常闭型），起动时迫使驾驶人踩下离合器踏板，使离合器开关接通或断开，方能接通起动机控制电路；除此之外，还有将离合器开关的信号送给发动机电控单元，常见有常闭型离合器开关，发动机起动时，必须将离合器踩下，方可起动，同样达到了安全起动的目的。

3. 制动器开关

制动器开关除了踩下制动踏板时点亮制动灯外，对于发动机电控系统则是作为一种信号，当电控单元得到制动信号时，会对喷油量进行控制，以利于达到车辆制动的目的。

4. 排气制动开关

具有排气制动功能的车辆装有排气制动开关，当使用排气制动功能时，驾驶人需将排气制动开关接通（一般为常开型开关），把排气制动的请求信号送给发动机电控单元，由发动机电控单元对排气制动继电器或电磁阀进行控制，才能实现排气制动的功能。

5. 多态开关（省油开关）

多态开关也称多功率省油开关，能根据整车的使用工况，通过限制发动机的转矩和转速，从而使发动机运行在指定的转矩、转速区域中，即发动机输出的功率限定在指定的功率范围内，可降低整车燃油消耗。

在整车装载不同时，可以使用多态开关达到节油 1%~2% 的目的，同时还可以提高发动机的使用寿命。

该多态开关分为三档，即 Ⅰ 档、Ⅱ 档、Ⅲ 档，如图 3-85 所示。

发动机输出功率分为最大功率（重载）Ⅲ 档，中档功率（中载）Ⅱ 档，最小功率（轻载）Ⅰ 档。有时 0 档为重载、Ⅰ 档为中载、Ⅱ 档为轻载。

多态开关有两根导线，均与发动机电脑连接，开关内通过电阻器来改变不同的档位，一般情况下，在开关脱开线束时测量，轻载 9.8kΩ，中载 4.2kΩ，重载 1.5kΩ。

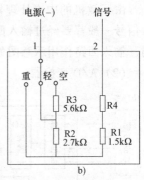

图 3-85　常见的多态开关

a）省油开关　b）内部电路

多态开关与线束连接正常的情况下，用万用表电压档测量两线之间的电压，空载 2.9V，中载 1.9V，重载 0.9V。

6. 空调开关

空调系统在车辆电气设备中功率是比较大的，大多数空调压缩机都是由车辆发动机传动带驱动的（除了独立式空调系统），对发动机的负荷影响很大；所以在空调系统工作的同时必须将空调请求信号传给发动机电控单元，以提高发动机的转速，保证发动机能够稳定工作。有的车辆将空调压缩机的工作直接交给发动机电控单元控制，以更有利于发动机电控系统的综合控制。

7. 巡航开关

在装备有自动巡航功能的车辆上会有巡航开关，一般有巡航主开关、巡航设置、巡航复位、巡航解除开关或按钮，对于发动机电控系统都是作为请求信号，发动机电控单元根据输入的不同信号，控制发动机输出不同的功率，以达到驾驶人设定的恒定车速。

8. 诊断开关

诊断开关主要是用于发动机电控系统的自诊断系统，当发动机电控系统出现故障，位于仪表板上的故障指示灯点亮时，可以通过诊断开关进行简单的故障查寻，按照正确的操作方法接通诊断开关，观察故障指示灯的闪烁情况，判断故障的大致部位，故障指示灯闪烁的故障码不同于诊断仪的故障码，需要查寻各生产厂家的故障码含义，诊断开关一般位于仪表台下或电气检查盒内。

3.1.2 电子控制器

1. 电子控制器的组成

电子控制器常用 ECU（Electronic Control Unit）表示，有的用 ECM、EEC 等表示，有些则用 PCM 表示（发动机和变速器共用）。ECU 的作用是接收来自各种传感器、开关的信息，经过快速地处理、运算、分析和判断后，适时地输出控制指令，控制执行器动作，借以控制发动机。ECU 的核心部件是微型计算机，即微机（电脑），所以有时简单地将 ECU 称为微机或电脑。

发动机电子控制装置的基本结构如图 3-86 所示，主要由输入回路、A/D 变换器、微型计算机和输出回路组成。

（1）输入回路

由于微机的中央处理器 CPU 只能对一些规定的信号进行处理，所以从传感器传递的输入信号一般都要经过输入回路滤波、整形、放大等处理后，才能被处理器接收并进行运算控制，输入回路作用示意图如图 3-87 所示。

（2）A/D 变换器

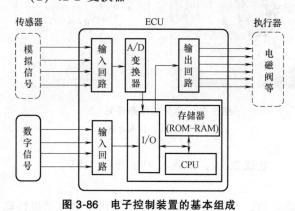

图 3-86　电子控制装置的基本组成

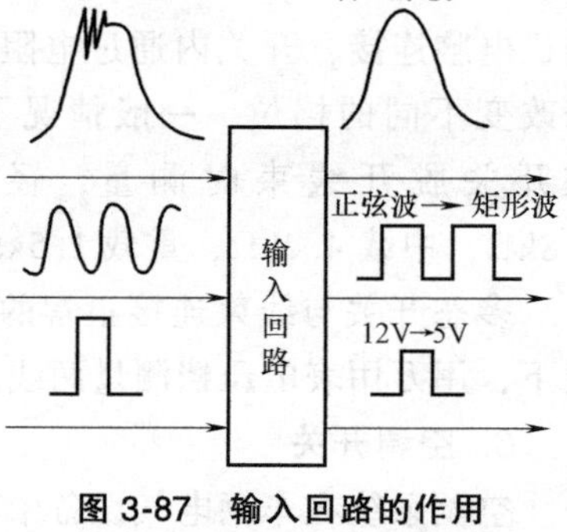

图 3-87　输入回路的作用

从传感器输出的信号有两种：一种是模拟信号，如进气压力传感器、热膜式空气流量传感器输出的信号；另一种是数字信号，如霍尔式传感器输出的信号，如图 3-88 所示。这些信号首先通过输入回路，其中数字信号直接进入计算机，模拟信号则由 A/D 变换器变换成数字信号之后再输入计算机。因为计算机只能处理数字信号，所以对模拟信号必须进行变换，将输入的模拟信号变换成数字信号后，再输入到计算机中。

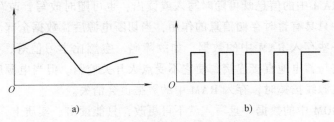

图 3-88 传感器输出信号的种类

a）模拟信号 b）数字信号

如空气流量传感器输入的为 0~5V 的模拟电压信号，当输入电平与 A/D 变换器设定量程相同时，则模拟信号经 A/D 变换器变换成数字量后，才能输入微机，如图 3-89 所示。

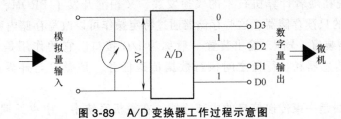

图 3-89 A/D 变换器工作过程示意图

（3）微型计算机

微机的功能是根据发动机工作的需要，把各种传感器送来的信号用内部存储的程序（微机处理的程序）和数据进行运算处理，并把处理结果如点火控制信号、燃油喷射控制信号等送往输出回路。微型计算机主要由中央处理器（CPU）、存储器、输入/输出（I/O）接口、电路总线四部分组成，如图 3-90 所示。

① 中央处理器。中央处理器（CPU）是计算机的核心，具有数据处理的能力，用来执

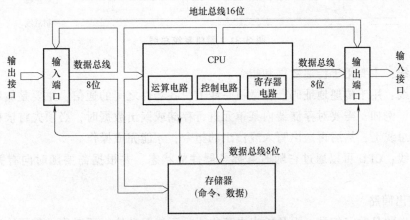

图 3-90 微型计算机的基本组成

行预先写入在存储器里的程序。即按照程序的顺序，从存储器中读取执行命令并译码，并从输入通道或存储通道读取运算对象。CPU能进行数据运算和逻辑运算，再将其运算结果储存到存储器，或通过输出通道，从而驱动转换执行装置。

② 存储器。存储器是用来储存程序指令和数据的部件。它由随机存储器RAM和只读存储器ROM两部分组成。

随机存储器RAM中的信息既可随时写入或读出，也可随时改写，改写时不必擦除原有内容，在计算机中只具有暂时存储信息的作用，当切断电源后，数据全部消失。因此，为了能较长期地保存一些存入RAM中的数据，如故障码、空燃比学习值等，一般这些RAM都用专用的后备电路与蓄电池直接连接，使它不受点火开关控制。但当电源后备专用电路断开时，或蓄电池的电源线拔掉时，存入RAM中的数据也会消失。

只读存储器ROM中的数据一旦写入就不可更改，只能读出。实质上，ROM是一次性写入、可随时读出的存储器。写入ROM中的信息是在脱机状态下进行的，所记录的信息不会由于断电而被破坏，也不会由于断电而消失。只读存储器用来存储制造厂家编制的控制程序、运行程序和原始实验数据（如最佳点火提前角的三维脉谱图数据和最佳混合气的喷油三维脉谱图数据等），即使点火开关断开或切断电源，ROM中存储的这些信息也不会丢失，可以长期保存。现在随着计算机技术的飞速发展，又相继开发了PROM、EPROM和EEPROM等几种新型的只读存储器，这些存储器通过特定操作可以改写存储内容。

③ 输入/输出装置。输入/输出装置一般称为I/O接口。它的作用是根据中央处理器的命令，在外部传感器和执行器之间执行数据传送任务，是微机与外界进行信息交换的纽带。

④ 总线。总线是一束传递信息的内部连线。在微机系统中，中央处理器，存储器与输入、输出接口，通过传递信息的总线连接起来，它们之间的信息交换均要通过总线进行。总线按传递信息的类别可分为数据总线、地址总线与控制总线三种，如图3-91所示。

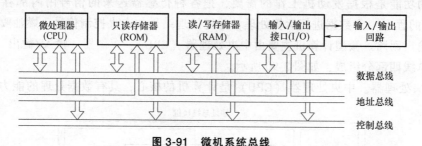

图3-91　微机系统总线

数据总线：主要用于传递数据和指令。

地址总线：用于传递地址码。在微机总线上，各器件之间的通信，主要是靠地址码准确地进行联系。例如，需要对存储器内某单元进行存储或读出数据时，必须先将该单元的地址码送到地址总线上，然后再送出写入或读出的指令，才能完成操作。

控制总线：CPU可以通过它随时掌握各器件的状态，并根据需要随时向有关器件发出控制指令。

（4）输出回路

微机输出的是数字信号，而且输出电流很小，不能驱动执行器工作，需要输出电路将其转换成可以驱动执行器工作的控制信号，如喷油器、电磁阀、继电器等，图3-92所示为喷油器驱动信号示意图。

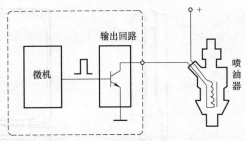

图 3-92　控制喷油器的输出回路

控制输出回路中，通过功率管（实际电子电路中不仅仅只有一个晶体管）的导通和截止，为喷油器提供一定宽度的脉冲驱动信号。在顺序喷射的驱动回路中，还应有缸序判别与喷油定时两个定量功能，以达到喷油正时和精确地控制喷油量的目的。此外，一些系统还有保护、监测等功能。

目前的发动机电子控制器除上述基本装置外，还把电源装置、电磁干扰保护装置、自检装置、后备系统等组装在一起，装在一个盒子里，结构十分紧凑，使控制器的工作相当可靠。随着发动机性能的不断提高，要求控制的对象不断增多，加之微机芯片的功能不断增加，发动机电子控制器的性能会更加先进，控制功能会越来越强。

2. 电子控制系统的工作过程

发动机起动时，电子控制器进入工作状态，某些程序或步骤从 ROM 中取出，进入 CPU。这些程序可以用于控制点火时刻、控制燃油喷射、控制怠速等。通过 CPU 的控制，一个个指令逐个地进行循环。

执行程序过程中，所需的发动机信息，来自各个传感器，从传感器来的信号，首先进入输入回路，对输入信号进行处理。如果是数字信号，根据 CPU 的安排，经 I/O 接口直接进入微机；如果是模拟信号，还要经过 A/D 变换，变换成数字信号后，才能经 I/O 接口进入微机。大多数信息，暂时存储在 RAM 内，根据指令再从 RAM 送至 CPU。下一步是将存储在 ROM（或 PROM）中的参考数据引入 CPU，使输入传感器的信息与之进行比较。对来自有关传感器的每一个信号，依次取样，并与参考数据进行比较。CPU 对这些数据比较运算后，做出决定并输出指令信号，经 I/O 接口，必要的信号还需经 D/A 变换器转变成模拟信号，最后经输出回路去控制执行器动作。若是喷油器驱动信号，则控制喷油正时和喷油脉宽，完成控制喷油器的功能。

发动机工作时，微机的运行速度是相当快的，如点火正时，每秒钟可以修正上百次，因此其控制精度也是相当高的。

简单地讲，电子控制器是按照预先设计的程序，根据安装在车辆和发动机上的各种传感器和开关传来的信息，包括模拟信号和数字信号，进行计算、比较、分析，完成各种处理，求出最佳喷油时间和最合适的喷油量，并且计算出在什么时刻、在多长的时间范围内向执行器发出动作指令，执行各种预定的控制功能，从而精确控制发动机的工作过程。

由于发动机的工况是高速变化的，而且要求计算精度高，处理速度快，因此 ECU 的性能应当随发动机技术的发展而发展，微处理器的内存越来越大，信息处理能力越来越高。

图3-93是日本电装公司 ECD-U2 共轨系统与五十铃汽车公司 6HK1-TC 柴油机实际配用的 ECU。由图可见，当时所采用的 ECU 插座有120针。

根据博世公司介绍，在 ECU 方面，10年前使用的是8位的控制器，而现在已换用新一代32位控制器，具有相当于700万只晶体管的功能，几乎具有相当于 Pentium-II 处理器的工作能力，处理能力提高了4倍，记忆功能增加了30倍。10年前匹配发动机仅需用到500

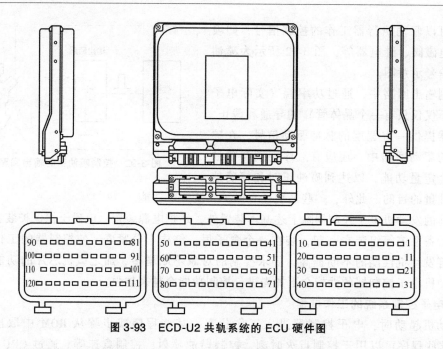

图 3-93 ECD-U2 共轨系统的 ECU 硬件图

个参数，由于功能扩大，如今匹配发动机需要用到 6000 多个参数。因此，插座在 1989 年时基本都用 55 针的，而现在轿车电子控制器用的插座已经用到 154 针。

图 3-94 是轿车柴油机管理系统所使用的信息量。

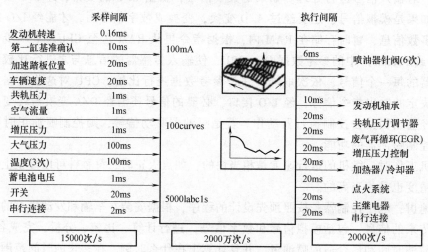

图 3-94 轿车柴油机管理系统所使用的信息量

3. 名词解释

（1）模拟电压信号

模拟电压信号在一定范围内连续地变化，柴油发动机的电子控制系统，大多数的传感器都是产生模拟电压信号，例如各种温度传感器、转速传感器等，其电压变化都不是突然地升高或降低，而是进行连续地变化。

例如，使用变阻器来控制 5V 灯泡的亮或暗，为模拟电压的例子，如图 3-95 所示。变阻器电压低时，少量电流流过灯泡，灯泡亮度暗淡，如图 3-95b 所示，相当于送出弱信号；当变阻器电压高时，大量电流流过灯泡，灯泡亮度变得明亮，如图 3-95c 所示，相当于送出强信号。图 3-95d、e 是反向变化的情景。

（2）数字电压信号

将一个普通的 ON/OFF 开关与 5V 灯泡连接，当开关 OFF 时，灯泡电压为 0V，灯泡不亮；当开关 ON 时，5V 电压送至灯泡，灯泡点亮。由开关送出的信号为 0V 或 5V，电压信号为低或高，此种电压信号如同数字信号，如图 3-96 所示，当开关迅速 ON、OFF 转变时，方波数字信号从开关送至灯泡。

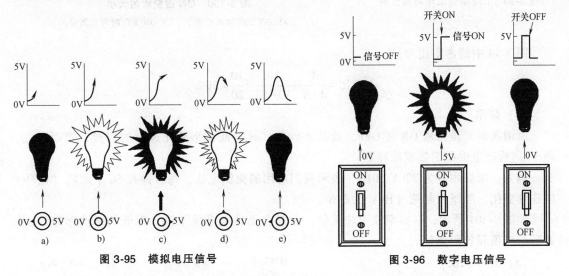

图 3-95 模拟电压信号

图 3-96 数字电压信号

汽车电脑中的微处理器中包含有大量的微小开关，能在 1s 内产生许多数字电压信号，用来控制各种执行元件动作。微处理器能改变 ON、OFF 时间之长短，以达到精确控制之目的，如图 3-97 所示，ON 时间之宽度，称为脉冲宽度。

在低数字信号处指定一个值为 0，而在高数字信号处指定另一个值为 1，即称为二进制码信号，又称为二进位码信号，如图 3-98 所示。在汽车的电脑系统内，信息是以二进制码形式之数字信号传送的。

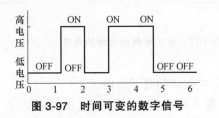

图 3-97 时间可变的数字信号

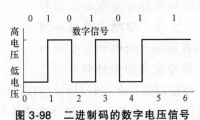

图 3-98 二进制码的数字电压信号

（3）占空比

所谓占空比，是指在一个周期（或循环）的时间中 ON 所占时间之比例。完成一次循环所需的时间称为周期。

如图 3-99 所示，若 A 为 10ms，B 为 10ms，则每一周期中，ON 的占空比越小时，对常闭型的控制阀而言，阀的开度会越小，所能通过的空气或燃油越少；而 ON 的占空比越大时，则阀的开度会越大，所能通过的空气或燃油越多，占空比大小的比较如图 3-100 所示。

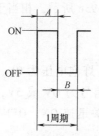

图 3-99　1周期的工作时间比例

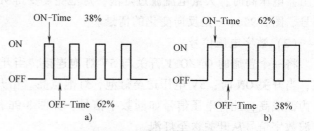

图 3-100　ON 占空比的大小

a）ON 工作时间比例小　b）ON 工作时间比例大

图 3-99 中的占空比为：

$$占空比 = \frac{A}{A+B} = \frac{10}{10+10} = \frac{10}{20} = 50\%$$

（4）频率

所谓频率，是指从 ON 到 OFF，或从正到负，脉冲或波形变化速度的快慢，简而言之，即 1s 内所产生的周期数或循环数。

例如，家庭用电为 220V 50Hz，表示我们所用的交流电压，每秒钟有 50 个周期（循环）的连续变化。频率以赫兹（Hz）为单位。

如图 3-101 所示，高频率波形较陡峭，波形会迅速上升及下降，而低频率波形较和缓，波顶与波顶间的距离较大。

（5）脉冲宽度

在电子技术中，脉冲是指短时间内出现的电压或电流的突然变化。常把不按规律变化、带有突变特点的电压、电流都泛称为脉冲电信号。脉冲宽度是指脉冲持续的时间。

电磁阀的脉冲宽度是以毫秒（ms）计算的，如燃油喷射系统的喷油器即是，当燃油量必须增加时，脉冲宽度的毫秒数也随之

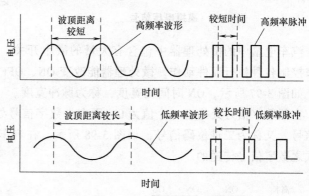

图 3-101　高、低频率波形的差异

增加。电磁阀的开度（行程），是以时间的长短控制电磁阀的打开时间。

如图 3-102 所示，采用脉冲宽度控制的电磁线圈式喷油器，针阀行程 0.1mm 左右，针阀打开时间也很短，各种作用状态下不同，在 1.5～10ms 之间。脉冲宽度随喷油量而改变，例如加速时因加速踏板加大，空气进入量多，需要更多燃油时，ECU 会增加脉冲宽度，也就是 ON 的时间变长，喷油器打开时间变长，喷油量增加。

（6）脉冲宽度调节

电磁阀是以方波控制，且 ON/OFF 时间（ON/OFF Time）是可变的，称为脉冲宽度调节。

脉冲宽度调节电磁线圈常用于控制 EGR 阀，依所需的排气回流率，电脑控制不同的占空比比例。当占空比为 0 时，表示 EGR 阀关闭，无排气回流；当占空比为 100%时，EGR

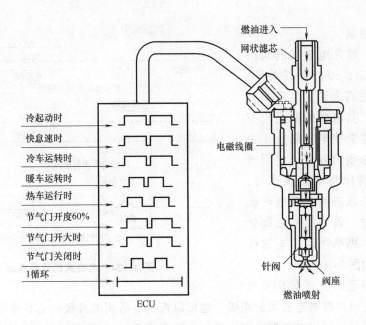

图 3-102 ECU 送给喷油器不同的脉冲宽度信号

阀全开，排气回流量最大（占空比在 0～100% 间变化）。

（7）波形

表示电压或电流在较长的时间间隔中增加或减小，而电压在正、负间变换。方波系电压的瞬间变化，如图 3-103a 所示；而正弦波或模拟波的电压则是逐渐变化的，如图 3-103b 所示。

3.1.3 执行器

发动机电子控制系统各种控制功能的实现，都是借助于各自执行器来完成的，因此，根据发动机电子控制系统具备的控制功能强弱不同，各种车型上控制发动机的执行器亦有多有少。在高压共轨电控系统中，主要的执行器有电控喷油器、燃油计量阀以及预热装置、排气制动装置、冷却风扇、起动机、压缩机和各种报警显示等。

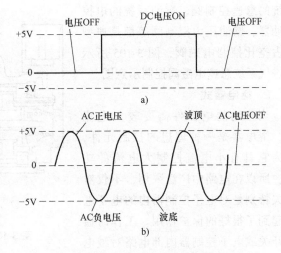

图 3-103 方波与正弦波
a）DC 电压 ON 与 OFF　b）AC 交流电压

随车型不同执行器的数量和种类也不同，按照执行器的构造和作用大体上可分为以下几种。

1. 电磁阀型

电磁阀型执行器，是通过电流流入电磁线圈产生磁力，使活塞或柱塞移动，以打开或关闭阀门，这种类型的执行器在电控系统中应用最多。根据其功能或要求的不同又可分为以下两种控制方式。

（1）通断控制

通断控制，就是电磁阀的阀门工作在两种状态，即打开或关闭。对于常开型电磁阀来说，电磁阀处于打开状态时，其电磁线圈是没有电流流过的，若要使电磁阀处于关闭状态时，则必须给其电磁线圈通以电流；对于常闭型电磁阀来说，电磁阀处于闭合状态时，其电磁线圈没有电流流过，若要使电磁阀处于打开状态时，则必须给其电磁线圈通以电流，如图3-104所示。

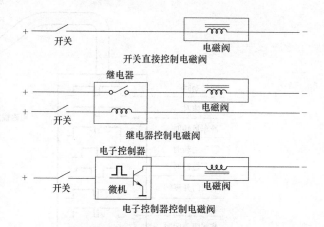

图3-104 电磁阀的通断控制

对于电磁阀通断控制有开关直接控制的，开关可以控制电磁阀的正极，也可以控制电磁阀的负极；也有通过电磁继电器对电磁阀进行控制的，同样继电器也可以控制电磁阀的正极，或者控制电磁阀的负极；有些则通过开关或其他信号给电子控制器，然后由电子控制器对电磁阀进行正极或负极的控制。

（2）占空比控制

在电子控制系统中，根据工作的需要，有些通道或阀门随时要进行任意开度的调节，以满足不同工况时的需要，如发动机进气系统的怠速控制阀、燃油系统的电控喷油器、燃油压力控制阀等都是典型的占空比控制电磁阀，图3-105所示为进气系统怠速电磁阀控制示意图。

2. 继电器式

当控制的电器件需要较大电流时，继电器是一种理想的控制元件，因为它具有小电流控制大电流的功用，所以在电路中广泛采用，不仅对开关特别是对电子控制器内的电子电路起到了很好的保护作用。工作时通过开关或电子控制器内部电路对继电器电磁线圈通以电流，使电磁线圈产

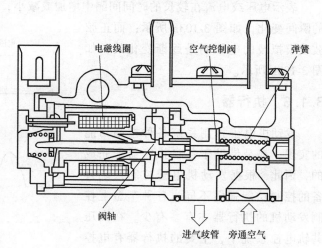

图3-105 进气系统怠速电磁阀的控制示意图

生磁力吸动触点，大电流将通过继电器触点输送给用电器，从而控制执行器件产生动作。

继电器可由开关或电子控制器来控制，可以控制电磁线圈的正极也可以控制电磁线圈的负极，继电器控制电路如图3-106所示。

3. 伺服电动机式

对于利用电动机作为动力来控制阀门或通道的系统来说，伺服电动机已经发挥着不可替代的作用。工作中通过电子控制器（ECU）控制电动机的电流极性，使电动机正转或反转，以控

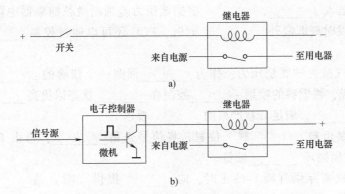

图 3-106　电磁继电器的控制电路
a) 开关控制电磁继电器　b) 电子控制器控制电磁继电器

制零件或阀门的转动或移动。如发动机急速电动机，也称步进电动机，电脑控制其电枢旋转时可随时停在任意位置，以精确控制阀门的开度，来调节发动机急速；还有空调系统空气通道的风门转换或开闭所用的伺服电动机等，实现不同需要时的风向转换，如图 3-107 所示。

4. 显示器式

显示器式多指电脑对仪表板中的显示器或灯泡进行控制，以提供驾驶人所需的信息。最常见的有各种电子控制系统故障指示灯、工作指示灯，有些还有各种电子式仪表等。

显示器式执行器控制示意图如图 3-108 所示。

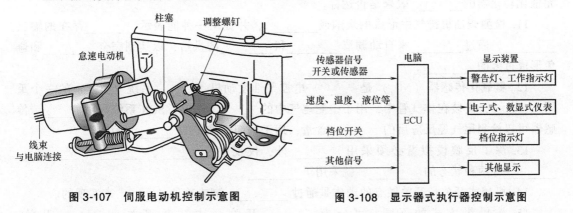

图 3-107　伺服电动机控制示意图　　　图 3-108　显示器式执行器控制示意图

练习与思考

一、填空题

1. 所谓传感器，就是一种能测量各种_____状态的_____并把它们转变成_____的装置。传感器技术就像是人的_____一样重要，且远不止是_____，这是人们对传感器重要性做出的_____。

2. 按传感器的工作原理分类，有_____式、_____式、_____式、_____式、_____式、_____式、_____式及_____式传感器。

3. 排气压差传感器，主要是检测排气管_____（DPF）_____压力差。压差传感器将压力差信号送入_____，_____根据该压力差判断微粒捕集器中颗粒的_____，决定"再生"触发时刻即额外_____。同时，ECU 还可以通过控制_____阀调节尾气的_____。

4. 实时测量气缸内的燃烧压力，作为_____回路一个精确的_____信号，进一步优化_____过程，将燃料的喷射_____控制在_____状态以提高_____效率，降低柴油机的原始_____，满足日益严格的_____要求。

5. 检测加速踏板被_____踩下位置，将信号送给_____，再由 ECU 通过控制供（喷）油量的来控制循环_____油量。

6. 检测柴油机实际供（喷）油正时，向_____提供（喷）油_____控制所需的_____信号。供（喷）油正时影响柴油机的_____、_____、_____和噪声，因此在电控柴油机喷射系统中必须对供（喷）油正时进行_____控制。

7. 检测柴油机的实际供（喷）油量，产生的信号用来实现_____的_____控制。

8. 柴油机输出转矩直接反映柴油机_____信息，可以获得对_____更高的控制_____。

9. 在柴油机电控系统中，空气流量传感器的作用主要用来在_____（EGR）控制中提供计算_____率时的吸入_____的信息。

10. 电控柴油喷射系统中一般设置两个氧传感器，一个放置在_____之前，用来检测排气中氧的_____，对喷油器喷油量进行_____。另一个放置在_____之后，测量三元催化转化器的_____效果是否达标。

11. 检测柴油机排气中形成的炭烟或_____，并提供一种能表示_____存在的输出_____，通过_____来自动调节_____和_____的供给，以达到完全_____和避免形成过多的_____。

12. 氮氧化传感器（NO$_x$）是_____电控柴油发动机_____系统（SCR）的一个重要_____，安装在排气管中，用于检测尾气中的_____浓度。SCR 系统利用_____传感器可以检测尾气经反应后的_____含量，用于国四标准中的_____控制。

13. 除了反映模拟量必须采用_____外，仅反映_____、_____、_____等两种状态的_____，就采用了_____。

14. 机械式开关指开关触点的动作是通过_____、脚或其他_____来实现的。

15. 按操纵方式的不同，可分为_____开关、_____开关、_____开关、_____开关、_____开关等。按开关的工作状态不同，可分为_____开关、_____开关、_____开关和_____开关等。

16. 空档开关设置的目的同离合器开关一样，都是防止_____起动时_____起动。一般采用开关，可以串接在起动机_____当中，也可以作为发动机电控单元的一个_____，只有在空档时才能保证_____的正常工作。

17. 离合器开关一般用于_____系统，其主要作用是防止起动时有_____现象，导致起动时车辆_____，造成_____。

18. 制动器开关除了踩下制动踏板时_____制动灯之外，对于发动机电控系统则是作为一种_____，当电控单元得到_____信号时，会对_____进行控制，以利于达到车辆_____的目的。

19. 多态开关也称多功率_____开关，能根据整车的使用工况通过_____发动机的_____和_____，从而使发动机运行在指定的_____、_____区域中，即发动机输出的_____限定在指定的_____范围内，可降低整车_____消耗。

20. 发动机微机控制装置的基本结构，主要由_____、_____、_____计算机和_____组成。

21. 微机的功能是根据发动机工作的_____，把各种_____送来的信号用_____的程序（微机处理的程序）和_____进行_____处理，并把处理结果如_____控制信号、_____控制信号等送往_____回路。

22. 微机输出的是_____信号，而且输出电流_____，不能驱动_____工作，需要输出电路将其转换成可以_____执行器工作的_____信号，如_____、_____、_____等。

23. 模拟电压信号在一定范围内是_____地变化，柴油发动机的电脑控制系统，大多数的传感器都是产生_____电压信号，例如各种_____传感器、_____传感器等，其电压变化都不是突然地_____或_____，而是进行_____的变化。

24. 所谓占空比，是指在一个_____（或循环）的时间中_____所占时间之_____。

25. 在电子技术中，脉冲是指短时间内出现的_____或_____的_____变化。常把不按规律变化、带有_____特点的_____、_____都泛称为_____电信号。脉冲宽度是指脉冲_____的时间。

26. 在电子控制系统中，根据工作的需要，有些_____或_____是随时要进行_____开度的调节，以满足不同工况时的_____，如发动机进气系统的_____控制阀、燃油系统的_____、燃油_____等都是典型的_____控制。

27. 当控制的电器件需要_____电流时，_____是一种理想的_____元件，因为其具有_____控制_____的功用，所以在电路中广泛采用，不仅对_____特别是对电子控制器内的_____起到了很好的_____作用。

二、简答题

1. 简述主动型和被动型传感器的区别。

2. 简述温度类传感器的结构原理。

3. 简述进气温度传感器、冷却液温度传感器、燃油温度传感器、机油温度传感器、排气温度传感器的作用。

4. 简述半导体压敏电阻式压力传感器的工作原理。

5. 简述进气压力传感器、增压压力传感器、大气压力传感器、机油压力传感器、共轨压力传感器的作用。

6. 简述加速踏板位置传感器的常见类型，说明它们的相同和不同之处。

7. 简述供（喷）油正时传感器的常见类型以及检测原理。

8. 简述曲轴位置传感器、凸轮轴位置传感器的作用。

9. 简述电磁脉冲式曲轴（凸轮轴）位置传感器的工作原理。

10. 简述霍尔式曲轴（凸轮轴）位置传感器的工作原理。

11. 简述工作液位传感器常见类型及工作原理。

12. 简述转矩传感器的常见类型。

13. 简述常见空气流量传感器的类型及热膜式空气流量传感器的工作原理。

14. 简述电子控制系统的工作过程。

15. 汽车信号传输装置中哪些器件能发送数字信号？

16. 发动机电控系统中执行器一般可分为哪些类型？各类型主要有哪些器件？

三、综合题

1. 绘制一个温度传感器与ECU的连接电路，回答如下问题：

1）当传感器与线束插头不连接时，打开点火开关，选择万用表直流电压档，传感器线束插头两端测到的是什么电源？为什么？

2）当传感器与线束插头连接时，打开点火开关，选择万用表直流电压档，采用背插方法，传感器信号线对地测到的是什么？为什么？若发动机工作温度升高时会有什么变化？为什么？

2. 绘制一个三端子进气压力传感器与ECU的连接电路，回答如下问题：

1）传感器与线束插头不连接时，打开点火开关，选择万用表直流电压档，传感器线束插头的两个电源端子测到的是什么电源？

2）传感器与线束插头连接时，打开点火开关，选择万用表直流电压档，采用背插方法，传感器信号端子对地测到的是什么？若起动发动机并增加转速会有什么变化？

3. 绘制一个电位器与开关组合的加速踏板位置传感器与ECU的连接电路（图3-25），回答如下问题：

1）当传感器与线束插头不连接时，打开点火开关，选择万用表直流电压档，传感器线束侧插头的 V_c 与 E_2 之间测到的是什么？

2）传感器与线束插头连接时，打开点火开关，选择万用表直流电压档，采用背插方法，在传感器的 V_a 与 E_2 之间连接万用表，若怠速、加速时应观察到什么？若将万用表红表笔连接 V_c，黑表笔连接 DL，怠速、加速时应观察到什么？

4. 绘制一个霍尔式加速踏板位置传感器与ECU的连接电路（图3-29），回答如下问题：

1）当传感器与线束插头不连接时，打开点火开关，选择万用表直流电压档，传感器线束侧插头的6个端子分别测量可能得到什么结果？

2）传感器与线束插头连接时，打开点火开关，选择万用表直流电压档，采用背插方法，黑表笔搭铁，红表笔分别连接 U_1、U_2，若怠速、加速时可能观察到什么？

5. 绘制一个两端子电磁脉冲式传感器与ECU的连接电路，回答如下问题：

1）当传感器与线束插头不连接时，选择万用表电阻档，在传感器两端子应测到什么？打开点火开关，选择万用表直流电压档，在传感器线束插头两端子可能测到什么？为什么？

2）传感器与线束插头连接时，选择万用表的什么档，采用背插方法，若发动机起动、怠速、加速时可能测到什么？

6. 绘制一个三端子热膜式空气流量传感器与ECU的连接电路，回答如下问题：

1）传感器与线束插头不连接时，打开点火开关，选择万用表直流电压档，传感器线束插头的两个电源端子测到的是什么电源？

2）传感器与线束插头连接时，打开点火开关，选择万用表直流电压档，采用背插方法，传感器信号端子对地测到的是什么？若起动发动机并增加转速会有什么变化？

7. 绘制一个省油开关内部电路图（图3-85），分析电路：

1) 在省油开关与线束不连接时，若在省油开关的两端子，选择万用表电阻档，在 1 号、2 号端子之间，通过操作开关不同档位可得到什么结果？为什么？

2) 在省油开关与线束连接时，接通点火开关，选择万用表直流电压档，通过操作开关不同档位可观察到什么结果？为什么？用图示方法加以说明。

任务 2　博世电控高压共轨燃油系统的结构与原理

学习目标：

1. 了解博世高压共轨燃油系统的构造
2. 掌握低压油路及零部件的结构与作用
3. 掌握高压油路及零部件的结构与作用
4. 熟悉共轨电控系统的电路结构

学习内容：

1. 博世高压共轨燃油系统的构造与作用
2. 博世共轨电控系统典型电路图

柴油发动机燃油系统主要由低压部分和高压部分组成。低压部分负责把燃油箱的燃油输送到高压油泵，小型车辆大多采用电子输油泵，而重型车辆大多采用机械式低压输油泵。高压部分主要由高压泵和喷油器组成。

本部分主要介绍当前保有量较大的高压共轨燃油系统，选择较为典型且具有代表性的博世高压共轨系统为主要学习内容。国内厂商如玉柴、潍柴、锡柴、大柴等广泛应用。

3.2.1　博世高压共轨燃油系统的构造与作用

博世电控高压共轨系统为蓄压式共轨系统，该系统主要由燃油箱，柴油滤清器，输油泵，高压油泵，高、低压燃油管，蓄压器（共轨），喷油器，回油管和 ECU 等组成。图 3-109 所示为燃油系统基本工作原理框图。

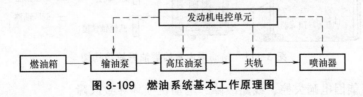

图 3-109　燃油系统基本工作原理图

根据车辆的不同，燃油系统在车辆上的布置也略有区别，主要区别在于输油泵的安装位置，一种是将输油泵安装于燃油箱里，由电子控制器对其进行控制，这种结构比较适合于轿车或部分轻型车辆，输油泵外置的燃油系统结构如图 3-110 所示；另一种是将输油泵与高压泵组装在一起，与高压油泵同时由发动机凸轮轴驱动，这种结构大量应用于重型货车或大型客车等，图 3-111 所示为输油泵内置的燃油系统结构图。

安装在燃油箱内的输油泵采用的是电动泵，由于受电脑的控制，在发动机起动前能提前使燃油管路建立油压，确保高压油泵顺利产生高压，同时具有噪声小、不易泄漏、更换方便

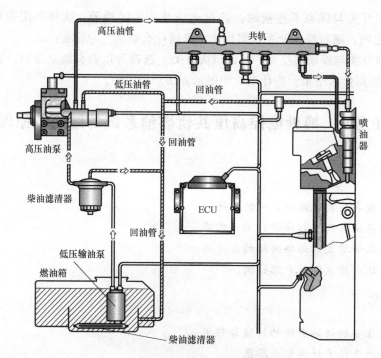

图 3-110 输油泵外置的燃油系统结构图

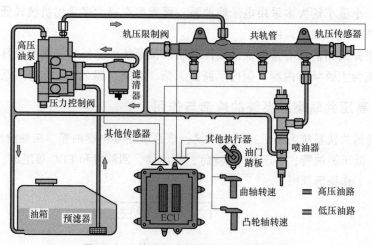

图 3-111 输油泵内置的燃油系统结构图

等优点；但也可能因电脑失控、线路故障、电动机损坏导致故障。

与高压油泵组装在一起的输油泵，多采用齿轮泵，由发动机凸轮轴驱动，输油泵、高压油泵同时工作，减少了输油管路的连接，输油效率大大提高且工作期间不需要保养。为了在第一次起动时或燃油箱放空后排完燃油管路系统中的空气，在齿轮式输油泵或低压管路上需设置手动泵。

3.2.1.1 低压油路及零部件的结构与作用

低压油路部分包括燃油箱、输油泵、柴油滤清器以及低压管路等，共轨燃油系统低压油路部分如图 3-112 所示。各零部件的构造与作用如下。

1. 输油泵

输油泵的主要作用是供给高压油泵足够的具有规定压力的燃油。目前，输油泵常见有滚柱式和齿轮式两种。滚柱式输油泵为电动式，仅用于小客车或轻型商用车辆，可装在油箱内或油箱外低压油管上；并有类似汽油喷射发动机的油泵控制电路，当发动机停止运转，而起动开关在 ON 位置时，电动输油泵停止运转。齿轮式输油泵为机械式，用在小客车、越野车辆及轻、重型车辆上。与高压油泵组合在一起，或由发动机直接驱动。

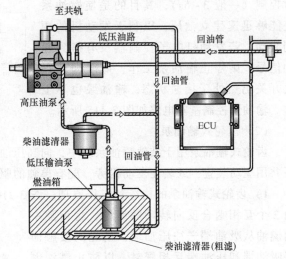

图 3-112 共轨燃油系统低压油路部分

（1）滚柱式输油泵

1）滚柱式电动泵的结构及工作原理。滚柱式电动泵主要由转子，与转子偏心的定子（即泵体），以及在转子和定子之间起密封作用的滚柱等组成，如图 3-113 所示。

滚柱泵的转子由电动机驱动，当转子在电动机带动下旋转时，位于转子凹槽内的滚柱在离心力的作用下，压靠在定子的内表面上，两个相邻的滚柱之间形成一个封闭的空腔。在转子旋转过程中，这些空腔的容积随转子的转动产生变化，在容积由小变大一侧燃油被吸入，在容积由大变小一侧燃油压出，其工作原理如图 3-114 所示。

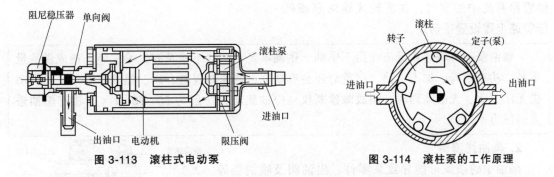

图 3-113 滚柱式电动泵　　　　　　　　图 3-114 滚柱泵的工作原理

2）滚柱泵工作特点。

① 滚柱泵是通过对燃油压缩来提升油压的，因此油泵出口端的油压脉动比叶片式油泵大得多。转子每转一周所发生的油压脉动次数等于滚柱数，因此必须采用阻尼稳压器，以减轻油泵后方燃油管内的压力脉动。

② 由于滚柱泵工作过程中泵油室的容积变化大，因此它的吸油高度和供油压力都比叶片式油泵大。

③ 由于滚柱泵是依靠滚柱与定子内壁的紧密贴合构成泵油室的，因此滚柱和定子易磨损，运行中噪声较大，且使用寿命也不如叶片式油泵。

④ 电动输油泵的控制电路。燃油喷射系统对输油泵控制的基本要求是：只有当发动机处于运转状态时，油泵才工作；但是在每次接通点火开关后，由电子控制器对输油泵进行短

暂控制（一般 3～5s），其目的是使燃油系统能够迅速建立油压，以利于发动机的顺利起动，若发动机电子控制器没有得到起动信号，则停止输油泵工作，此时即使点火开关仍然处于接通状态，输油泵也不工作。输油泵控制基本电路如图 3-115 所示。

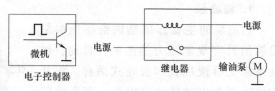

图 3-115　输油泵控制基本电路

（2）齿轮式输油泵

齿轮式输油泵用于共轨喷油系统中，向高压油泵输送燃油，其装在高压油泵中与高压油泵共用驱动装置，或装在发动机旁，配有单独的驱动装置。

1）齿轮式输油泵的构造和工作原理。图 3-116 所示为齿轮式输油泵的基本构造，它是由 2 个互相啮合反向转动的齿轮，将齿隙中的燃油从吸油端送往压油端，齿轮的接触面将吸油端和压油端互相密封，以防止燃油倒流，其输出量与发动机转速成正比。因此，输油量的调节借助于吸油端的节流调节阀或压油端的溢流阀进行。

2）齿轮式输油泵的工作特点。齿轮式输油泵输出的油量比较均匀，油压的波动也比滚柱式输油泵小，且在工作期间不需要保养。为了在第一次起动时或燃油箱放空后排完燃油管路系统中的空气，在齿轮式输油泵或低压管路上需设置手动泵。

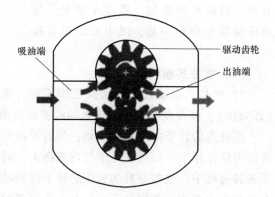

图 3-116　齿轮式输油泵的构造

> 输油泵损坏将导致低压油路不供油、供油不足、供油不稳及漏气等故障；造成供油量不足、功率下降、加不上油，严重时还会有缺缸，高速时冒蓝、白、黑烟等现象；当发动机无法起动，无故障码时，用故障诊断仪测得油轨压力一般为 20～30bar（油轨有燃油进入但压力不足）。

2. 柴油滤清器

柴油中的杂质可能导致泵零件、出油阀及喷油器等的磨损。另外，柴油中含水，可能变成乳状物或因温度变化而凝结，若水进入喷射系统，则可能导致零件锈蚀。与其他喷射系统相同，共轨式喷射系统也需要带有水分储存室的柴油滤清器，如图 3-117 所示，必须定期拧开放水螺钉放水。

现在越来越多的车用柴油发动机设有自动警告装置，当积水达到预设体积时，传感器会将积水过多信号传输给电控单元，由电控单元点亮警告灯。

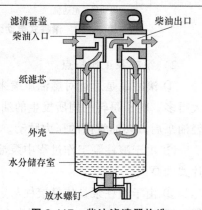

图 3-117　柴油滤清器构造

3.2.1.2　高压油路及零部件的结构与作用

共轨燃油系统高压油路部分如图 3-118 所示，各零部件的构造与作用如下。

1. 高压油泵

（1）高压油泵的结构

高压油泵位于低压部分和高压部分之间，它的主要任务是在车辆所有工作范围和整个使用寿命期间，在共轨中持续产生符合系统压力要求的高压燃油，以及快速起动过程和共轨中压力迅速提高时所需的燃油储备。

高压油泵通常像普通分配泵那样装在柴油发动机上，以齿轮、链条或传动带传递动力，最高转速为 3000r/min，依靠燃油润滑。因为安装空间大小的不同，调压阀通常直接装在高压油泵旁或固定在共轨上。图 3-119 和图 3-120

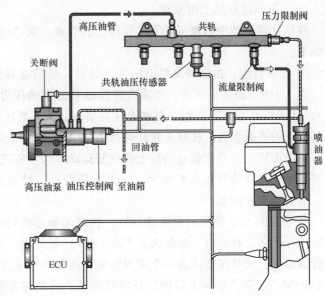

图 3-118 共轨燃油系统高压油路部分

分别是 CPI 型高压油泵的纵向剖视图和横向剖视图。

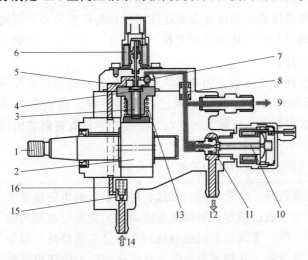

图 3-119 CPI 型高压油泵纵向剖视图

1—传动轴 2—偏心凸轮 3—柱塞 4—高压油泵 5—进油阀
6—停油电磁阀 7—出油阀 8—密封件 9—通向轨道的管接头
10—内压控制阀 11—球阀 12—回油口 13—柱塞弹簧
14—进油口 15—带节流孔的进油压力控制阀
16—通向高压腔的低压油路

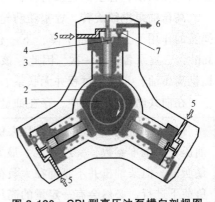

图 3-120 CPI 型高压油泵横向剖视图

1—传动轴 2—偏心凸轮 3—柱塞 4—进油阀
5—进油口 6—出油口 7—出油阀

CPI 高压油泵为三缸径向柱塞泵，三对柱塞沿圆周等距分布，各缸间夹角均为 120°，传动轴 1（图 3-120）由发动机驱动，柱塞 3 位于传动轴的凸轮上，在偏心凸轮 2 及柱塞弹簧 13（图 3-119）的作用下作往复运动，并因此产生吸油、泵油功能。控制压力的内压控制阀 10（图 3-119），根据高压油泵内空间的大小，可以安装在高压油泵内，也可以分开安装。

（2）高压油泵的工作原理

高压共轨系统中的高压油泵工作时，其吸油、泵油过程与传统的直列泵近似，现分别叙述如下。

① 吸油行程。由输油泵泵出的低压燃油，经精滤器滤去杂质，除尽水分后，由进油口14（图3-119）进入高压腔，当输入高压油泵的燃油压力达到了进油压力控制阀15的开启压力（0.05～0.15MPa）时，燃油会从其节流孔流入低压油路，并从各缸进油阀5进入各缸柱塞顶上的高压腔内。柱塞3在柱塞弹簧13的作用下，始终紧贴在凸轮2的工作面上，随着凸轮的旋转，柱塞在偏心凸轮上做往复运动。当柱塞随凸轮的旋转，由上止点向下止点移动时，高压腔内的容积不断加大，压力不断降低，燃油会不断被吸入。当柱塞到达下止点后，吸油行程才结束。

② 供油行程。高压油泵继续旋转，柱塞随偏心凸轮的旋转，到达下止点，吸油行程结束后，开始向上移动时，进油阀5（图3-119）被关闭，因此，切断了低压油路16和高压腔的燃油通道，使高压腔成为一个密封空间，这时柱塞3在偏心凸轮2的作用下，克服了弹簧13的预紧力，随凸轮向上移动，开始对高压腔内的燃油施压，随着偏心凸轮的旋转，柱塞继续上移，高压腔内燃油压力不断加大。

由于出油阀7与通向共轨的高压油路相通，出油阀背压很高，相当于共轨压力，因此，一直处于关闭状态，当柱塞上升到高压腔内的燃油压力大于共轨轨道内的燃油压力后，出油阀7才被顶开，出油阀开启后，柱塞顶部高压腔内燃油将经高压油路，从高压管接头9流向高压共轨轨道，开始向轨道供油。出油阀打开后，柱塞仍在上移，供油继续进行，一直到上止点都在供油，柱塞的这段行程称为供油行程。

高压油泵继续旋转。柱塞随凸轮上升到上止点后，随高压油泵继续旋转，柱塞将在柱塞弹簧的作用下，又开始下降，下一供油循环开始，各缸供油过程都是一样。传动轴每转360°，三缸泵各供油一次。因此，该泵结构紧凑，流量大，且在泵油过程中只负责向共轨内提供高压油，与喷油过程并无联系。

在向共轨供油过程中，存在油量和油压的控制问题，其解决方法如下。

解决油量问题的方法。高压泵的柱塞直径、凸轮升程、缸数、转速是影响供油量及泵油压力的基本参数，一经选定，最大供油量就已确定。所供油量能满足大负荷时的最大油量所需，但柴油机并不是都在大负荷下工作。尤其是车用柴油机，大部分工况都是在部分负荷下进行，必然会有一定量的高压燃油过剩，这些多余的燃油在高压腔内的内压控制阀控制下，由回油口流回油箱，这些过剩的燃油都是在高压腔内经过压缩、内能增加、油温上升的状态下流回到油箱的，会出现卸压放热。其结果不但使整个系统内油温升高，也把燃油在压缩过程中所做的部分功白白浪费掉，总效率也因此下降。

为了减少上述能量损失，防止油温过高，可采用下列措施：

① 采用停缸办法。在部分负荷时，可采用停止一缸供油。其办法是对停油电磁阀通电，由电磁阀阀芯一直顶住吸油阀，使该缸进油阀处于常开状态。高压腔与低压油路始终相通，柱塞在供油行程中，对该缸高压腔内的燃油不起压缩作用，因此，基本上不消耗功率（或者消耗甚微）。其他缸柱塞依然正常泵油。

通过上述办法确实能节省部分能量，油温也能适当控制，但柴油机工况千变万化，上述那种有级的粗调，很难使柴油机在各种工况下，高压油泵都能提供合适的、经济的供油量。为此需要其他方法。

② 采用油量控制电磁阀。CPI 型高压油泵中并无附加装置油量控制电磁阀，而在 CPI 型的改进型 CPIH 型高压油泵上装有油量控制电磁阀 13（图 3-121）。

油量控制电磁阀的主要作用是对进入高压油泵内的燃油进行无级调节。图 3-122 是油量控制电磁阀的结构图，其工作原理如下。

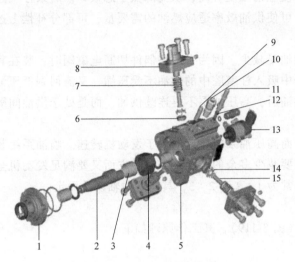

图 3-121　CPIH 型高压油泵

1—法兰　2—偏心凸轮　3—轴套　4—滚轮　5—泵体
6—垫片　7—柱塞弹簧　8—泵盖　9—回油管道
10—溢流阀　11—进油管道　12—过滤器
13—油量控制电磁阀　14—保持架　15—柱塞

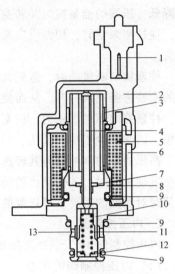

图 3-122　油量控制电磁阀结构

1—电线插口　2—电磁阀体　3—轴承
4—衔铁顶杆　5—线圈　6—电磁阀
7—气隙　8—铁心　9—O 形圈
10—控制活塞　11—弹簧
12—弹簧座　13—通油孔

当电磁阀在控制器 ECU 控制下通电时，线圈 5 产生电磁力，使衔铁顶杆 4 推动控制活塞 10，克服了弹簧 11 的预紧力，沿轴向下移，改变通油孔 13 的流通截面，从而改变了燃油流量。上述变化可按轨道流量需要，进行无级控制。通过控制活塞 10 的移动，首先是控制进入高压腔内的燃油量，因此，可以有效地调节进入轨道的流量，在大负荷或部分负荷时都能按需供油，这样就可以避免部分负荷时的能量损失，也使共轨系统在不同工况运行时，燃油都不易过热。

上述电控过程是由控制器利用脉宽调制 PWM 信号进行控制的，在不同的占空比下，使控制活塞在不同的位置，对通油孔 13 产生不同的开度，按需控制流量，这个过程通过电子控制，可以精确地进行无级调整。

改进型 CPIH 高压油泵不但具有油量无级调节功能，同时也把最高供油压力也从 CPI 型高压油泵的 135MPa 提高到 160MPa。

解决油压问题的方法。在高压共轨喷油系统中，共轨轨道压力有两个变化：

① 轨道内燃油平均压力的高低变化，是属于宏观的压力波动。

② 喷油器喷油时的开启和关闭会引起轨道压力的瞬时高频振荡，属于微观的波动。

共轨内产生的上述两种压力波动都会影响喷油器的正常喷射，为此，在高压油泵内通向轨道的高压油路处，装上一个内压控制阀 10（图 3-119），以便及时调整向轨道内提供的燃油压力。

（3）高压油泵的供油效率

由于高压油泵是按高供油量设计的，在怠速和部分低负荷工作状态下，被压缩的燃油会有冗余。通常这部分冗余的燃油经调压阀流回油箱，但由于被压缩的燃油在调压阀出口处压力降低，压缩的能量损失并转变成热能，使燃油温度升高，从而降低了总效率。若泵油量过多，使柱塞泵空转，切断供应高压燃油，可使供油效率适应燃油的需要量，可部分补偿上述损失。

柱塞被切断供油时，送到共轨中的燃油量减少。因为在柱塞偶件切断电磁阀时，装在其中的衔铁将吸油阀打开，从而使供油行程中吸入柱塞腔中的燃油不受压缩，又流回到低压油路，柱塞腔内不增加压力。柱塞被切断供油后，高压油泵不再连续供油，而是处于供油间歇阶段，因此减少了功率消耗。

高压油泵的供油量与其转速成正比，而高压油泵的转速取决于发动机转速。喷油系统装配在发动机上时，其传动比的设计一方面要减少多余的供油量，另一方面又要满足发动机全负荷时对燃油的需要。可选取的传动比通常为 1∶2 和 2∶3，具体视曲轴设计而定。

2. 内压控制阀

内压控制阀 10 安装在高压油泵内部（图 3-119），其工作原理如下。

（1）内压控制阀的作用

内压控制阀根据发动机工况的变化，确定轨道中的压力，并将其保持在该水平上。

当轨道压力超过规定值时，内压控制阀打开，部分轨道内的高压燃油会通过集油管返回到油箱，使轨道压力降到正常值。若轨道压力太低，压力控制阀会关闭，将高压油路和低压油路隔开并密封，在高压油泵的作用下轨道压力又会回升到期望值。

（2）内压控制阀结构

图 3-119 中的内压控制阀 10 是安装在高压油泵内部的一种形式。为控制轨道燃油压力，内压控制阀的高压进油孔 10（图 3-123）直接与轨道油路相通。球阀 6 是内压控制阀内的重要零件，球阀落座关闭时，会切断高、低压油路；打开时，高、低压油路畅通。

（3）内压控制阀工作原理

压力控制阀中有两条控制回路：

① 用于控制设定轨道中的平均压力波动，属于慢响应电子控制回路。

② 用于快速补偿高频压力波动的快速响应机械控制回路。

（4）内压控制阀的工作过程

电磁阀不通电时，由电磁阀弹簧 2（图 3-123）的预紧力把球阀 6 紧压在阀体 11 上的球阀座面

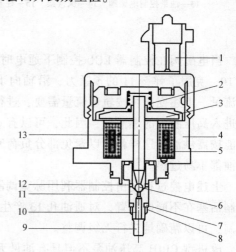

图 3-123　内压控制阀（在高压油泵内）

1—电子插头　2—电磁阀弹簧　3—衔铁　4—控制阀外壳　5—线圈　6—球阀　7—垫片　8—O 形圈　9—过滤网　10—高压进油孔　11—阀体　12—低压出口　13—阀芯

上，当进入高压进油孔 10 内的燃油压力超过 10MPa 时，就能克服电磁阀弹簧 2 的预紧力把球阀顶开，也就是说高压油路燃油压力必须超过 10MPa 后，高压油路才从低压出口 12 回油降压，按照供油量的多少，确定球阀开度的大小和开启时间的长短。

由于内压控制阀不通电时，高压油路内燃油压力超过 10MPa，就会克服电磁阀弹簧 2 的预紧力，回油降压。因此，高压油路内的燃油压力难以提高。要提高高压油路油压，必须加大作用在球阀 6 上的压力，使球阀在更高的燃油压力作用下才能打开卸压。因此，除作用在球阀上的弹簧力外，还需增加电磁力。具体措施如下。

由控制器 ECU 根据需要发出指令，使电磁阀通电，电磁铁对衔铁 3 产生电磁吸力，并通过阀芯 13 作用在球阀上，球阀因此承受着弹簧力和电磁力的双重压力，高压进油孔 10 内的燃油压力必须大于上述两种力的合力后，才能顶开球阀，使高压燃油从低压出口 12 处回油卸压。由于高压进油孔 10 与轨道内的燃油相通，因此，球阀开启压力的大小直接影响轨道燃油压力的高低。

球阀开启后，若弹簧力和电磁力保持不变，球阀会维持在一定位置，使高压油路通向轨道的燃油压力可保持恒定。即使高压油泵供油量发生变化或因喷油器喷出一定燃油，而引起轨道压力波动时，都会由内压控制阀使球阀采用不同的开启位置来平衡。

通常电磁阀弹簧 2 只要选定，则作用在球阀上的压力曲线不会改变，而作用在球阀上的电磁力则和电流成正比，是可变的。因此，要改变作用在球阀上的电磁力，只有通过改变电流实现。一般采用脉宽调制 PWM 信号来控制电流的变化，控制电路如图 3-124 所示。

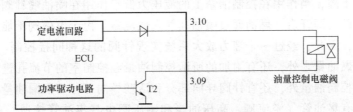

图 3-124 内压控制阀控制电路

> 以上分析表明：通向轨道的高压燃油，其压力的高低是由控制器对电流进行调节来实现的，电流的变化转变为轨道压力的变化。燃油压力的可控，加上喷油和泵油功能的分开，成为共轨系统的突出优点之一，这是其他电控系统无法比拟的。

3. 电控喷油器

（1）喷油器的作用

电控喷油器是柴油机电控系统最重要的执行器，它替代了普通喷油系统中的喷油嘴和喷油器总成，与直喷式柴油机中的喷油器大体相似，喷油器用卡夹装在气缸盖中，共轨喷油器在直喷式柴油机中的安装不需要气缸盖在结构上有很大变化。

发动机电控单元 ECU 根据发动机转速和油门开度信号以及温度、压力等相关信号，计算发动机实际运转工况下的最佳喷油量，并与存储在 ECU 中的目标值或 MAP 图相互比较，最后确定实际喷油量，发出驱动信号，通过控制喷油器电磁阀的通、断电时刻及通、断电持续时间，直接控制喷油量，使发动机在最佳状态下运转。

（2）喷油器结构与原理

在电控共轨燃油系统中，设计、工艺难度最大的部件就是电控喷油器，到目前为止，共轨系统中品种最多的部件也是电控喷油器。各种电控喷油器的基本原理相同，结构相似，但外形相差较大。图3-125所示为博世公司电控喷油器的结构。

根据功能的不同它可分为孔式喷油嘴、液压伺服系统与电磁阀三部分。燃油从高压接头经进油通道送往喷油嘴，经进油节流孔送入控制室，控制室通过由电磁阀打开的回油节流孔与回油孔连接。

回油节流孔在关闭状态时，作用在控制活塞上的液压力大于作用在喷油嘴针阀承压面上的力，因此喷油嘴针阀被压在座面上，从而没有燃油进入燃烧室。

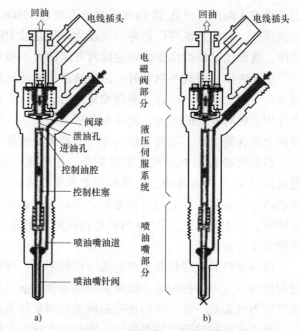

图3-125　博世公司电控喷油器结构

a) 不喷油时　b) 喷油时

电磁阀动作时，打开回油节流孔，控制室内的压力下降，当作用在控制活塞上的液压力低于作用在喷油嘴针阀承压面上的作用力时，喷油嘴针阀立即开启，燃油通过喷油孔喷入燃烧室。由于电磁阀不能直接产生迅速关闭针阀所需的力，因此，经过一个液力放大系统实现针阀的这种间接控制。在这个过程中，除喷入燃烧室的燃油量之外，还有附加的所谓控制油量经控制室的节流孔进入回油通道。

除喷油量和控制油量外，还有针阀导向部分和活塞导向部分的泄漏油量。这种控制油量和泄漏油量经带有集油管（溢流阀、高压油泵和调压阀也与集油管接通）的回油通道，回流到油箱。

（3）工作方式

在发动机和高压油泵工作时，喷油器的工作状态：

1）喷油器关闭（静止状态）。电磁阀在静止状态不受控制，因此是关闭的。回油节流孔关闭时，电枢的钢球通过阀弹簧压在回油节流孔的座面上。控制室内建立共轨的高压，同样的压力也存在于喷油嘴的内腔容积中，共轨压力在控制柱塞端面上施加的力及喷油器调压弹簧的力，大于作用在针阀承压面上的液压力，针阀处于关闭状态。

2）喷油器开启（喷油开始）。喷油器一般处于关闭状态。当电磁阀通电后，在吸动电流的作用下迅速开启，当电磁铁的作用力大于弹簧的作用力时，回油节流孔开启，在极短时间内，升高的吸动电流成为较小的电磁阀保持电流，随着回油节流孔的打开，燃油从控制室流入上面的空腔，并经回油通道回流到油箱，控制室内的压力下降，于是控制室内的压力小于喷油嘴内腔容积中的压力，控制室中减小了的作用力，引起作用在控制柱塞上的作用力减小，从而针阀开启，开始喷油。

针阀开启速度决定于进、回油节流孔之间的流量差。控制柱塞达到上限位置，并定位在进、回油节流孔之间，此时，喷油嘴完全打开，燃油以近于共轨压力喷入燃烧室。

3）喷油器关闭（喷油结束）。如果不控制电磁阀，则电枢在弹簧力的作用下向下压，钢球关闭回油节流孔。

回油节流孔关闭，进油节流孔的进油使控制室中建立起与共轨中相同的压力，这种升高了的压力，使作用在控制柱塞上端的压力增加，这个来自控制室的作用力和弹簧力超过了针阀下方的液压力，于是针阀关闭，针阀关闭速度取决于进油节流孔的流量。

喷油器出现的故障分为机械故障和电路故障。

机械故障常表现为喷油器雾化不良、针阀卡死、针阀与针阀孔导向面磨损、喷油嘴滴油、回油量过高。可能导致喷油压力降低、喷油时间推迟、发动机功率下降、抖动、温度过高、甚至熄火以及起动困难、无法起动、排气管冒白烟、黑烟等故障现象。

电路故障主要表现在电磁线圈短路、断路及控制信号失效等方面。可能导致起动困难、抖动、缺缸甚至无法起动等故障现象。

喷油器的检查主要分为电气性能和机械性能的检查。

电气性能的检查是在确认喷油器电磁线圈电阻值、线路正常的前提下，主要通过诊断仪进行故障码查询、数据流分析和喷油波形分析来进行判断。

机械性能检查的最好办法是采用定型的共轨燃油喷射系统试验台，它可提供最低喷油压力、喷油速率、响应速度（最小喷油持续时间及间隔）、雾化效果、密封性等完整的喷油器模拟测试功能，并对喷油器的技术状况进行比较。

喷油器带有精密阀组件，其本身是靠柴油润滑的。一旦系统进入水分可能会造成机械部件锈蚀或润滑不良等问题，所以保障喷油器正常工作的首要条件，是选择符合规定的燃油，且及时更换燃油滤清器。

4.共轨

共轨的任务是存储高压燃油，高压油泵的供油和喷油所产生的压力波动由共轨的容积进行缓冲，在输出较大燃油量时，所有气缸共用的共轨压力也应近似保持为恒定值，从而确保喷油器打开时喷油压力不变。

图 3-126 所示为共轨（高压蓄压器）或称油轨的结构图。它是一根锻造钢管，共轨的内径为 10mm，长度范围在 280~600mm 之间，具体长度按发动机的要求而定，高压柴油经流量限制器通过各自的油管与喷油器连接。共轨上装有油压传感器（前边已有介绍）、压力限制阀及流量限制器。

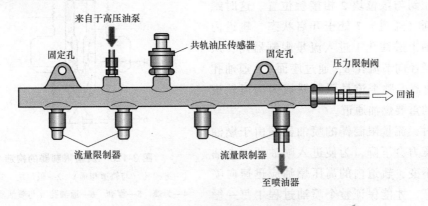

图 3-126　高压共轨的结构图

（1）压力限制阀

1）作用。压力限制阀与过压阀或溢流阀的作用相同，相当于安全阀，它限制共轨中的压力，在压力限定值被超出时，限压阀通过打开溢流口来限制共轨中的压力。限压阀允许共轨中短时的最大压力为160MPa。

2）结构。压力限制阀的构造如图3-127所示，它属于一种机械—液压控制装置，以螺纹紧固在轨道端部，主要由限压阀2、移动活塞4、弹簧5、限位块6等部件组成。

3）工作原理。压力限制阀与轨道连接端有进油孔1，与轨道内腔相通，轨道内的高压燃油由进油孔1进入压力限制阀内，直接作用在限压阀2上。限压阀2在弹簧5的作用下，其座面处于关闭状态。在正常工况下最大燃油压力小于允许的最大值160MPa，弹簧力始终能把限压阀2压靠在密封座面上，共轨内的高压燃油不能由此流出。但当轨道内燃油压力超过最

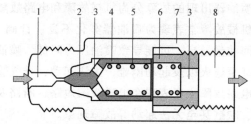

图3-127　压力限制阀的构造

1—高压燃油进油孔　2—限压阀　3—燃油通道
4—移动活塞　5—弹簧　6—限位块
7—阀体　8—回油螺钉

大允许值后，作用在限压阀上的燃油压力大于弹簧的压力，会顶开限压阀，这时轨道内的部分高压燃油能从打开的座面处，流入压力限制阀内，并经燃油通道3由回油螺钉8流回油箱，轨道压力随之下降。当压力下降到允许值后，弹簧力又会使限压阀2上的密封座面关闭，轨道压力不再下降。这样把轨道压力始终控制在许可范围内。

（2）流量限制器

1）作用。流量限制器的作用是控制最大燃油流量，防止喷油器出现持续喷油现象，如果某一缸从轨道输出的油量超出规定值时，流量限制器将流向相应喷油器的进油管关闭。由于该部件结构较为复杂，属于选装件，有被省略的可能。

2）结构与原理。图3-128所示为流量限制器的构造。

两端带有外螺纹的螺套5，一端固定在轨道接头上，另一端与喷油器管接头连接，螺套5的中孔内装有限位块2、活塞3、弹簧4等零件。在正常情况下，由于弹簧4的作用，把活塞3向上压到与限位块2相接触位置。这时螺套5的座面（通道）7处于开启状态，轨道内的高压燃油由进油孔1进入流量限制器内，从中心孔9经径向节流孔8，通过座面7、通油孔6流进喷油器，整个流量限制器成为沟通轨道与喷油器的重要燃油通道。

喷油时，流量限制器的喷油器端由于燃油的喷出，压力会下降，为使进入喷油器的燃油压力保持不变，轨道内的高压燃油应迅速向喷油器端补充，才能保证整个喷油过程中每一循环达到喷油压力保持不变，都在高压下进行。

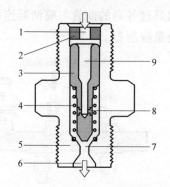

图3-128　流量限制器的构造

1—进油孔（与轨道相通）　2—限位块　3—活塞
4—弹簧　5—螺套　6—通油孔（与喷油器相通）
7—座面（通道）　8—节流孔　9—中心孔

如果燃油喷出后，不能及时补充燃油，喷油器端就会产生压力降，下一循环的喷油压力就会降低，这样，不能保证每次喷油都是在相同压力下进行。通常喷油器端因喷油引起压力下降的同时，活塞 3 的另一端由于轨道压力基本不变，因此产生了压差，活塞在轨道压力的作用下克服了弹簧 4 的压力，向喷油器端移动，活塞移动所让出的空间，能从轨道内获得相同排量的油量来补充喷出的油量。

在补充的油量由进油孔 1 进入流量限制器后，会从中心孔 9 经节流孔 8 流入弹簧室内，使活塞上下承受着相同的燃油压力，因此，喷油后能恢复到平衡状态，但由于弹簧 4 的作用，又会将活塞 3 压回到与限位块 2 相接触的位置。

由于喷出的油量能及时补充，因此在喷油后不会产生压降，这样就确保每循环喷油都是在相同的压力下进行的。

通常喷油过程结束，活塞移动停止，由于每循环喷油量很小，所以直到喷油终点，活塞的移动量不大，到达不了关闭座面 7 的位置。在活塞向上复位过程中，轨道内的高压燃油会很快从节流孔 8 流入弹簧室，补充活塞向上移动时所让出的空间。使连接喷油器端的燃油压力又恢复到喷油前的水平。为下一次喷油做好准备，这样能保证每循环喷油压力的一致性（图 3-128）。

在运行中若出现下列故障时，流量限制器会自动停止供油，防止发生严重事故。

① 燃油大量泄漏时的故障运行情况。燃油由轨道从喷油器喷出，必经流量限制器座面 7 处的咽喉通道。当燃油从轨道中流入流量限制器时，会把活塞 3 推离限位块 2，燃油流入量愈多，活塞行程愈大，会被推向更远离限位块的位置。而同时活塞 3 的座面通道愈小，当燃油流入量超过极限值时，活塞会下移到座面关闭位置，从而能阻挡燃油流向喷油器，使柴油机停机。

② 燃油少量泄漏时的故障运行情况。燃油从轨道流入流量限制器，再从流量限制器流出，经喷油器喷射，当流入量和流出量相等时，每次喷油后，活塞 3 总能回到与限位块 2 的接触位置。但若轨道流入量增加，而流出量不变，则将出现进得多、出得少的现象。每次喷油后，活塞 3 就无法再回到与限位块相接触的位置。这时由轨道泄漏进入流量限制器的燃油，即使每次量不多，但也会使活塞 3 无法再回到与限位块 2 的接触位置，连续几次喷油后，泄漏量的积累，也会把活塞压到关闭座面的位置（图 3-129），从而切断燃油流向喷油器，也能使柴油机停机。

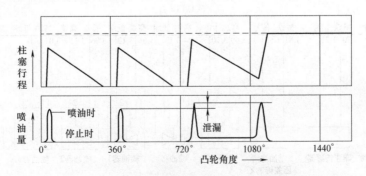

图 3-129 正常与轻微泄漏时的流量限制器的作用

3.2.2 博世共轨电控系统典型电路图

3.2.2.1 六缸柴油机电控电路

1. 6DL2/6DF3 柴油机电控电路图

图 3-130 为 6DL2/6DF3 柴油机电控电路图。

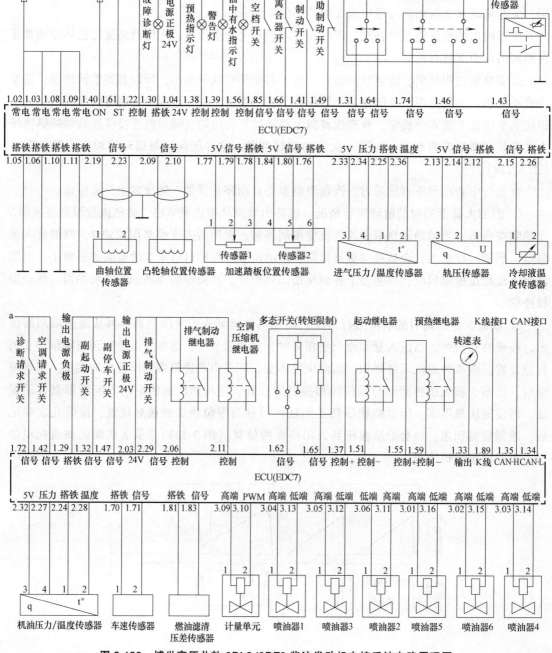

图 3-130 博世高压共轨 6DL2/6DF3 柴油发动机电控系统电路原理图

2. 6DL2/6DF3 柴油机电控单元插接器

图 3-131 所示为 6DL2/6DF3 柴油机电控单元插接器。

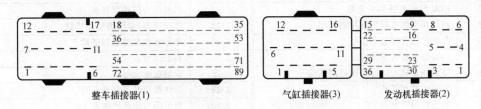

整车插接器(1)　　　　气缸插接器(3)　　发动机插接器(2)

图 3-131　6DL2/6DF3 电控单元插接器

3. 6DL2/6DF3 柴油机电控单元针脚功能

6DL2/6DF3 柴油机电控单元针脚功能见表 3-5。

表 3-5　电控单元针脚功能

整车插接器(1)			
针脚	定义	针脚	定义
1.02	经 30A 熔断器的 ECU 常电源(功率)	1.47	发动机副停机开关信号
1.03	经 30A 熔断器的 ECU 常电源(功率)	1.49	冗余制动开关信号(常闭)
1.04	ECU 输出正极 24V 电源	1.51	起动继电器线圈控制低端
1.05	ECU 搭铁	1.55	预热继电器线圈控制高端
1.06	ECU 搭铁	1.56	油中有水警告灯控制低端
1.08	经 30A 熔断器的 ECU 常电源(功率)	1.59	预热继电器线圈控制低端
1.09	经 30A 熔断器的 ECU 常电源(功率)	1.61	来自起动开关的起动信号高端
1.10	ECU 搭铁	1.62	多态开关信号低端
1.11	ECU 搭铁	1.64	巡航设置/减速信号
1.22	发动机故障诊断灯控制低端	1.65	多态开关低端
1.29	ECU 输出搭铁	1.66	离合器开关信号高端
1.30	发动机故障诊断灯搭铁	1.70	车速传感器低端
1.31	巡航设置/加速信号	1.71	车速传感器信号
1.32	发动机副起动开关信号	1.72	诊断请求开关信号高端
1.33	ECU 输出转速信号至转速表	1.74	巡航关闭信号
1.34	诊断接口 CAN-L	1.76	加速踏板位置传感器 2 低端
1.35	诊断接口 CAN-H	1.77	加速踏板位置传感器 1 电源 5V
1.37	起动继电器线圈控制高端	1.78	加速踏板位置传感器 1 搭铁
1.38	预热指示灯控制低端	1.79	加速踏板位置传感器 1 信号
1.39	警告灯控制低端	1.80	加速踏板位置传感器 2 信号
1.40	经 15A 熔断器的点火电源(唤醒)	1.81	燃油滤清器压差传感器信号
1.41	主制动开关信号(常开)	1.83	燃油滤清器压差传感器搭铁
1.42	空调请求信号	1.84	加速踏板位置传感器 2 电源 5V
1.43	油水分离水位传感器信号	1.85	空档开关信号高端
1.46	巡航恢复信号	1.89	K 诊断线
说明	其他空脚 50		

（续）

针脚	定义	针脚	定义
	发动机插接器（2）		
2.03	ECU 输出正极 24V 电源	2.24	机油压力传感器搭铁
2.06	排气制动继电器线圈控制低端	2.25	进气压力/温度传感器搭铁
2.09	凸轮轴位置传感器信号	2.26	冷却液温度传感器搭铁
2.10	凸轮轴位置传感器信号	2.27	机油压力信号
2.11	空调压缩机继电器线圈控制低端	2.28	机油温度信号
2.12	轨压传感器搭铁	2.29	排气制动开关信号高端
2.13	轨压传感器电源 5V	2.32	机油压力传感器电源 5V
2.14	轨压传感器信号	2.33	进气压力传感器电源 5V
2.15	冷却液温度传感器信号	2.34	进气压力信号
2.19	曲轴位置传感器信号	2.36	进气温度信号
2.23	曲轴位置传感器信号		
说明	其他空脚 21		

针脚	定义	针脚	定义
	气缸插接器（3）		
3.01	喷油器 5 控制高端	3.10	流量计量单元 PWM
3.02	喷油器 6 控制高端	3.11	喷油器 2 控制高端
3.03	喷油器 4 控制高端	3.12	喷油器 3 控制低端
3.04	喷油器 1 控制高端	3.13	喷油器 1 控制低端
3.05	喷油器 3 控制高端	3.14	喷油器 4 控制低端
3.06	喷油器 2 控制低端	3.15	喷油器 6 控制低端
3.09	流量计量单元电源高端	3.16	喷油器 5 控制低端
说明	其他空脚 14		

3.2.2.2 四缸柴油机电控电路图

1. 4DF3 柴油机电控电路图

图 3-132 为 4DF3 柴油机电控电路图。

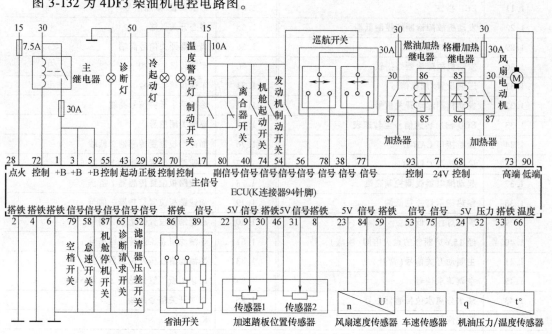

图 3-132 博世高压共轨 4DF3 柴油发动机电控系统电路原理图

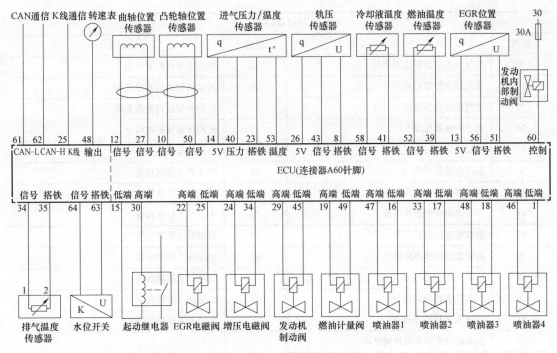

图 3-132 博世高压共轨 4DF3 柴油发动机电控系统电路原理图（续）

2. 4DF3 柴油机电控单元插接器

图 3-133 所示为 4DF3 柴油机电控单元插接器。

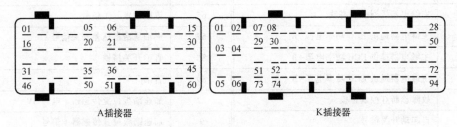

图 3-133 4DF3 柴油机高压共轨电控单元插接器

3. 4DF3 柴油机电控单元针脚功能

4DF3 柴油机电控单元针脚功能见表 3-6。

表 3-6 电控单元针脚功能

插接器（A）			
针脚	定义	针脚	定义
12	曲轴位置传感器信号	15	起动继电器控制低端
27	曲轴位置传感器信号	30	起动继电器控制高端
10	凸轮轴位置传感器信号	22	EGR 电磁阀控制高端
50	凸轮轴位置传感器信号	25	EGR 电磁阀控制低端
14	进气压力传感器电源 5V	24	增压电磁阀控制高端

（续）

插接器（A）

针脚	定义	针脚	定义
40	进气压力传感器压力信号	34	增压电磁阀控制低端
23	进气压力传感器搭铁	29	发动机制动阀控制高端
53	进气压力传感器温度信号	45	发动机制动阀控制低端
26	轨压传感器电源 5V	19	燃油计量阀控制高端
43	轨压传感器信号	49	燃油计量阀控制低端
8	轨压传感器搭铁	47	喷油器 1 控制高端
58	冷却液温度传感器信号	16	喷油器 1 控制低端
41	冷却液温度传感器搭铁	33	喷油器 2 控制高端
52	燃油温度传感器信号	17	喷油器 2 控制低端
39	燃油温度传感器搭铁	48	喷油器 3 控制高端
13	EGR 位置传感器电源 5V	18	喷油器 3 控制低端
56	EGR 位置传感器信号	46	喷油器 4 控制高端
51	EGR 位置传感器搭铁	1	喷油器 4 控制低端
60	发动机内部制动阀控制低端		
说明	其他空脚		

插接器（K）

针脚	定义	针脚	定义
28	经 7.5A 熔断器的点火电源(唤醒)	87	机舱停机开关信号
72	主继电器线圈控制搭铁	65	诊断请求开关信号
1	主继电器提供 ECU 功率电源+B	52	燃油滤清器压差开关信号
3	主继电器提供 ECU 功率电源+B	86	省油开关搭铁
5	主继电器提供 ECU 功率电源+B	89	省油开关信号
55	故障诊断灯控制正极	22	加速踏板位置传感器 1 电源 5V
43	自起动开关信号	9	加速踏板位置传感器 1 信号
29	ECU 输出正极	30	加速踏板位置传感器 1 搭铁
92	冷起动指示灯控制负极	46	加速踏板位置传感器 2 电源 5V
70	温度警告灯控制负极	31	加速踏板位置传感器 2 信号
17	制动开关(常开)主信号	8	加速踏板位置传感器 2 搭铁
80	制动开关(常闭)副信号	23	风扇速度传感器电源 5V
40	离合器开关信号	84	风扇速度传感器信号
74	机舱起动开关信号	59	风扇速度传感器搭铁
54	发动机制动开关信号	53	车速传感器信号
56	巡航加速开关信号	75	车速传感器信号
78	巡航减速开关信号	24	机油压力/温度传感器电源 5V
38	巡航恢复开关信号	32	机油压力/温度传感器压力信号

（续）

插接器（K）				
针脚	定义	针脚	定义	
77	巡航控制开关信号	33	机油压力/温度传感器搭铁	
93	燃油加热继电器线圈控制负极	66	机油压力/温度传感器温度信号	
7	燃油、格栅加热继电器线圈电源+	34	排气温度传感器信号	
68	格栅加热继电器线圈控制负极	35	排气温度传感器搭铁	
73	风扇电动机控制高端	64	水位开关信号	
90	风扇电动机控制低端	63	水位开关搭铁	
2	ECU 搭铁	61	CAN-L	
4	ECU 搭铁	62	CAN-H	
6	ECU 搭铁	25	K 线	
79	空档开关信号	48	输出转速信号	
58	怠速开关信号			
说明	其他空脚			

练习与思考

一、填空题

1. 博世电控高压共轨系统为_____共轨系统，该系统主要由_____、_____、_____、_____、高、_____燃油管、_____（油轨）、_____、_____和_____等组成。

2. 一种是将输油泵安装于燃油箱里，由_____对其进行控制，这种结构比较适合于或部分_____车辆；另一种是将_____与_____组装在一起，与供油泵_____由发动机轴驱动，这种结构大量应用于_____或_____等。

3. 低压油路部分包括_____、_____、_____以及_____等。输油泵的主要作用是供给_____足够的具有_____的燃油。

4. 现在越来越多的车用柴油发动机_____自动警告装置，当积水达到_____时，传感器会将积水_____传输给_____，由电控单元点亮_____。

5. 高压油泵位于_____部分和_____部分之间，它的主要任务是在车辆_____范围和整个期间，在共轨中_____产生符合系统_____的高压燃油，以及快速起动过程和共轨中压力时所需的燃油储备。

6. 电控喷油器是柴油电控系统最重要的_____，它_____了普通喷油系统中的喷油嘴和总成，与直喷式柴油机中的_____大体相似。

7. 机械故障常表现为喷油器_____不良、_____卡死、针阀与_____孔导向面_____、喷油嘴_____、回油量_____。可能导致喷油压力_____、喷油时间_____、发动机功率_____、_____、温度过高、甚至_____以及_____困难、无法_____、_____、_____等故障现象。

8. 电路故障主要表现在电磁线圈_____、_____及控制信号_____等方面。可能导致_____、_____、_____甚至无法_____等故障现象。

9. 共轨的任务是存储高压_____，高压油泵的_____和_____所产生的_____由共轨的_____进行缓冲，在输出较大_____时，所有气缸共用的_____也应近似保持为_____值，从而确保喷油器打开时喷油_____。

10. 压力限制阀与过压阀或溢流阀的作用相同，相当于_____，它限制共轨中的_____，在压力限定值被_____时，_____通过打开_____来限制油轨中的_____。限压阀允许油轨中短时的最大压力为_____MPa。

二、简答题

1. 简述共轨燃油系统高压油路的基本组成。
2. 简述高压油泵的主要作用及工作过程。
3. 简述压力限制阀的作用。
4. 简述电控喷油器的作用。
5. 简述电控喷油器的工作方式。

三、综合题

1. 绘制共轨燃油系统低压油路连接示意图，简述低压油路工作过程。
2. 绘制输油泵控制电路原理图，简述其工作过程。
3. 绘制共轨燃油系统高压油路连接示意图，简述高压油路工作过程。
4. 绘制油量控制电磁阀电路原理图，回答如下问题：
1）油量控制电磁阀的工作条件是什么？
2）油量控制电磁阀的控制过程。
5. 绘制 6DL2/6DF3 柴油机电控系统电路原理图，列表计量 ECU 针脚定义。
6. 绘制 4DF3 柴油机电控系统电路原理图，列表计量 ECU 针脚定义。

任务3 电装电控高压共轨燃油系统的结构与原理

📖 **学习目标：**

1. 了解电装电控高压共轨燃油系统的构造
2. 熟悉电装电控系统的基本作用
3. 掌握高压油泵的作用、结构及工作原理
4. 熟悉电装电控共轨系统电路结构

📖 **学习内容：**

1. 基本组成与功能
2. 电装高压共轨燃油系统的构造与原理
3. 电装电控共轨系统典型电路图

柴油发动机燃油系统主要由低压部分和高压部分组成。低压部分负责把燃油箱的燃油输送到高压油泵，小型车辆大多采用电子输油泵，而重型车辆大多采用机械式低压输油泵。高

压部分主要由高压油泵和喷油器组成。

本部分主要介绍当前保有量较大的高压共轨燃油系统，选择较为典型且具有代表性的电装 ECU-U2 高压共轨系统为主要学习内容。ECD-U2 被广泛应用在上柴、锡柴两大企业的柴油机上，市场份额占到了全国的 5.6%。

3.3.1　基本组成与功能

电装公司共轨式喷射系统的基本组成，如图 3-134 所示，该系统由高压油泵、共轨管、喷油器、ECU（电子控制器）和传感器组成。大体可分为燃油系统与电脑控制系统两大部分。

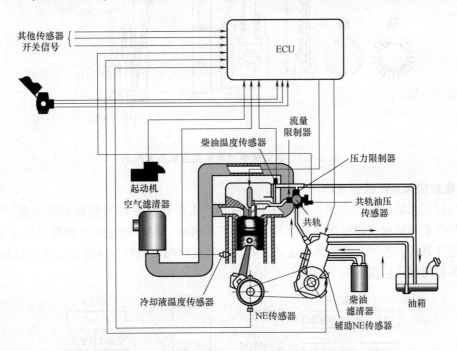

图 3-134　电装公司共轨式喷射系统的基本组成

1. 燃油系统的基本作用

燃油系统的基本作用如图 3-135 所示。高压柴油由高压油泵产生，送至共轨，喷油器内的电磁阀使喷油嘴的针阀打开或关闭，以控制喷油开始或结束。具体工作过程如下。

① 高压油泵产生的油压送入共轨内，油压的大小由 ECU 所控制的泵控制阀（PCV）的打开与关闭所调节。

② 共轨内的油压由装在共轨上的油压传感器进行监测，以使实际的压力与工况所要求的压力吻合。

③ 共轨内柴油送入喷油器内的喷油嘴与控制油腔内。喷油时间与喷油量由双向阀的电磁阀的打开与关闭控制，当电磁阀通电时，量孔 2 上方的油路打开，控制油腔内的柴油从量孔 2 流出，故喷油嘴针阀被油压向上推，柴油开始喷射；当电磁阀断电时，柴油从量孔 1 进入控制油腔，针阀下移，柴油结束喷射。

④ 因此，电磁阀通电时，即决定柴油的喷射开始时间；而电磁阀通电时间的长短，即决定柴油的喷射量。

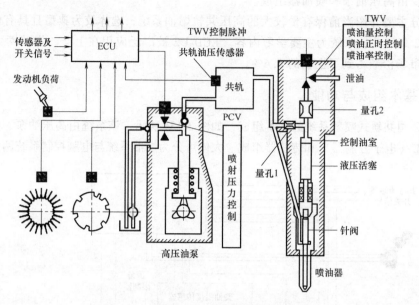

图 3-135　共轨式柴油喷射系统的基本作用

2. 电脑控制系统的基本作用

电脑控制系统的基本作用，如图 3-136 所示，电子控制系统所控制的喷油量与喷油正时，比传统采用机械式调速器或正时器的喷油泵更精确。ECU 通过各传感器及开关的信号，经必要的计算后，控制各喷油器电流的正时与持续的时间及控制高压油泵上压力控制阀，即可获得各种精密的控制。

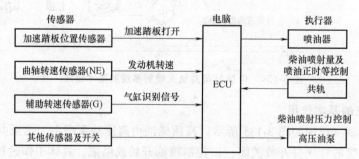

图 3-136　电脑控制系统的基本作用

（1）出油率控制

出油率控制系指在一定时间内，控制通过喷油孔柴油量的比例。

1）主喷射：与传统式喷射系统的作用相同。

2）引燃喷射：

① 在主喷射前，先将少量柴油喷入气缸中燃烧，如图 3-137 所示。

② 极高压力的喷射，会使出油率增加，造成初期累积在燃烧室的柴油量增加，大量柴油同时燃烧的结果，会使热产生率骤升，

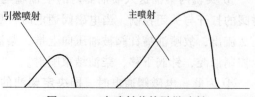

图 3-137　主喷射前的引燃喷射

进而引起 NO_x 排放与噪声提高。因此，在主喷射前先进行引燃喷射，喷出极少量刚好需要的柴油量，以缓和初期燃烧作用，可以减少 NO_x 排放与噪声，如图 3-138 所示。

3）分段喷射：当发动机起动转速较低时，在主喷射前，会分段为数次进行少量的柴油喷射，如图 3-139 所示。有预热塞装置时，则不需要少量喷射。

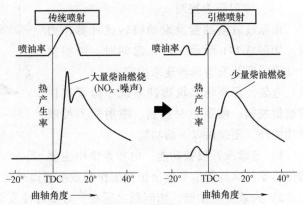

图 3-138　有、无引燃喷射作用的差异

（2）喷油量控制

它取代了传统式喷射系统的调速器，基本上根据发动机转速与加速踏板行程来精确控制喷油量。

1）基础喷油量：由发动机转速与加速踏板行程决定。

2）起动喷油量：依发动机转速、冷却液温度等而定。

3）瞬间喷油量修正：当猛踏加速踏板时，喷油量延迟增加，以抑制黑烟排放，如图 3-140 所示。

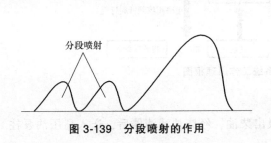

图 3-139　分段喷射的作用

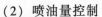

图 3-140　猛踩加速踏板时的喷油量修正

4）最高转速设定喷油量：相对发动机的最高转速，调节喷油量至一定值，发动机超速时即断油。

5）最大喷油量限制：当进气压力低时，限制最大喷油量，使黑烟排放减至最小。

6）怠速转速控制：调节喷油量，控制怠速转速，以符合目标转速。ISC 可分成：

① 自动 ISC：根据冷却液温度以控制怠速转速。

② 手动 ISC：由驾驶室内旋钮调整怠速。

7）自动巡航控制：调节喷油量控制车速，以符合经电脑计算后的目标速度。

（3）喷油正时控制

取代传统喷射系统的正时器，基本上根据发动机转速与喷油量来精确控制柴油的喷射正时。

1）引燃喷射正时：根据最后喷油量、发动机转速及冷却液温度而定。当在起动时，则根据冷却液温度及发动机转速来决定。

2）主喷射正时：根据最后喷油量、发动机转速及冷却液温度而定。当在起动时，则依冷却液温度及发动机转速来决定。

（4）喷射压力控制

根据最后喷油量及发动机转速计算压力值，如图 3-141 所示。当在起动时，则根据冷却液温度及发动机转速来决定。

电装公司高压共轨燃油系统中除了提供喷油量控制、喷射正时控制、喷射压力控制等功能外，还提供以下的功能：

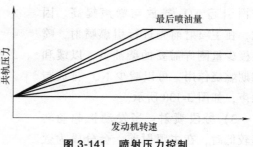

图 3-141　喷射压力控制

1）自诊断及报警功能，电控系统中主要的传感器和执行器信号超出正常工作参数范围以外时，通过显示装置进行报警。

2）失效安全功能，依问题之所在，必要时使发动机熄火。

3）备用功能，可以改变柴油的调节方法，使发动机能继续运转。

3.3.2　高压共轨燃油系统的构造与原理

电控高压共轨燃油系统为蓄压式共轨系统，该系统主要由燃油箱、柴油滤清器、供油泵（包括内置式输油泵）、高压及低压燃油管、共轨、电控喷油器和 ECU 等组成，图 3-142 所示为燃油系统基本工作原理框图。各主要零部件的结构与原理如下：

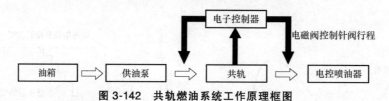

图 3-142　共轨燃油系统工作原理框图

1. 低压输油泵

装在高压油泵内，由凸轮轴驱动，从油箱吸出柴油，经柴油滤清器后，送入高压油泵柱塞内。图 3-143 所示为摆动式输油泵的构造及作用。

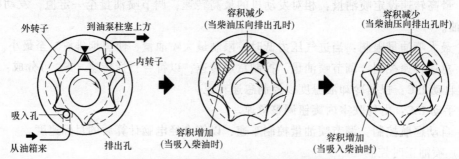

图 3-143　摆动式输油泵的构造及作用

2. 高压油泵

电装公司的高压油泵从 20 世纪 90 年代开始研发的，到 2001 年是第一阶段，也即第一代产品，主要有直列泵型的 HP0 型高压油泵系列。HP0 系列高压油泵有：HP0-UHD、HP0-HD 和 HP0-MD 包括 ECD-U2（P）型，电控共轨系统使用的 HP2 型高压油泵，供油压力从 1998 年之前的 120MPa 到 2000 年以后提高到 145MPa。

从 2002 年开始到 2006 年是第二阶段，即第二代产品，其特征是 HP0 系列高压油泵的供油压力提高到 180MPa，推出了 ECD-U2（P）用的转子式高压油泵 HP3 和 HP4，在转子式高压油泵中全部采用进油计量，供油压力均为 180MPa。

（1）作用

高压油泵的主要作用是将低压燃油加压成高压燃油，并将高压燃油供给并储存在共轨内，等待 ECU 的喷射指令。供油压力可以通过压力限制器进行设定，所以，在共轨系统中可以自由地控制喷油压力。

HP0 系列高压油泵的主要特征可以归纳如下：

① 可靠性高。可以满足高供油压力的要求。第一阶段：120~140MPa；第二阶段：160~180MPa；采用机油润滑，使用寿命长，使用过程中故障少。

② 效率高。因为采用电磁阀控制预行程，只对需要的供油量做功，不必对多余的燃油进行加压；实现同步控制，一副柱塞偶件用三个凸轮完成压油。

③ 成本低。不同的发动机可以选用不同的高压油泵。一般说来，大型柴油机选用类似于直列泵的高压油泵，小型柴油机可以选用类似于分配泵的转子式高压油泵。

（2）高压油泵结构与原理

图 3-144 所示为 HP0 系列高压油泵的外形及各部件的作用。

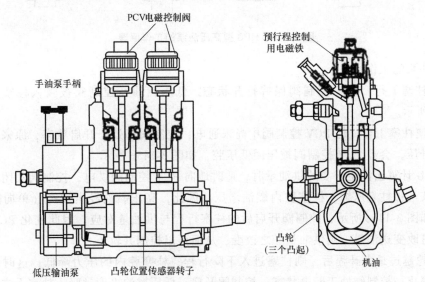

图 3-144 HP0 型高压油泵的构造

输油泵，位于高压油泵的左侧，与高压油泵集成在一起，提供给高压油泵一定压力的燃油。

燃油计量单元（PCV 电磁控制阀）为压力控制阀，高压油轨内的压力因供油、渗漏、回油等因素导致压力波动，通过压力控制阀可保持压力的稳定。该阀实际为一个执行器，在断电状态下，靠弹簧作用力，阀处于全开状态；当通电后在电磁阀的作用下，克服弹簧力，将阀关闭。在柴油机起动或运转时，根据 ECU 的指令来控制电磁阀的动作，保证高压油轨内压力稳定在规定范围内。

高压油泵产生的高压燃油经共轨分配到各个气缸的喷油器中，燃油压力由设置在共轨内的压力传感器检出，反馈到控制系统，并使实际压力值和事先设定的、与发动机转速和发动机负荷相适应的压力值始终一致。

HP0 型直列式高压油泵结构和传统的直列式喷油泵的结构相似，通过凸轮和柱塞机构使燃油增压，各柱塞上方配置供油阀。凸轮有单作用型、双作用型、三作用型和四作用型等多种；采用三作用型凸轮可使柱塞单元减少到 1/3。向共轨中供油的频率应和喷油频率相同，这样可使共轨中的压力波动平稳。HP0 型高压油泵的基本工作原理如图 3-145 所示。

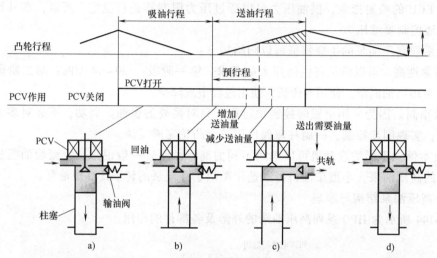

图 3-145　HP0 型高压油泵的工作原理

高压油泵的工作过程：

① 当柱塞下行，PCV 控制阀保持打开状态，低压燃油经控制阀被吸入柱塞上方，如图 3-145a 所示。

② 即使柱塞上行，但 PCV 控制阀中尚未通电，控制阀仍处于开启状态，原来被吸入的柴油并未升压，会经 PCV 控制阀被压回低压腔，如图 3-145b 所示。

③ ECU 计算出满足必要的供油量时，适时地向 PCV 控制阀供电，控制阀关闭，切断回油流路，柴油被柱塞压缩，柱塞腔内燃油增压，因此，高压燃油经出油阀（单向阀）压入共轨内，如图 3-145c 所示；控制阀开启后的柱塞行程与供油量对应。因此变化 PCV 的通电时间，即可改变送油量，则供油量随之改变，从而可以控制共轨压力。

④ 凸轮越过最大升程后，则柱塞进入下降行程，柱塞腔内的压力降低；这时出油阀关闭，压油停止；控制阀处于断电状态，控制阀开启，低压燃油再度被吸入柱塞上方，恢复到如图 3-145d 状态。

由以上的说明可以了解，PCV 控制阀调节送出的柴油量，以调整共轨内的油压，故 PCV 控制阀通电时间的长短，即可控制共轨内压力的大小。

特别值得指出的是：在 HP0 型高压油泵中，PCV 控制阀采用螺旋形磁铁，改变了传统的菱形磁铁，使得结构得到改善，性能提高。

电装公司的第二代高压油泵采用转子式，如图 3-146 所示。

HP4 型转子式高压油泵的体积更小、结构更加紧凑，采用进油计量法。HP3 型和 HP4 型高压油泵的设计中充分考虑到标准化，两种高压油泵的零部件通用化率达到 80%。供油部分基本是通用的，充分考虑到生产工艺性；2 缸和 3 缸形成系列，如图 3-147 所示。

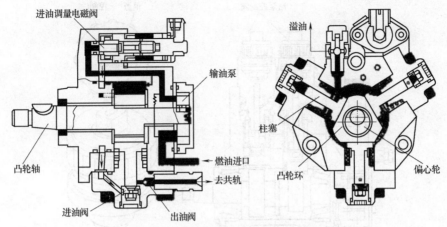

图 3-146 HP4 型转子式高压油泵的构造

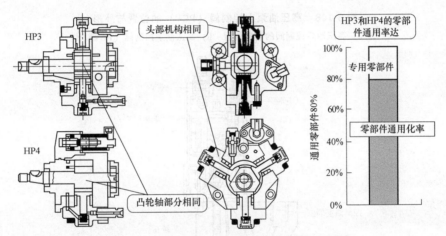

图 3-147 HP3 型和 HP4 型高压油泵的标准设计

3. 燃油压力控制阀

（1）作用

燃油压力控制阀（PCV）的作用是根据 ECU 送来的控制信号，用于调整共轨内的燃油压力，使供油阀在适当的时刻开启或关闭来控制供油量，最终控制共轨内的燃油压力。

（2）结构与原理

电装公司 ECD-U2 系统的高压油泵燃油压力控制阀（PCV）的安装位置和外形如图 3-148 所示。燃油压力控制阀（PCV）的工作原理已在高压油泵工作原理中介绍，这里不再赘述。

4. 电控喷油器

（1）作用

ECU 依据各种传感器及开关信号，控制电控喷油器在正确时间喷油，喷射正确的柴油量，保证正确的出油率以及良好的雾化。

（2）结构与原理

图 3-149 所示为电装公司二通阀电控喷油器的结构，可分为二通电磁阀（双向电磁阀）、液压活塞和喷油器等三部分。

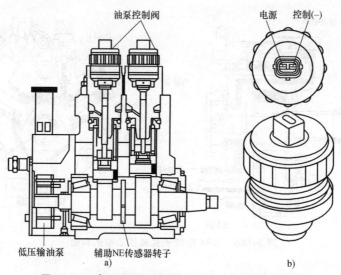

图 3-148 高压油泵上控制阀（PCV）的位置与外形

a）高压油泵控制阀的安装位置　b）高压油泵控制阀（PCV）

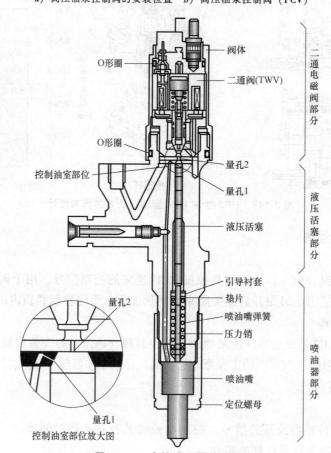

图 3-149 电控喷油器的结构

电磁阀受电控单元 ECU 的控制改变控制油腔内压力，以控制喷油开始及喷射结束，如图 3-150 所示。量孔用以限制喷油嘴针阀打开的速度，以调节出油率；液压活塞用以传送从控制油腔来的压力给喷油嘴针阀；而喷油嘴则用以使柴油雾化，功能与传统式喷油嘴相同。

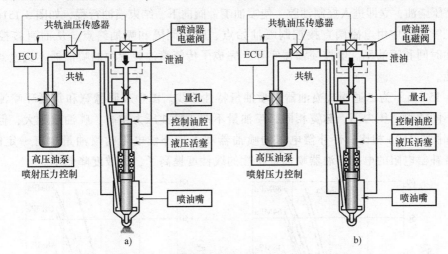

图 3-150　喷油器电磁阀 ON 与 OFF 时的作用
a）喷射开始（电磁阀有电）　b）喷射结束（电磁阀断电）

　　喷油器电磁阀的阀门部分由两个阀所组成，如图 3-151 所示。内阀固定，外阀可以滑动，两个阀精密装配在同一个轴上，电磁阀受电控单元 ECU 控制，一般有三个过程：

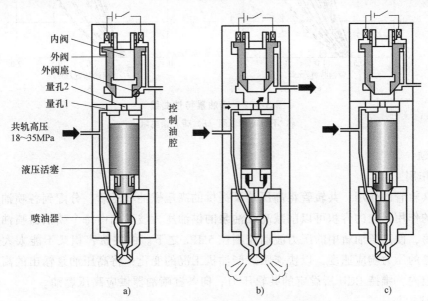

图 3-151　电磁阀的构造与喷油器的作用
a）不喷射　b）开始喷射　c）结束喷射

　　① 不喷射。当电磁阀不通电时，阀弹簧力及液压力使外阀向下，外阀座封闭，由于共轨高压经量孔 1 进入控制油腔，故喷油嘴针阀在关闭状态，此时不喷油，如图 3-151a 所示。

　　② 开始喷油。当电磁阀通电时，电磁吸力使外阀向上，外阀座打开，控制油室内柴油从量孔 2 流出，喷油嘴针阀向上，开始喷射柴油，如图 3-151b 所示；接着出油率逐渐增加，直至达最大出油率。

③ 结束喷油。当电磁阀断电时，阀弹簧力及液压力使外阀向下，外阀座封闭，此时由共轨来的高压柴油，立即进入控制油腔，使喷油嘴针阀向下，结束喷油行程，如图 3-151c 所示。

电控喷油器中由电磁阀直接控制喷油始点、喷油间隔和喷油终点，从而直接控制喷油量、喷油时间和喷油率。电控喷油器实际上完成了传统喷油装置中的喷油器、调速器和提前器的功能。

图 3-152 所示为二通阀式喷油器的喷油量特性曲线。图中表明脉宽和每循环喷油量的关系；在不同的喷油压力下，脉宽相同，喷油量不同；喷油压力越高，喷油量越大，但是，图 3-152a 和图 3-152b 相比，带补偿电阻的喷油器和不带补偿电阻的喷油量也有一定的区别。显然，带补偿电阻的电控喷油器喷油量特性的线性度提高了，分散度降低了。

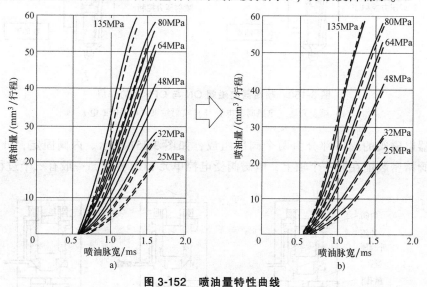

图 3-152　喷油量特性曲线

a）不带补偿电阻　b）带补偿电阻

5. 共轨

（1）作用

高压共轨管的作用：共轨管将高压油泵提供的高压燃油稳压后，分配到各喷油器中，起到蓄压器的作用，它的容积可以削减高压油泵的供油压力波动和由每个喷油器喷油过程引起的压力振荡，使高压油轨中的压力波动控制在 5MPa 之下。但共轨容积又不能太大，以保证共轨有足够的压力响应速度，以快速跟踪柴油机工况的变化；将高压油泵输出的高压油储集在共轨油腔内，维持 ECU 所设定的共轨压力；向各缸喷油器供应高压燃油。

（2）结构与原理

高压共轨管上装有波动阻尼器、压力限制阀、流量限制阀（每缸一个）、共轨压力传感器，如图 3-153 所示，各零件结构与作用如下：

① 流量限制阀。流量限制阀或称流动缓冲器，也有称波动阻尼器的，在共轨的上部有六个流量限制阀，分别与六个缸的高压油管相连。

当某一缸的高压油管有泄漏或喷油器故障而导致燃油喷射量超过限值时，高压柴油施加在活塞上，就使活塞与钢球向右移，钢球与阀座接触，封闭柴油通道，切断该缸的燃油供应，如图 3-154 所示。

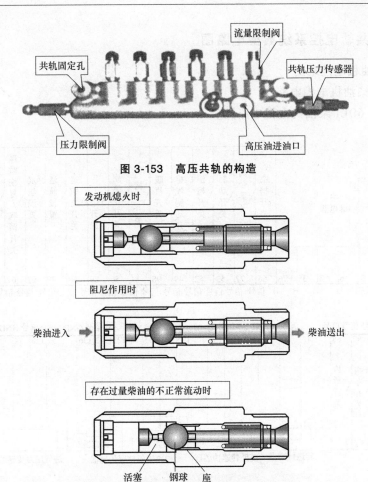

图 3-153　高压共轨的构造

图 3-154　流量限制阀的构造与工作原理

② 压力限制阀。当共轨压力超过共轨管所能承受的最高压力时（140MPa），压力限制阀会自动开启，将共轨压力降低到约 30MPa 时，压力限制阀的阀门关闭，如图 3-155 所示。

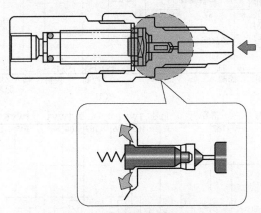

图 3-155　压力限制阀的构造与作用

③ 共轨压力传感器。共轨压力传感器为半导体式压力传感器，当油压变化时，半导体电阻发生改变，输出电压与油压成正比，油压越高，输出电压也越高。

3.3.3 电装共轨电控系统典型电路图

1. 六缸柴油机电控电路

（1）6DL1 柴油机电控电路图

图 3-156 为 6DL1 柴油机电控电路图。

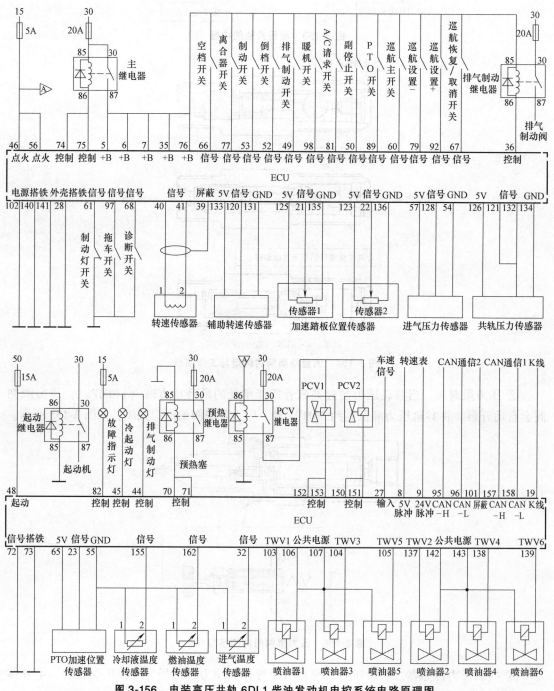

图 3-156 电装高压共轨 6DL1 柴油发动机电控系统电路原理图

（2）6DL1 柴油机电控单元插接器

图 3-157 为 6DL1 柴油机电控单元插接器。

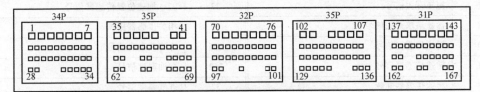

图 3-157　6DL1 柴油机电控单元针脚

（3）6DL1 柴油机电控单元针脚功能

6DL1 柴油机电控单元针脚功能见表 3-7。

表 3-7　6DL1 柴油机电控单元针脚功能

针脚	定义	针脚	定义
46	经 5A 熔断器的点火电源(唤醒)	128	进气压力传感器信号
56	经 5A 熔断器的点火电源(唤醒)	54	进气压力传感器搭铁
74	主继电器线圈控制搭铁	126	共轨压力传感器电源 5V
75	主继电器线圈控制搭铁	121	共轨压力传感器信号
5	主继电器提供的 ECU 功率电源+B	132	共轨压力传感器信号
6	主继电器提供的 ECU 功率电源+B	134	共轨压力传感器搭铁
7	主继电器提供的 ECU 功率电源+B	48	自起动开关信号
35	主继电器提供的 ECU 功率电源+B	82	故障指示灯控制
76	主继电器提供的 ECU 功率电源+B	45	冷起动指示灯控制
66	空档开关信号	44	排气制动指示灯控制
77	离合器开关信号	70	预热继电器线圈控制
53	制动开关信号	71	预热继电器线圈控制
52	倒档开关信号	152	PCV1 电磁阀控制
49	排气制动开关信号	153	PCV1 电磁阀控制
98	暖机开关信号	150	PCV2 电磁阀控制
81	A/C 请求开关信号	151	PCV2 电磁阀控制
50	副停止开关信号	27	车速信号输入信号
89	PTO 开关信号	8	5V 脉冲转速信号输出
60	巡航主开关信号	9	24V 脉冲转速信号输出
79	巡航设置-信号	95	CAN 通信 2CAN-H
92	巡航设置+信号	96	CAN 通信 2CAN-L
67	巡航恢复/取消开关信号	101	CAN 通信 2 屏蔽
36	排气制动继电器线圈控制搭铁	157	CAN 通信 1CAN-H
102	ECU 电源搭铁	158	CAN 通信 1CAN-H
140	ECU 电源搭铁	19	诊断口 K 线
141	ECU 电源搭铁	72	ECU 内信号部分搭铁
28	ECU 外壳搭铁	73	ECU 内信号部分搭铁
61	制动灯开关信号	65	PTO 加速位置传感器电源 5V

（续）

针脚	定义	针脚	定义
97	拖车开关信号	23	PTO 加速位置传感器信号
68	诊断请求开关信号	55	相关传感器搭铁
40	转速传感器信号	155	冷却液温度信号
41	转速传感器信号	162	燃油温度信号
39	转速传感器屏蔽	32	进气温度信号
133	辅助转速传感器电源 5V	103	喷油器 1 控制 TWV1
120	辅助转速传感器信号	106	喷油器 1、3、5 公共电源高端
131	辅助转速传感器搭铁	107	喷油器 1、3、5 公共电源高端
125	加速踏板传感器 1 电源 5V	104	喷油器 3 控制 TWV3
21	加速踏板传感器 1 信号	105	喷油器 5 控制 TWV5
135	加速踏板传感器 1 搭铁	137	喷油器 2 控制 TWV2
123	加速踏板传感器 2 电源 5V	142	喷油器 2、4、6 公共电源高端
22	加速踏板传感器 2 信号	143	喷油器 2、4、6 公共电源高端
136	加速踏板传感器 2 搭铁	138	喷油器 4 控制 TWV4
57	进气压力传感器电源 5V	139	喷油器 6 控制 TWV6
说明		其他空脚	

2. 四缸柴油机电控电路

（1）4DL1 柴油机电控电路图

图 3-158 为 4DL1 柴油机电控电路图。

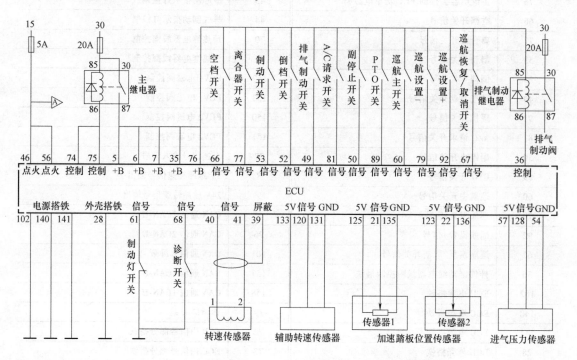

图 3-158　电装高压共轨 4DL1 柴油发动机电控系统电路原理图

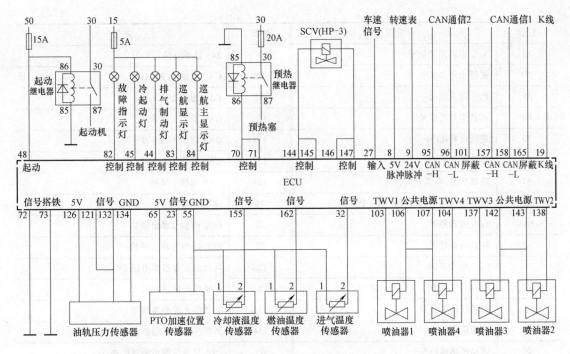

图 3-158 电装高压共轨 4DL1 柴油发动机电控系统电路原理图（续）

（2）4DL1 柴油机电控单元插接器

4DL1 柴油机电控单元插接器同 6DL1。

（3）4DL1 柴油机电控单元针脚功能

4DL1 柴油机电控单元针脚功能见表 3-8。

表 3-8 4DL1 柴油机电控单元针脚功能

针脚	定义	针脚	定义
46	经 5A 熔断器的点火电源（唤醒）	48	自起动开关信号
56	经 5A 熔断器的点火电源（唤醒）	82	故障指示灯控制
74	主继电器线圈控制搭铁	45	冷起动指示灯控制
75	主继电器线圈控制搭铁	44	排气制动指示灯控制
5	主继电器提供的 ECU 功率电源+B	83	巡航显示灯
6	主继电器提供的 ECU 功率电源+B	84	巡航主显示灯
7	主继电器提供的 ECU 功率电源+B	70	预热继电器线圈控制
35	主继电器提供的 ECU 功率电源+B	71	预热继电器线圈控制
76	主继电器提供的 ECU 功率电源+B	144	PCV 电磁阀控制低端
66	空档开关信号	145	PCV 电磁阀控制低端
77	离合器开关信号	146	PCV 电磁阀控制高端
53	制动开关信号	147	PCV 电磁阀控制高端
52	倒档开关信号	27	车速信号输入信号
49	排气制动开关信号	8	5V 脉冲转速信号输出

（续）

针脚	定义	针脚	定义
81	A/C 请求开关信号	9	24V 脉冲转速信号输出
50	副停止开关信号	95	CAN 通信 2CAN-H
89	PTO 开关信号	96	CAN 通信 2CAN-L
60	巡航主开关信号	101	CAN 通信 2 屏蔽
79	巡航设置-信号	157	CAN 通信 1CAN-H
92	巡航设置+信号	158	CAN 通信 1CAN-H
67	巡航恢复/取消开关信号	165	CAN 通信 1 屏蔽
36	排气制动继电器线圈控制搭铁	19	诊断口 K 线
102	ECU 电源搭铁	72	ECU 内信号部分搭铁
140	ECU 电源搭铁	73	ECU 内信号部分搭铁
141	ECU 电源搭铁	126	共轨压力传感器电源 5V
28	ECU 外壳搭铁	121	共轨压力传感器信号
61	制动灯开关信号	132	共轨压力传感器信号
68	诊断请求开关信号	134	共轨压力传感器搭铁
40	转速传感器信号	65	PTO 加速位置传感器电源 5V
41	转速传感器信号	23	PTO 加速位置传感器信号
39	转速传感器屏蔽	55	相关传感器搭铁
133	辅助转速传感器电源 5V	155	冷却液温度信号
120	辅助转速传感器信号	162	燃油温度信号
131	辅助转速传感器搭铁	32	进气温度信号
125	加速踏板传感器 1 电源 5V	103	喷油器 1 控制 TWV1
21	加速踏板传感器 1 信号	106	喷油器 1、3、5 公共电源高端
135	加速踏板传感器 1 搭铁	107	喷油器 1、3、5 公共电源高端
123	加速踏板传感器 2 电源 5V	104	喷油器 3 控制 TWV3
22	加速踏板传感器 2 信号	137	喷油器 2 控制 TWV2
136	加速踏板传感器 2 搭铁	142	喷油器 2、4、6 公共电源高端
57	进气压力传感器电源 5V	143	喷油器 2、4、6 公共电源高端
128	进气压力传感器信号	138	喷油器 4 控制 TWV4
54	进气压力传感器搭铁		
说明		其他空脚	

练习与思考

一、填空题

1. 柴油发动机燃油系统主要由_____部分和_____部分组成。_____部分负责把燃油箱的燃油输送到_____，小型车辆大多采用_____燃油泵，而重型车辆大多采用

_____低压输油泵。

2. 电控高压共轨燃油系统为_____共轨系统，该系统主要由_____、_____、_____（包括内置式输油泵）、高、低压燃油管、_____、_____和_____等组成。

3. 低压燃油泵装在_____内，由_____驱动，从_____吸出柴油，经柴油滤清器后，送入高压泵_____内。

4. 第一代产品，主要有直列泵型的 HP0 型供油泵系列。HP0 系列供油泵有：HP0-UHD、HP0-HD 和 HP0-MD 包括_____（P）型，电控共轨系统使用的_____型供油泵，供油压力从 1998 年之前的_____ MPa 到 2000 年以后提高到_____ MPa。

5. 第二代产品，其特征是 HP0 系列供油泵的供油压力提高到_____ MPa，推出了 ECD-U2（P）用的_____供油泵-HP3 和 HP4，在转子式供油泵中全部采用_____，供油压力均为_____ MPa。

6. 供油泵的主要作用是将_____燃油加压成高压燃油，并将高压燃油供给并储存在_____内，等待_____的喷射指令。供油压力可以通过_____进行设定，所以，在共轨系统中可以自由地控制_____。

7. 燃油计量单元（PCV 电磁阀）为_____，高压油轨内的压力因_____、渗漏、_____等因素导致压力_____，通过压力控制阀可保持压力的_____。该阀实际为一_____，在断电状态下，靠弹簧作用力，阀处于_____状态；当通电后电磁阀作用，克服弹簧力，将阀_____。

8. 供油泵产生的高压燃油经_____分配到各个气缸的喷油器中，燃油压力由设置在共轨内的压力_____检出，反馈到_____系统，并使实际_____和事先_____的、与发动机_____和发动机_____相适应的_____始终一致。

9. ECU 依据各种传感器及_____信号，控制电控喷油器在_____喷油，喷射正确的_____，正确的_____以及良好的_____。

10. 电控喷油器中由电磁阀直接控制喷油_____、喷油_____和喷油_____，从而直接控制_____、_____和_____。电控喷油器实际上完成了传统喷油装置中的_____、_____和_____的功能。

二、简答题

1. 简述燃油系统的基本作用。
2. 简述燃油压力控制阀的作用。
3. 简述电控喷油器的工作过程。
4. 简述高压共轨管的作用。

三、综合题

1. 绘制电子控制系统的基本作用示意图，简述主要控制项目。
2. 绘制高压油泵工作示意图，简述高压油泵工作过程。
3. 绘制 6DL1 柴油机电控系统的电路图，列出 ECU 针脚功能。
4. 绘制 4DL1 柴油机电控系统的电路图，列出 ECU 针脚功能。

项目四

柴油机电控系统电路分析与检测

本项目主要了解和掌握柴油机电控系统电路结构、工作原理以及电路检测，分为三个任务进行学习。

任务1　ECU 电源电路

任务2　信号传输电路

任务3　执行器电路

 参考学时及教学建议

本项目总学时为20学时，其中：理论教学为10学时，实践教学为10学时。

理论教学充分利用多媒体辅助教学的优势，通过生动、形象的图片、动画视觉效果，激发学生的学习兴趣；结合整车实训车辆、柴油发动机试验台架，演示、讲解，调动学生学习的积极性；尽可能多地创造学生动手参与、师生互动的学习氛围；体现教师为主导、学生为主体的教学原则；紧紧围绕"理实一体化"教学模式，使学生在边听、边看、边动的氛围中，真正掌握维修必备知识。

理论知识坚持"够用为度"，重点内容精讲细讲，不求多而全，力求少而精，注重方法传授，培养学习能力。

实践技能坚持"实用为主"，注重示范、强调规范、突出操作、体现动手，像师父带徒弟一样，传授操作技能与维修技巧。

任务1　ECU 电源电路

学习目标：

1. 了解 ECU 电源电路正常工作的必备条件
2. 熟悉 ECU 电源电路主要构成要素的作用
3. 掌握 ECU 电源电路常见电路形式及工作原理
4. 掌握 ECU 电源电路的检查方法

学习内容：

1. 无主继电器的 ECU 电源电路

2. 有主继电器的 ECU 电源电路

3. ECU 电源电路的检查

ECU 电源电路是发动机电控系统正常工作的前提保障。ECU 电源的控制电路大体有两种形式，一种是无主继电器的 ECU 电源电路，另一种是有主继电器的 ECU 电源电路；主继电器在一些车辆上称为上电继电器，在有些车辆上它还包括燃油泵的控制功用。

无论哪种控制方式，在 ECU 上必须满足常电源供电、点火供电以及搭铁回路。其中，常电源供电的主要作用是故障记忆或兼功率用电；点火供电的主要作用是对 ECU 的唤醒。

正常情况下，接通点火开关，ECU 要进行自检，故障指示灯应点亮 3~5s 再熄灭，同时 ECU 会输出各传感器、信号开关的工作电压（大多为 5V），以及为相关执行器提供工作电源（12V 或 24V），这说明 ECU 供电基本正常。

4.1.1 无主继电器的 ECU 电源电路

图 4-1 所示为博世公司 6DF3 和 6DL2 柴油机电控共轨燃油系统电控单元 ECU 电源电路。

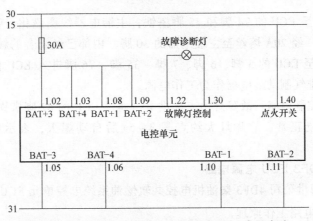

图 4-1 6DF3/6DL2 柴油机电控系统 ECU 电源电路

接通点火开关，蓄电池正极（30）电源由电控单元 1.40 脚进入 ECU 作为唤醒信号，ECU 内部电路工作，点亮故障诊断灯，此时为自检，若电控系统没有故障存在，故障诊断灯在 3~5s 后自动熄灭，表示电控单元电源供电正常，ECU 提供给其他传感器、执行器的电源或搭铁同时也输出。

4.1.2 有主继电器的 ECU 电源电路

1. 电装公司 4DL1 和 6DL1 ECU 电源电路

图 4-2 所示为电装公司 4DL1 和 6DL1 柴油机电控共轨燃油系统电控单元 ECU 电源电路。

电控单元 ECU 电源电路工作原理：

接通点火开关，点火供电经 5A 熔丝送入电控单元 ECU 的 46 脚和 56 脚，作为电控单元 ECU 的唤醒信号，ECU 内部电路工作，通过 ECU 的 74 脚和 75 脚输出主继电器控制（搭铁）信号。同时，由 ECU 的 82 脚输出故障灯控制（搭铁）信号。

主继电器工作情况。控制电路：蓄电池常电源（30）经 20A 熔丝至主继电器的 85 脚，

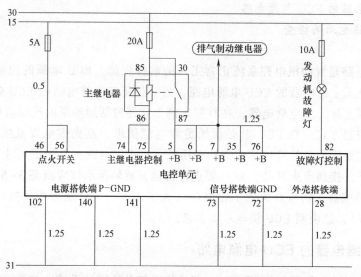

图 4-2　4DL1/6DL1 柴油机电控系统 ECU 电源电路

由主继电器的 86 脚至 ECU 的 74 脚和 75 脚搭铁，主继电器线圈磁化，吸合触点。主电路：蓄电池常电源（30）经 20A 熔丝至主继电器的 30 脚，内部已经闭合的触点，由主继电器的 87 脚输出，分别送至 ECU 的 5 脚、6 脚、7 脚、35 脚、76 脚进入 ECU 内部作为 ECU 工作电源，同时提供给排气制动继电器作为工作电源。

发动机故障灯控制电路：故障灯由点火供电，通过 ECU 的 82 脚搭铁，在接通点火开关后进行自检，若系统正常，故障灯大约点亮 3~5s 后自动熄灭，表示电控单元电源供电正常。

2. 博世公司 4DF3 ECU 电源电路

图 4-3 所示为博世公司 4DF3 柴油机电控共轨燃油系统电控单元 ECU 电源电路。

（1）ECU 电源电路工作原理

接通点火开关，点火供电经 7.5A 熔丝送入 ECU 的 K28 脚，作为电控单元 ECU 的唤醒信号，ECU 内部电路工作，通过 ECU 的 K72 脚输出主继电器控制（搭铁）信号。同时，由 ECU 的 K55 脚输出故障灯控制（搭铁）信号。

（2）主继电器工作情况

控制电路：蓄电池常电源（30）经主继电器的 86 脚，经过继电器线圈，由主继电器的 85 脚连接至电控单元 ECU 的 K72 脚，由 ECU 的内部搭铁，主继电器线圈通电，吸合触点。主电路：蓄电池常电源（30）

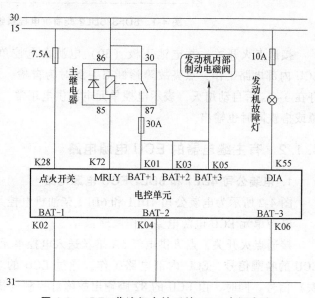

图 4-3　4DF3 柴油机电控系统 ECU 电源电路

至主继电器的 30 脚，内部已经闭合的触点，由主继电器的 87 脚输出，分别送至 ECU 的 K01、K03、K05 脚进入 ECU 内部，作为 ECU 的工作电源，同时提供给发动机内部制动电磁阀的工作电源。

发动机故障灯控制电路：故障灯由点火供电，通过 ECU 的 K55 脚搭铁，在接通点火开关后进行自检，若系统正常，故障灯大约点亮 3~5s 后自动熄灭，表示电控单元电源供电正常。

4.1.3 电控单元 ECU 电源电路的检查

电控单元 ECU 电源电路是整个电控系统工作的前提，根据不同的故障现象对电控单元 ECU 电源电路要进行检查。ECU 电源电路一般分为有主继电器和无主继电器两种电路形式，无论哪一种电路形式，它们的共同特点就是在 ECU 电源电路正常的情况下，接通点火开关后故障指示灯会点亮，并在自检结束后自动熄灭，这个过程大约有 3~5s 的时间，这就给驾驶人一个提示，电控系统基本正常。对于修理人员来说，在检修故障时也要很好地利用这个自检功能。

在检修故障车辆时，有时会遇到接通点火开关后故障指示灯不亮的情况，这时就有必要对 ECU 电源电路进行检查。除了了解 ECU 电源电路的控制方式外，还必须掌握电路的检查方法，下面以电装公司 4DL1 和 6DL1 电控系统为例，介绍一些常用的检查方法，ECU 电源电路如图 4-2 所示。

1. 故障指示灯及线路的检查

故障指示灯一般位于组合仪表板内，故障指示灯的一端一般与其他仪表或指示灯共用一个供电电源，导致故障指示灯不亮的原因一般有仪表电源没有供电，这种故障可以通过其他仪表或指示灯的工作情况进行确认，这种故障的可能性不大；另一种原因是故障指示灯本身损坏，但由于故障指示灯工作时间短、且工作电流小，一般不易损坏；还有就是故障指示灯线路故障，导致故障指示灯不亮，这种情况也不多见；而由于电控单元没有输出，导致故障指示灯不亮的情况却是较为多见的。

故障指示灯不亮的检查方法：

在关闭点火开关的情况下，将 ECU 线束插头拔下，如果有电路图或熟悉此车型电路，知道故障指示灯是由 ECU 的 82 脚控制，可将测试灯的一端搭铁，另一端触碰 ECU 线束插头的 82 脚，如图 4-4 所示，接通点火开关后，若故障指示灯点亮（光暗），说明故障指示灯以及线路正常，若故障指示灯不亮，则可从 ECU 线束插头 82 脚至故障指示灯的相关线路查找。如果没有电路图或不熟悉该车型电路，可将测试灯一端搭铁，用另一端在 ECU 线束插头上逐个针脚触碰，若某个针脚触碰时，故障指示灯点亮，即可认为该针脚即为故障指示灯控制端。检查故障指示灯正常与否，主要目的是要确认 ECU 有无故障指示灯控制输出，进而确认 ECU 电源供电情况。

2. ECU 点火供电的检查

若故障指示灯线路正常，而故障指示灯不亮，一般是 ECU 没有得到点火供电或 ECU 搭铁断路所致，点火供电检查方法如图 4-5 所示。

在关闭点火开关的情况下，将 ECU 线束插头拔下，将测试灯的一端搭铁，如果知道 ECU 点火供电是 46 脚或 56 脚，直接将测试灯的另一端触碰 46 脚或 56 脚，测试灯能点亮说明点火供电正常，否则，应查找相关熔丝或供电线路。

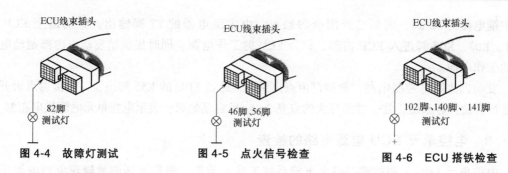

图 4-4　故障灯测试　　　图 4-5　点火信号检查　　　图 4-6　ECU 搭铁检查

3. ECU 搭铁的检查

在确认 ECU 点火供电正常的情况下，故障指示灯仍然不亮，就要检查 ECU 的搭铁情况，如果了解电路，知道 ECU 的搭铁端子，可找一个电源正极或直接将测试灯的一端连接于已知的 ECU 点火供电端子，另一端在已知的 ECU 的搭铁端触碰，如图 4-6 所示，若测试灯点亮，说明 ECU 搭铁正常，否则，应查找 ECU 相关线路。

4. 主继电器电路的检查

在确认 ECU 点火供电、搭铁正常的情况下，故障指示灯仍然不亮，应该检查主继电器的工作情况，主继电器的工作除了了解主继电器的控制方式外，还应该了解继电器的结构与工作原理。

（1）继电器的工作原理

电磁继电器由线圈与触点（金属）组成；通过线圈通电产生的磁力，吸合（吸动）触点，利用了小电流（线圈电流）控制大电流（触点电流）的控制原理，有效地保护了开关或控制单元（内部晶体管），因而继电器控制电路在汽车上得到了广泛应用。

车用电磁继电器一般有常开型和混合型两种，如果是通用型继电器，在继电器的插脚处会有数字标注，如图 4-7 所示。

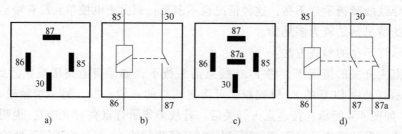

图 4-7　通用型电磁继电器

a）常开型继电器端子图　b）常开型继电器原理图　c）混合型继电器端子图　d）混合型继电器原理图

85、86—继电器电磁线圈　30—公共端子　87—常开触点　87a—常闭触点

另外，还有专用继电器，虽然端子标注不一样，但同样符合电磁继电器的所有参数和工作原理。

继电器的检查要做两项工作。一是检查静态参数，对于 12V 的继电器电磁线圈的电阻值，一般为 80Ω 左右；对于 24V 的继电器电磁线圈的电阻值，一般为 200～300Ω，如图 4-8 所示。

若是常开型继电器则要检查 30 与 87 是否处

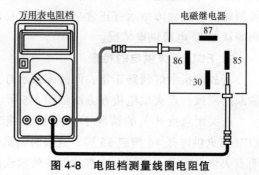

图 4-8　电阻档测量线圈电阻值

于断开状态，若是混合型继电器应检查 30 与 87a 是否处于导通状态，如图 4-9 所示。

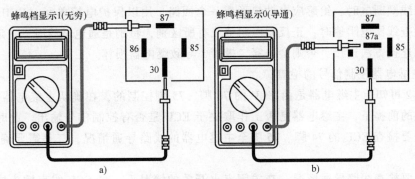

图 4-9　继电器触点的检查

a) 30 与 87　b) 30 与 87a

　　二是检查动态情况，即电磁线圈通电后，触点是否动作，若是常开型继电器，30 与 87 应处于导通状态；若是混合型继电器，30 与 87a 应该断开，30 与 87 应该闭合，如图 4-10 所示。

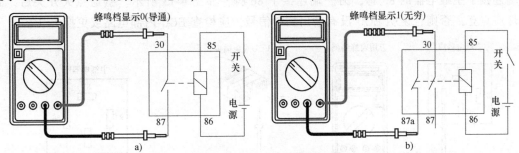

图 4-10　继电器的通电检查

a) 30 闭合　b) 30 与 87a 断开

　　利用测试灯也可很方便地对继电器进行检查。图 4-11a 所示为常开型继电器的测试方法，按照电路图将测试灯与继电器连接好，将开关闭合后，测试灯应点亮，说明继电器工作正常；图 4-11b 所示为混合型继电器的测试方法，按照电路将测试灯连接于 87a 脚与电源负极之间，此时测试灯应点亮，说明常闭触点正常，将开关闭合后，测试灯应熄灭，随后将测试灯改接在 87 脚上，测试灯能够点亮，说明继电器工作正常，将开关频繁接通与断开，再将测试灯频繁地在 87a 脚与 87 脚之间变换，则可看到测试灯闪烁的情况。

　　需要特别注意的是，主继电器有时装用的是普通继电器，有时确实是图 4-11 中所示的

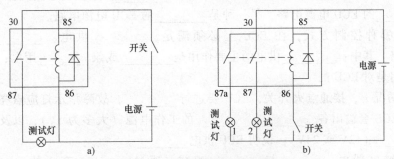

图 4-11　继电器通电检查（测试灯）

a) 常开型继电器　b) 混合型继电器

具有保护功能的特殊继电器，继电器内部与电磁线圈反向并联一个二极管（续流二极管），其作用是当线圈断电时，给感应电动势形成一个回路，用以保护电控单元（ECU），所以在用万用表检查线圈电阻值时，正反向电阻值或有所区别，特别是通电试验时，一定要严格按照原电路的连接方法连接，否则会击穿二极管，导致继电器损坏。

（2）主继电器控制信号的检查

从图 4-2 可知，主继电器是由 ECU 的 74 脚、75 脚控制的，在确认主继电器的 85 脚已有电源正极的前提下，主继电器是否工作取决于 ECU 是否有控制信号输出。此时应做两种检查，一是要检查 ECU 的 74 脚、75 脚至主继电器的线路导通情况，二是需要确认 ECU 是否有输出。

首先，要检查线路导通情况，在关闭点火开关的情况下，将 ECU 线束插头拔下，用万用表蜂鸣档检查 ECU 的 74 脚、75 脚至主继电器的 86 脚的导通情况，正常情况万用表在蜂鸣器鸣响的同时应显示为 0（导通），否则应检查相关的线路连接，如图 4-12 所示。

确认主继电器与 ECU 控制端子线路正常的情况下，将 ECU 线束插头恢复，把测试灯的一端连接于主继电器的 85 脚，另一端连接于 86 脚，如图 4-13 所示。接通点火开关后，测试灯应点亮，否则，说明 ECU 没有输出控制信号，应检查 ECU 内部电路或更换 ECU。

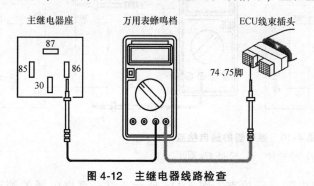

图 4-12　主继电器线路检查

图 4-13　主继电器
控制信号的检查

练习与思考

一、填空题

1. ECU 电源电路是发动机电控系统正常工作的_____。其控制电路大体有两种形式，一种是_____的 ECU 电源电路，另一种是_____的 ECU 电源电路。

2. 无论哪种控制方式，在 ECU 上必须满足，_____供电、_____供电以及_____回路。其中：_____供电的主要作用是_____或兼_____用电；_____供电的主要作用是对 ECU 的_____。

3. 正常情况下，接通点火开关，ECU 要进行_____，故障指示灯应点亮_____并熄灭，同时 ECU 会输出各_____、_____的工作电源（大多为 5V），以及为相关执行器提供_____（12V 或 24V），说明 ECU 供电_____。

4. 电磁继电器由_____与_____组成；通过_____产生的_____，吸合_____，利用了_____控制_____的_____原理，有效地保护了_____或

_____，因而继电器控制电路在汽车上得到了_____应用。

5. 继电器的检查要做_____工作。一是检查_____参数，对于 12V 的继电器电磁线圈的电阻值一般为_____Ω 左右，24V 的继电器电磁线圈的电阻值一般为_____Ω 左右。二是检查_____情况，即电磁线圈通电后，_____是否动作。

6. 继电器内部与电磁线圈_____并联一个二极管（_____），其作用是当线圈_____时，给形成一个回路，用以保护_____。

二、简答题

1. 简述电控系统 ECU 电源电路正常工作的必备条件都有哪些？电路中各构成要素的主要作用有哪些？

2. 简述电控系统 ECU 电源电路工作过程。

三、综合题

1. 绘制一个无主继电器的 ECU 电源电路（图 4-1），回答如下问题：

1）列表记录 ECU 各针脚定义。

2）分析、简述电路工作过程。

2. 绘制一个有主继电器的 ECU 电源电路（图 4-2），回答如下问题：

1）列表记录 ECU 各针脚定义。

2）分析、简述电路工作过程。

3. 绘制图 4-3 电路图，完成以下工作：

1）分析电路，分别列出主继电器不工作、故障灯不亮的原因有哪些？

2）用图示方法简述主继电器不工作的检查过程。

3）用图示方法简述发动机故障指示灯不亮的检查过程。

4. 绘制图 4-11b 电路，回答如下问题：

1）按照电路图连接相关器件，开关断开时会出现什么情况？

2）按照电路图连接相关器件，开关闭合后会出现什么情况？

3）按照电路图连接相关器件，若开关频繁接通、断开会出现什么情况？

任务 2 信号传输电路

学习目标：

1. 了解信号装置与 ECU 的连接电路

2. 熟悉信号装置的工作条件

3. 掌握信号装置及电路的检查方法

学习内容：

1. 电装公司信号传输电路

2. 博世公司信号传输电路

3. 传感器电路的检查

4. 开关电路的检查

4.2.1 电装公司信号传输电路

1. 主要传感器电路

图 4-14 所示为电装 6DL1 柴油机电控系统主要传感器电路，传感器电源（VCC）均由电控单元提供。其中，冷却液温度、进气温度、燃油温度和 PTO 加速踏板位置传感器采用了公共传感器搭铁（接地端），一旦公共搭铁端断路，几个传感器都不能工作。

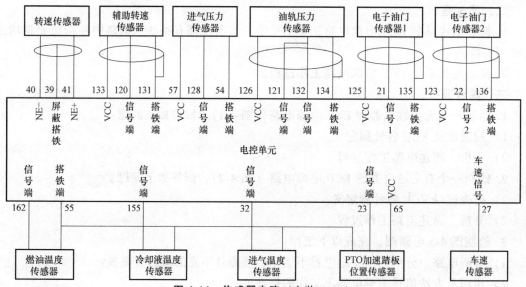

图 4-14 传感器电路（电装 6DL1）

2. 辅助开关信号电路

图 4-15 所示为电装 6DL1 柴油机电控系统辅助开关信号电路，电路图上半部分开关的输入端，都是来自主继电器的输出，即蓄电池电压，对电控单元均为开关信号；电路图下半部分的开关则是直接搭铁，对电控单元同样为开关信号，只是极性为负极。

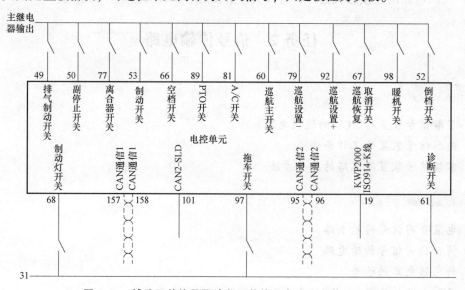

图 4-15 辅助开关信号及诊断开关信号电路（电装 6DL1）

4.2.2　博世公司信号传输电路

1. 主要传感器电路

图 4-16 所示为博世 6DF3/6DL2 柴油机电控系统主要传感器电路，各个传感器的工作电源均受电控单元独立控制，外电路互不相关。

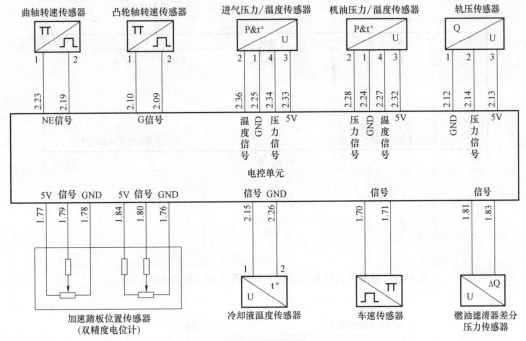

图 4-16　传感器电路（博世 6DF3/6DL2）

2. 辅助开关信号电路

图 4-17 所示为博世 6DF3/6DL2 柴油机电控系统辅助开关信号电路，开关分为三个电源，均由电控单元提供，其中电控单元 1.04 和 2.03 端子输出的 V2 和 V4 为正极性电源（24V），电控单元 1.29 端子输出的 V3 为内部搭铁。

4.2.3　传感器电路的检查

传感器在发动机电子控制系统中，随时监测发动机及车辆的有关运行状态，将温度、压力、负荷、转速等工作状态通过电信号的方式传输给电控单元 ECU，为喷油时刻和喷油量提供精确信息。参照图 4-14 和图 4-16 给出的电路，按输出信息的性质，传感器可分为开关型、模拟型和数字型，根据传感器的工作原理和检测方法，可分为温度传感器、电磁式传感器、霍尔式传感器、电位计式传感器和电子式传感器几个类型。

1. 温度传感器的检查

车辆上的温度传感器大多采用负温度系数的热敏电阻，受温度影响，电阻值发生变化，温度高时电阻值小，反之，电阻值大，以冷却液温度传感器为例。在电控电路中温度传感器是 ECU 内部分压电路的一部分，工作时利用温度传感器电阻值的变化，改变内电路的电压，ECU 就是利用这一变化来感知发动机冷却液的温度，用以控制燃油系统的喷油增量，冷却液温度传感器电路原理如图 4-18 所示。

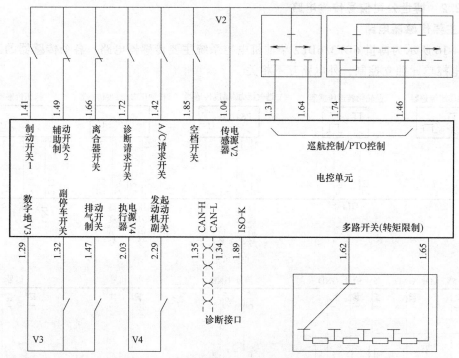

图 4-17　辅助开关信号及诊断开关信号电路（博世 6DF3/6DL2）

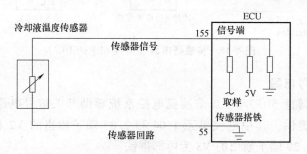

图 4-18　冷却液温度传感器原理图（电装 6DL1）

冷却液温度传感器在电控系统电路中需要进行静态和动态两种检查。

（1）静态检测

静态即传感器本身电阻值与温度变化的关系、传感器与 ECU 之间的线路连接。

传感器电阻值正常与否可用万用表电阻档进行测量。就车检查时，关闭点火开关，拔下冷却液温度传感器线束插接器，用高阻抗万用表电阻档，两表笔分别触接传感器两个插脚，观察电阻值与温度的关系，作为粗略的检查；需要进一步确定时，可按照图 4-19a 所示进行检查，关闭点火开关，拔下传感器线束插接器，拆下冷却液温度传感器，将传感器置于烧杯中，加热杯中的水，同时用万用表电阻档测量不同温度条件下传感器两插脚之间的电阻值变化，然后将所测得值与标准值比较，如果不符合标准，则应更换冷却液温度传感器，表 4-1所列为冷却液温度传感器电阻值与温度的关系。

冷却液温度传感器线束插接器与 ECU 之间的线路检查如图 4-19b 所示。关闭点火开关，将冷却液温度传感器从线束拔下，再将 ECU 线束插头拔下，用万用表蜂鸣档测量其线路导

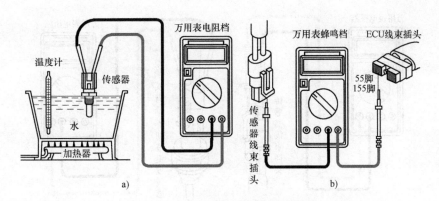

图 4-19 冷却液温度传感器静态检查

a) 电阻值检查 b) 线路检查

通情况。用万用表的一个表笔分别连接于 ECU 线束插头的 55 脚和 155 脚（表笔线长度不够，可连接延长线），另一个表笔分别连接于冷却液温度传感器线束插接器的两个插座，测量结果是蜂鸣器应鸣响，同时显示屏为 0（或接近 0），说明线路正常，否则，应查找线路故障。

表 4-1 冷却液温度与冷却液温度传感器电阻值的关系

温度/℃	电阻值/kΩ	温度/℃	电阻值/kΩ
-40	40.49~50.13	25	1.94~2.17
-30	23.58~28.64	40	1.11~1.23
-20	14.09~16.82	60	0.57~0.61
-10	8.64~10.15	80	0.31~0.33
0	5.46~6.32	100	0.18~0.19
20	2.35~2.64	120	0.10~0.11

（2）动态检测

动态即检查传感器侧信号端子的参考电源，以及信号电压与温度的关系。

在确认传感器与 ECU 之间的线路连接正常的情况下，关闭点火开关，将 ECU 线束插头恢复，冷却液温度传感器保持断开状态，在冷却液温度传感器线束插接器侧，用万用表电压档测量两插座之间是否有 5V 参考电源，如图 4-20a 所示。接通点火开关，有 5V 参考电源为正常，否则，为 ECU 内部故障或 ECU 没有工作。关闭点火开关，将冷却液温度传感器恢复，用背插式方法检查传感器温度与信号电压的关系，所测得电压值应与冷却液温度反比变化，如图 4-20b 所示，传感器在各种温度下的信号电压值见表 4-2。

表 4-2 冷却液温度与冷却液温度传感器信号电压的关系

温度/℃	信号电压/V	温度/℃	信号电压/V
-30	4.02	40	1.50
-20	3.66	50	1.22
-10	3.30	60	0.94
0	2.94	70	0.66
10	2.58	80	0.38
20	2.22	90	—
30	1.86	100	—

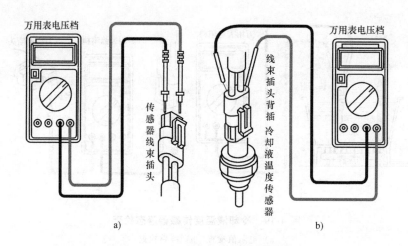

图 4-20 冷却液温度传感器动态检查

a）测量 5V 参考电压 b）测量信号电压

2. 电磁式传感器的检查

电磁式传感器在电控系统中常用于曲轴位置、凸轮轴位置、车速和转速传感器，传感器电路如图 4-21 所示。

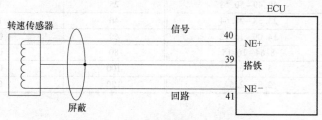

图 4-21 转速传感器电路（电装 6DL1）

电磁式传感器是由永久磁铁和绕制在永久磁铁上的电磁感应线圈等组成的，安装在能够检测曲轴或凸轮轴（或其他转动的轴）的地方，当轴转动时，齿轮与感应线圈的磁头之间的间隙发生变化，导致通过感应线圈的磁场发生变化而产生感应电动势。轮齿靠近及远离磁头时，将产生一次增减磁通的变化，所以每个轮齿通过磁头时，都将在感应线圈中产生一个完整的交流电压信号。

下面以转速传感器为例介绍其静态和动态的两种检查方法。

（1）静态检测

电磁式传感器静态时需要检查其线圈阻值、绝缘程度以及传感器与 ECU 的线路连接情况。电磁线圈阻值用万用表电阻档就可测量，其线圈阻值因车型不同会有区别，一般以 1000Ω 作为经验参数，如图 4-22a 所示；绝缘程度的检查选用数字式万用表兆欧级量程，表笔的一端连接传感器金属外壳，另一个表笔连接传感器的任意一脚，测量结果万用表应显示为 1，或用指针式万用表的 10kΩ 档，测量结果应为无穷大（表针基本不动），如图 4-22b 所示；线路检查即传感器与 ECU 之间的导通情况，选用万用表蜂鸣档，分别测量 ECU/39 脚、40 脚、41 脚与对应的转速传感器线束插接器的各个插座的导通情况，正常情况下蜂鸣档应鸣响显示屏数字为 0，如图 4-23 所示。

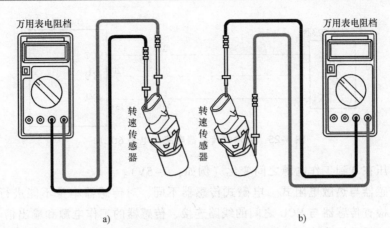

图 4-22 转速传感器的静态检查

a) 传感器电阻值检查 b) 传感器绝缘检查

（2）动态检测

电磁式传感器动态检查主要是指发动机工作时是否有信号电压输出。也就是说无论是曲轴、凸轮轴还是其他转动的轴，电磁式传感器的信号电压都和转速成正比关系，信号电压常用的检查方法是：电控系统电路连接正常的情况下，用万用表交流电压档，将两个表笔用背插式方法连接于传感器的线束插头，设法转动发动机，会有交流电压显示，转速越高，信号电压越高，如图 4-24 所示。

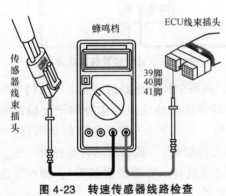

图 4-23 转速传感器线路检查

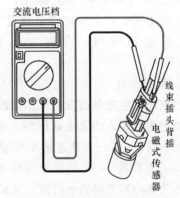

图 4-24 转速传感器信号电压测试

3. 霍尔式传感器的检查

霍尔式传感器在发动机电控系统中大多用于曲轴位置或凸轮轴位置传感器，一般安装在曲轴或凸轮轴齿轮的外缘上。传感器的内部由永久磁铁、霍尔集成电路和导磁板等组成，传感器头与齿轮的齿顶留有一定的间隙，利用霍尔效应的原理，转动的齿轮与传感器的头之间的间隙改变，传感器内部永久磁铁的磁通会发生变化，这时会产生霍尔电压，将霍尔元件间隙产生的霍尔电压经霍尔集成电路放大整形后，即向 ECU 输送电压脉冲信号，霍尔式传感器的电路如图 4-25 所示。

（1）静态检查

霍尔式传感器上大多数有"+、-、0"标注，明确各端子的功能。"+、-"表示传感器的工作电压，电控系统传感器的工作电源一般为 5V、12V，目前采用 5V 的较多；"0"表示

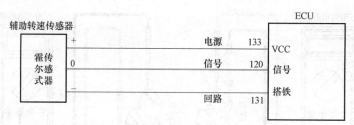

图 4-25　霍尔式传感器电路（电装 6DL1）

信号，信号电压在 0 到工作电源之间变化（例如：0~5V）。

　　霍尔式传感器与热敏电阻式、电磁式传感器不同，对传感器本身不能进行电阻档的测量，所以重点检查传感器与 ECU 之间的线路连接、传感器的工作电源和输出信号。

　　霍尔式传感器的线路检查主要是传感器线束插头与 ECU 线束插头之间线路的导通情况，检查时将点火开关关闭，拔下传感器与 ECU 的线束插头，用万用表的蜂鸣档对传感器与 ECU 之间的连接线路分别进行导通检查，正常情况下传感器侧与 ECU 侧的导线在蜂鸣器鸣响的同时，应显示为 0 或接近 0，否则应查找相关线路连接，找到并排除故障，检查方法如图 4-26 所示。

　　霍尔式传感器工作电源的检查，关闭点火开关，拔下传感器线束插头，接通点火开关，用万用表直流电压档在传感器线束插头（标注+、−的插孔）上测量其工作电源，正常时应符合规定的工作电源电压等级，检查方法如图 4-27a 所示。

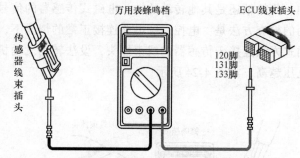

图 4-26　霍尔式传感器线路检查

（2）动态检查

　　信号电压的检查是指发动机工作或曲轴转动时，在霍尔式传感器信号线上产生的电压变化。检查时用万用表的直流电压档，将某一表笔背插在传感器线束的信号端子（输出有时为正有时为负），另一表笔连接于传感器的电源正极（或负极），若是曲轴转动得慢一些，可在电压表上看到 0~5V 的脉冲信号（即 0V 与 5V 之间变化），若是曲轴转动得快一些，万用表显示为 0~5V 之间的平均值，这是粗略的检查（在没有示波器的情况下），检查方法如

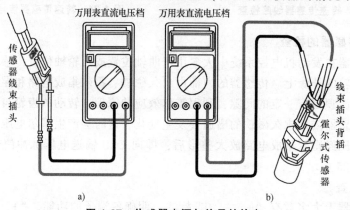

图 4-27　传感器电源与信号的检查

a）传感器工作电源的检查　b）传感器信号电压的检查

图 4-27b 所示。

特别注意：

霍尔传感器共有两种极性的输出，可能输出为正极性，可能输出负极性。检测时，若将红表笔背插在信号线，黑表笔搭铁，发动机转动时观察到有脉动的信号电压，则说明该传感器输出为正极性；若将黑表笔背插在信号线，红表笔连接正极，发动机转动时观察到有脉动的信号电压，则说明该传感器输出为负极性。

若仅初步确认传感器有无输出、输出极性，还可以按上述方法用 LED 测试灯进行检测，在发动机转动时，特别是发动机转速很低时，能明显观察到 LED 测试灯的闪烁。

4. 电位计式传感器的检查

电位计式传感器在柴油电控系统中可用于加速踏板位置传感器或远程油门控制，下面以加速踏板位置传感器为例介绍其工作情况。电位计式传感器内部主要由滑动触头和电阻器组成，驾驶人踩踏加速踏板时，通过一些联动机构使滑动触头改变在电阻器上的位置，电阻器的电阻值发生变化，引起施加在电阻器上的电压变化，不同的加速踏板行程，电位计的电阻值也不同，从而将加速踏板行程的变化转变为电压信号输送给 ECU，ECU 通过加速踏板位置传感器可以获得油门行程的多少和连续变化的电压信号，以及变化速率，从而精确地判断发动机的运行工况，配合其他传感器的信号，对喷油器的喷油量进行控制，加速踏板位置传感器电路如图 4-28 所示。

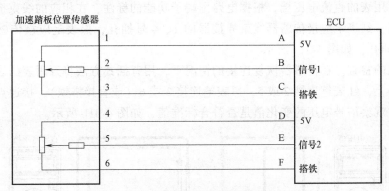

图 4-28 加速踏板位置传感器（电位计式）

（1）静态检查

加速踏板位置传感器的静态检查，主要是传感器本身电位计的电阻值是否为线性变化、是否与标准值相符，以及传感器与 ECU 之间线路的导通情况。

传感器电阻值的检查。可用万用表电阻档，在关闭点火开关的状态下，将传感器线束插头拔下，用万用表的两个表笔按照图 4-29 所示的方法，分别检查传感器的固定电阻值（1 与 3；4 与 6）和传感器动作时可变电阻的线性变化（1 与 2 或 2 与 3；4 与 5 或 4 与 6），正常情况下，固定电阻和可变电阻线性

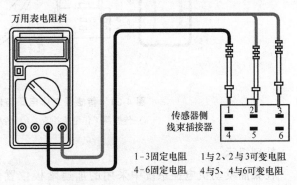

图 4-29 传感器电阻值的检查

变化应与标准值相符，否则，应将其更换。

传感器线路的检查。可采用万用表蜂鸣档，关闭点火开关，拔下传感器和ECU线束插头，表笔的一端连接传感器侧的线束插孔，另一表笔触碰ECU侧的线束插座，对传感器与ECU之间的每条导线进行检查，正常情况下导线的导通应该在蜂鸣器鸣响的同时，显示屏显示为0或接近0，具体方法如图4-30所示。

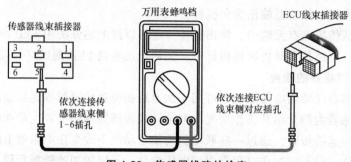

图4-30　传感器线路的检查

（2）动态检查

加速踏板位置传感器的动态检查主要是传感器的工作电源和踩下加速踏板时的信号电压。

传感器工作电源的检查。在关闭点火开关的情况下将传感器线束插头拔下，然后接通点火开关，用万用表的直流电压档，根据电路图端子功能的标注，在相应的线束插座检查工作电源是否正常，红表笔应接传感器线束插接器的1、4号插孔，黑表笔应接传感器线束插接器的3、6号插孔，如图4-31a所示。

信号电压的检查。在传感器恢复连接的情况下，用背插式方法将万用表的表笔连接于传感器线束插头上，红表笔连接2或5，黑表笔连接3或6（或直接搭铁），接通点火开关，踩下加速踏板，观察信号电压的变化值是否符合标准值，如图4-31b所示。

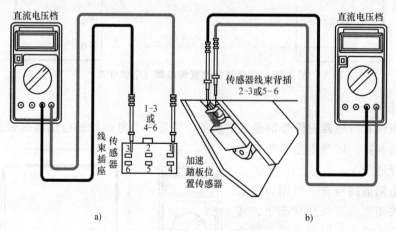

图4-31　传感器工作电源与信号电压的检查

a）传感器工作电源检查　b）传感器信号电压检查

特别提示：

在柴油发动机电控系统中采用的加速踏板位置传感器已有相当部分采用了霍尔式（线性）加速踏板位置传感器。它相比电位计式最大的优点是传感器工作时无接触点、无摩擦，利用霍尔效应原理，通过踏板联动机构改变传感器内磁铁与霍尔元件的相对距离（磁感应强度），使霍尔元件发生电压变化，经过内部电子电路放大，输出线性电压信号。

图 4-32 所示为霍尔式加速踏板位置传感器的结构。

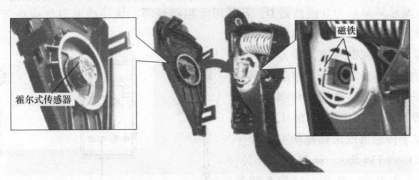

图 4-32 霍尔式加速踏板位置传感器结构

图 4-33 所示为霍尔式加速踏板位置传感器内部电路。

在柴油电控发动机电路图中，有些车型的加速踏板位置传感器内部没有出现任何提示，有些则出现了电位计电路，但不一定是真的采用了电位计，只不过是提示该传感器可以按照电位计的工作原理去理解，所以在检查加速踏板位置传感器时，霍尔式传感器是不检查静态阻值的，除此之外，其他检查方法相同。

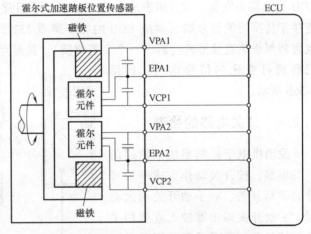

图 4-33 霍尔式加速踏板位置传感器电路

5. 电子式传感器的检查

电子式传感器是众多传感器的统称，不同于热敏电阻、电位计和电磁式传感器，这种划分不一定准确，但在性能检查方面却有许多共同的特点。电子式传感器一般为三个端子，即传感器电源、传感器搭铁和信号端子。例如，空气流量传感器、进气压力传感器、共轨压力传感器等，都不能做传感器本身的静态检查，只能通电检查。下面以共轨压力传感器为例介绍电子式传感器的检查方法，图 4-34 所示为共轨压力传感器的电路原理图。

图 4-34 共轨压力传感器电路原理图（电装）

电子式传感器的检查主要是线路检查、工作电源检查和信号电压的检查。

线路检查的方法是，关闭点火开关，将传感器和ECU分别从线束插头上拔下，用万用表蜂鸣档，表笔的一端接传感器线束插座，另一表笔接ECU的线束插座，按照线路连接的对应关系，对线路导通情况进行检查，正常情况下，传感器侧至ECU侧的线路在蜂鸣器鸣响的同时，显示屏显示为0或接近0；若采用电阻档检测，该导线电阻值应小于0.5Ω。否则，应检查相关线路，如图4-35所示。

传感器工作电源的检查。将点火开关关闭，拔下传感器线束插头，接通点火开关，将万用表的红表笔连接于传感器线束插座的电源端子（对应ECU的126脚），黑表笔连接于传感器线束插座的搭铁端子（对应于ECU的134脚），接通点火开关，一般为5V工作电源，否则，应检查相关线路或ECU，如图4-36a所示。

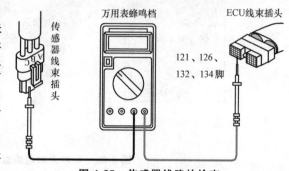

图4-35 传感器线路的检查

传感器信号电压的检查。将传感器、ECU线束插头恢复，用万用表的直流电压档，采用背插式的方法，将红表笔、黑表笔分别连接于传感器的信号端（对应ECU的121脚或132脚）和搭铁端（对应ECU的134脚），也可将黑表笔直接搭铁（减少一个表笔背插），接通点火开关，在发动机不同的负荷下，可观察到可变化的信号电压，如图4-36b所示。

4.2.4 开关电路的检查

发动机电子控制系统中使用的开关很多，按开关动作方式一般可分为手动开关、非手动开关两大类型，手动开关即由驾驶人直接用手操作的开关，非手动开关即通过温度、压力或机械作用动作的开关。按开关内部电器结构一般分为单触点和多触点开关；按开关的工作状态分为常开型、常闭型和混合型；按开关的操作分为档位开关和选择开关。下面以档位开关和选择开关为例，分别加以介绍。

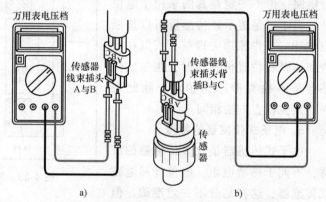

a)   b)

图4-36 传感器工作电源与信号电压的检查

a）传感器工作电源的检查 b）传感器信号电压的检查

1. 档位开关

（1）单触点开关

单触点开关在电控系统中用途很广，有常开型和常闭型，开关输送的信号有电源正极或电源负极，电路如图4-37所示。

开关性能的检查方法。在开关断电且线束插头拔下的情况下，用万用表蜂鸣档，两个表笔分别触接开关的两端，若是常开型开关，静态时开关两端呈断路状态，万

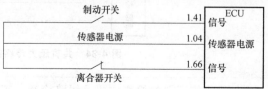

图4-37 单触点开关电路（博世）

用表蜂鸣档不鸣响，显示屏显示为 1（表示断路）；动作时为闭合状态，万用表蜂鸣器鸣响的同时，显示屏显示 0 或接近 0（表示导通）。若是常闭型开关，静态时称通路状态，两个表笔触接开关两端子时蜂鸣器鸣响，显示屏显示为 0 或接近 0；动作时为断路状态，两表笔触接开关两端子时万用表蜂鸣器不鸣响，同时显示屏显示为 1（表示断路），如图 4-38 所示。

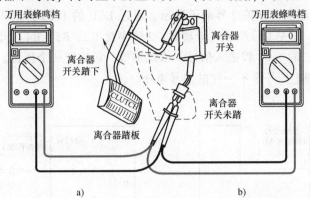

图 4-38　常闭型离合器开关的性能检查

a）踏下离合器开关（断开）　b）未踏下离合器开关（闭合）

开关电源极性也就是开关的输入端的检查。开关的输入一般有正极性的电源（12V 或 24V）、电源搭铁，还有可能是 ECU 提供的正极性的传感器电源（5V、12V、24V）或由 ECU 提供负极性的传感器搭铁等，用万用表电压档进行确认。

将万用表的黑表笔搭铁，红表笔触接开关线束插头的任意一脚，接通点火开关前有电源电压，说明开关输入为常火，接通点火开关后有电源电压显示，开关输入即为点火供电，若是接通点火开关后显示为 5V 即为 ECU 提供，这样可确认开关输入电源还可以确认开关输入端子；若是上述检查未发现开关输入正极，可将万用表红表笔找一正极连接，黑表笔触接开关任意端子，同上方法可确认开关输入为电源负极以及开关上的输入端子，如图 4-39 所示。

开关线路检查。用万用表蜂鸣档，将表笔一端触接开关线束侧插头与 ECU 连接的那个端子，表笔的另一端触接 ECU 线束插头与开关侧连接的那个端子，正常情况下，万用表蜂鸣器鸣响的同时，显示屏应显示为 0 或接近 0。否则，应查找线路故障，如图 4-40 所示。

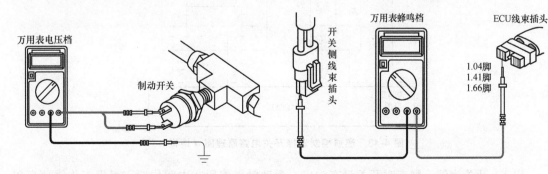

图 4-39　常开型制动开关输入极性的极查　　**图 4-40　开关线路的检查**

（2）多触点开关

多触点开关在电气设备中主要用于鼓风机调速或灯光开关，在发动机电控系统中用得很少。图 4-41 所示为多功能省油开关电路图。

图 4-41 所示开关内部电路结构为一掷（滑动臂）三位（1、2、3）档位开关。假设 ECU 的 1.62 脚为电源输出端子，开关 1 脚即为电源输入端子；开关 2 脚即为输出端子，ECU 的 1.65 脚就是信号输入端子。静止位置时，开关 1 号端子经滑动臂、1 位串接 R1、R2、R3、R4 四个电阻器由开关 2 号端子输出，通过 ECU 的 1.65 脚送入信号；如果将开关置于 2 位（档）时，开关 1 号端子经滑动臂、2 位串接 R2、R3、R4 三个电阻器由开关 2 号端子输出，通过 ECU 的 1.65 脚送入信号。依此类推，每改变一个档位，开关内部电阻数量就改变，ECU 将得到电压等级不一样的信号电压。

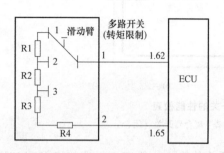

图 4-41　多触点开关电路（博世）

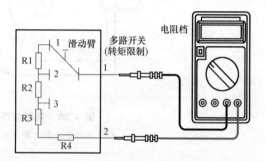

图 4-42　多档位开关的检查

开关性能的检查。常用万用表电阻档进行，方法是：在开关断电且拔下线束插头的情况下，将万用表的两个表笔分别连接于开关的两个端子，首先记录原始位置时的电阻值，然后依次改变档位，观察显示屏电阻值应该有规律地依次递减，如图 4-42 所示。若出现个别档位电阻表显示为断路，说明开关内部触点或电阻器损坏，应该更换。

线路检查同样是用万用表蜂鸣档检查开关侧与 ECU 侧的线路，应保持良好的导通状态。

2. 选择开关

选择开关在电气设备电路中常用于转向信号灯开关，在发动机电控系统中主要用于巡航控制选择开关，电路如图 4-43 所示。

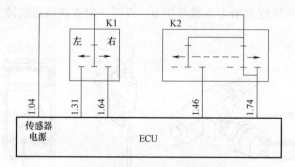

图 4-43　巡航控制选择开关电路原理图（博世）

以 K1 开关为例：静态时开关没有输出，滑动触点停留在中间位置，根据工作需要可以选择左或右。检查选择开关时一般采用万用表蜂鸣档，图 4-44 中开关的检查方法为：

开关拨向左侧时，端子 1 与端子 2 导通，对应图 4-43 即 1.04 与 1.31 导通。

开关拨向右侧时，端子 3 与端子 2 导通，对应图 4-43 即 1.04 与 1.64 导通。

线路检查同样是用万用表蜂鸣档检查开关侧与 ECU 侧的线路，应保持良好的导通状态。

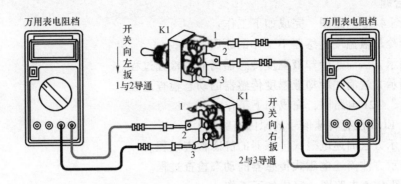

图 4-44　选择开关性能的检查

练习与思考

一、填空题

1. 车辆上的温度传感器大多采用_____系数的_____电阻，受温度_____，电阻值而_____，温度高时_____，反之，_____。在电控电路中温度传感器是 ECU 内部_____的一部分。

2. 电磁式传感器在电控系统中常用于_____位置、_____位置、_____和_____传感器。

3. 电磁式传感器是由_____和绕制在_____上的电_____等组成，安装在能够检测曲轴或凸轮轴_____的地方，当轴转动时，齿轮与感应线圈的磁头之间的_____发生变化，导致通过感应线圈的_____发生变化而产生_____。

4. 在柴油电控发动机电路图中，有些车型的加速踏板位置传感器内部没有出现任何提示，有些则出现了_____，但不一定是真的采用了_____，只不过是提示该传感器可以按照的工作原理去_____，所以在检查加速踏板位置传感器时，霍尔式传感器是不检查_____的。

5. 电子式传感器是众多传感器的_____，不同于_____、_____和_____传感器，这种划分不一定准确，但在性能检查方面却有许多共同的_____，一般为_____，即传感器_____、传感器_____和_____端子。

6. 单触点开关在电控系统中用途很广，有_____和_____，开关输送的信号有电源_____或电源_____。

二、简答题

1. 简述冷却液温度传感器的结构与工作原理。
2. 简述电磁式传感器的结构与工作原理。
3. 简述霍尔式转速传感器的结构与工作原理。
4. 简述电位计式传感器的结构与工作原理。
5. 简述霍尔式加速踏板位置传感器结构与工作原理。

6. 简述车用开关的划分。

三、综合题

1. 绘制图 4-18 电路图，完成如下工作：

1）分析冷却液温度传感器不工作的原因有哪些？

2）用图示方法简述冷却液温度传感器的静态检查过程。

3）用图示方法简述冷却液温度传感器的动态检查过程。

2. 绘制图 4-21 电路图，完成如下工作：

1）分析 ECU 没有转速信号的原因有哪些？

2）用图示方法简述电磁式传感器的静态检查过程。

3）用图示方法简述电磁式传感器的动态检查过程。

3. 绘制图 4-25 电路图，完成如下工作：

1）分析 ECU 没有霍尔信号的原因有哪些？

2）用图示方法简述霍尔式传感器的静态检查过程。

3）用图示方法简述霍尔式传感器的动态检查过程。

4. 绘制图 4-28 电路图，完成如下工作：

1）分析 ECU 没有信号 1 的原因有哪些？

2）用图示方法简述电位计式加速踏板位置传感器 1 的静态检查过程。

3）用图示方法简述电位计式加速踏板位置传感器 1 的动态检查过程。

5. 绘制图 4-33 电路图，完成如下工作：

1）分析 ECU 没有信号 1 的原因有哪些？

2）用图示方法简述霍尔式加速踏板位置传感器 1 的静态检查过程。

3）用图示方法简述霍尔式加速踏板位置传感器 1 的动态检查过程。

6. 绘制图 4-34 电路图，完成如下工作：

1）分析 ECU 没有油轨压力信号的原因有哪些？

2）用图示方法简述油轨压力传感器工作电源的检查过程。

3）用图示方法简述油轨压力信号的检查过程。

7. 绘制图 4-37 电路图，完成如下工作：

1）分析 ECU 没有制动开关信号的原因有哪些？

2）用图示方法简述制动开关性能的检查过程。

3）用图示方法简述制动开关线路的检查过程。

8. 绘制图 4-41 电路图，完成如下工作：

1）简述该开关的工作原理。

2）用图示方法简述该开关性能的检查过程。

3）用图示方法简述该开关信号的检查过程。

任务 3　执行器电路

学习目标：

1. 了解执行器控制电路结构

2. 熟悉执行器控制原理

3. 掌握执行器电路的检查方法

📖 学习内容：

1. 电装公司执行器电路

2. 博世公司执行器电路

3. 执行器电路的检查

4.3.1　电装公司执行器电路

图 4-45 所示为电装公司 6DL1 柴油机电控系统执行器电路，主要电路工作情况如下：

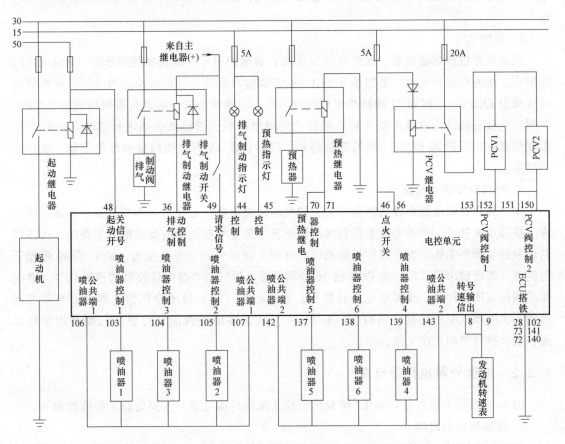

图 4-45　执行器电路（电装 6DL1）

1. 喷油器控制电路

喷油器电磁阀是电控系统中的主要执行器之一，受电控单元 ECU 的控制完成各种工况下的喷油任务；电路中将每三个喷油器分成一组，每组喷油器均有两个公共端子（喷油器 1、2、3 为 106 和 107，喷油器 4、5、6 为 142 和 143）分别送给每个喷油器的电源端，以确保喷油器的电源供电正常，ECU 根据各个传感器提供的信息，对喷油器的另一端（103、104、105、137、138、139）通过喷油时刻、喷油时间的脉冲控制，实现喷油量的精确控制。

2. PCV 电磁阀控制电路

PCV 电磁阀是高压共轨系统燃油压力控制的主要执行器，其主要作用是维持高压共轨内的压力稳定保持在规定范围内，所以也叫燃油计量单元或燃油压力控制阀。电路中 PCV 电磁阀的电源端采取了继电器控制形式，工作原理是：接通点火开关，PCV 电磁阀继电器电磁线圈得到正电源，经线圈后直接搭铁，构成闭合回路，线圈产生磁力吸合触点；主电路由蓄电池电源（30）经闭合的继电器内部触点将电源正极，送给两个 PCV 电磁阀的电源端，做好了准备工作。

发动机工作后，ECU 根据共轨压力传感器反映的油轨压力信息，对燃油压力控制阀的控制端（PCV1 为 152 和 153，PCV2 为 150 和 151）进行脉冲控制，油轨压力偏高时使 PCV 电磁阀打开，油轨压力偏低时使 PCV 电磁阀关闭，以保证油轨压力符合燃油系统的实际压力。

3. 预热电路

预热电路由预热继电器、加热器（预热塞）和电控单元，以及预热指示灯（冷起动灯）等组成。接通点火开关后，电控单元 ECU 的 45 脚输出搭铁信号点亮预热指示灯，预热继电器线圈由 ECU 的 70 脚和 71 脚输出正极控制信号，与线圈的另一端永久搭铁构成闭合回路，线圈磁化吸合触点；电源正极（30）经闭合的继电器触点送给加热器进行加热。ECU 根据温度信息适时切断 70 脚和 71 脚的控制信号，同时切断 45 脚对预热指示灯的控制，表示预热结束。

4. 排气制动控制电路

排气制动控制电路由排气制动开关、排气制动继电器、电控单元和排气制动指示灯等组成。接通点火开关，主继电器工作后将电源正极送到排气制动继电器线圈的电源端，为排气制动做好了准备工作。当使用排气制动时，驾驶人将排气制动开关接通，ECU 的 49 号端子得到排气制动请求信号后，由 ECU 的 36 号端子输出排气制动继电器控制的搭铁信号，继电器线圈构成闭合回路，线圈磁化吸合触点，电源正极（30）经闭合的继电器触点至排气制动阀，实施排气制动功能。同时，ECU 的 44 号端子输出搭铁信号控制排气制动指示灯点亮，表示排气制动正在工作。

4.3.2 博世公司执行器电路

图 4-46 所示为博世公司 6DL1 柴油机电控系统执行器电路，主要电路工作情况如下：

1. 喷油器控制电路

博世公司的喷油器控制电路与电装公司喷油器控制电路相比，外电路中没有喷油器公共电源端子，采用了独立控制的方式，喷油器的作用和工作过程则完全一致。

2. 燃油计量单元电磁阀控制电路

高压泵燃油计量单元电磁阀比电装公司少了一个，但作用是相同的，控制电路中没有了继电器，电磁阀的电源端和控制端均由电控单元 ECU 来控制。

3. 预热电路

电路图中反映的预热继电器的控制，其电磁线圈的两端是由电控单元的 1.55 和 1.59 两个端子分别控制的，其他功能类似电装公司的预热电路控制。

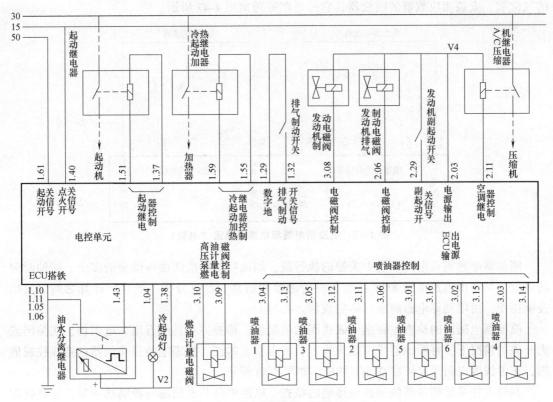

图 4-46　执行器电路（博世 6DL1）

4. 排气制动电路

排气制动电路由排气制动开关、排气制动电磁阀和电控单元 ECU 等组成。发动机工作后，电控单元的 2.03 端子输出电源正极，给排气制动电磁阀提供了电源。当使用排气制动时，驾驶人将排气制动开关接通，ECU 的 1.32 端子得到排气制动的请求信号（负极），由 ECU 的 2.06 端子输出电磁阀控制信号，电磁阀通电，排气制动工作。

5. 起动机控制电路

起动机控制电路由起动开关（副起动开关）、起动继电器、ECU 和起动机等组成。起动机的工作方法有两种，两种的前提均是档位开关处于空档位置。

一种是起动开关将起动信号送至 ECU 的 1.61 端子，另一种是副起动开关将起动信号送至 ECU 的 2.29 端子（图中未画出）。无论哪一种起动信号送至 ECU 后，ECU 都会通过 1.37 和 1.51 端子将起动控制信号送至起动继电器的电磁线圈，使起动继电器工作，进而使起动机工作。

4.3.3　执行器电路的检查

在汽车电气设备中执行器一般可分为三大类型，即灯泡、电动机和电磁阀。在发动机电控系统中电磁阀采用较多，如喷油器电磁阀、燃油压力控制阀（燃油计量单元或 PCV 阀）、排气制动电磁阀等。

1. 电控喷油器

喷油器电磁阀是电控喷油器中的电控部分，主要由电磁线圈和铁心等组成，根据发动机的气缸数，安装相应数量的喷油器，它的电路原理如图4-47所示。

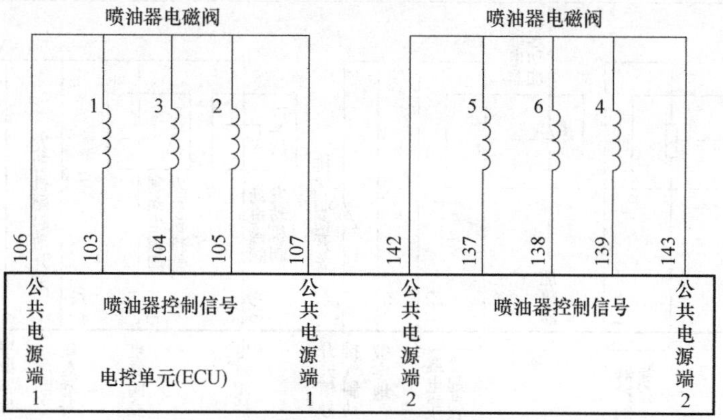

图 4-47　喷油器电磁阀电路原理图（电装）

喷油器电磁阀是电控系统中关键的执行器，燃油喷射系统燃油喷油量的多少、喷油时刻的确定，都是由电控单元 ECU 接收各种传感器的信息，经过分析、处理、计算之后，发出控制指令，由喷油器电磁阀来具体完成的。

喷油器电磁阀的检查主要是电磁线圈的电阻值。检查方法是用万用表电阻档，在关闭点火开关的情况下，将喷油器线束插头拔下，将万用表的红、黑表笔触接喷油器的接线柱或插脚，正常线圈电阻值应该在 0.5Ω 左右，如图 4-48 所示。

共轨电控系统喷油器的公共电源端的检查。电路中公共电源端与控制端一样，是直接连接在 ECU 上的，是属于电流控制型喷油器。由于共轨管压力随发动机工况变化很大，故喷油器电磁阀需同步调整电流，所以 ECU 内部喷油器电磁阀电源正极设有升压电路，根据发动机不同工况随时调整，发动机负荷小时可测到的喷油器电源正极电压较小，一般只有几伏电压，而发动机负荷较大或起动时电压较高，有时可达 50V 左右，检查时可通过万用表直流电压档进行测试。

按照图 4-47 所示，每三个喷油器有两个公共电源供电端子，并且有一定的代表性，即每三个喷油器的一端并联，然后连接公共电源供电端子，检查时将点火开关关闭，拔下喷油器线束插头，在喷油器线束插头用万用表蜂鸣档找到公共端子，接通点火开关，不起动发动机，用万用表电压档，黑表笔搭铁，红表笔触接喷油器电源端子，正常情况应为 4V 左右，否则，检查相关线路或熔丝，如图 4-49 所示。

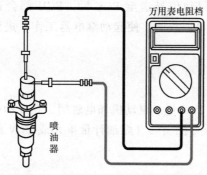

图 4-48　喷油器电磁线圈电阻值的检查

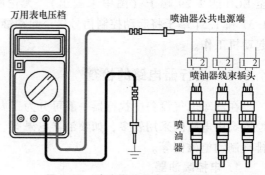

图 4-49　喷油器公共电源端的检查

喷油器线路的检查。主要是检查喷油器侧与 ECU 线束侧之间导线的导通状态，方法是用万用表蜂鸣档，表笔一端触接喷油器线束插头的插座，另一表笔触接 ECU 线束侧相应的插座，正常导通应该是蜂鸣器鸣响的同时，显示屏显示为 0 或接近 0。依次对六个喷油器的控制端子进行检查，如图 4-50 所示。

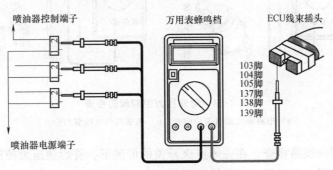

图 4-50 喷油器线路的检查

喷油器脉冲控制信号的检查。在没有示波器的情况下，可采用万用表电压档，恢复喷油器线束插头，用万用表电压档采取背插式的方法，将两个表笔连接于喷油器线束插头内，起动发动机，在曲轴转动的同时，电压表应有脉动的信号电压显示。或将 LED 测试灯用背插式方法连接于喷油器线束，同样，在发动机转动的时候，应能看到测试灯闪烁，如图 4-51 所示。

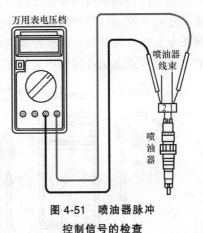

图 4-51 喷油器脉冲控制信号的检查

2. 燃油压力控制阀

燃油压力控制阀安装在高压泵上，是典型的电磁阀。根据高压泵的不同结构，有装用一个的，也有装用两个的。它的主要作用是，控制高压共轨管内的燃油压力保持在发动机各种工况下理想的设定值范围内，所以，燃油压力控制阀是工作在占空比状态的，它的电路如图 4-52 所示。

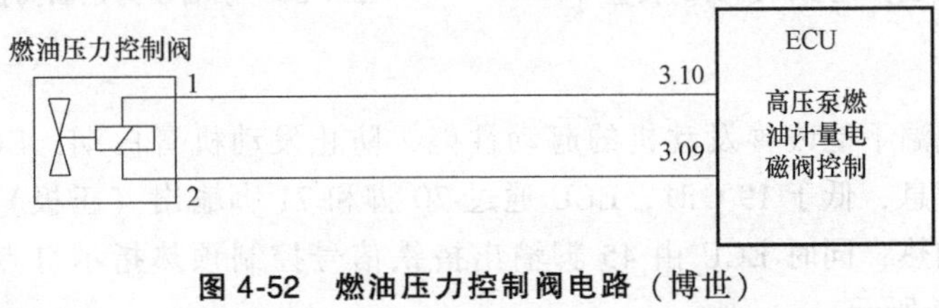

图 4-52 燃油压力控制阀电路（博世）

燃油压力控制阀主要是检查电磁阀线圈电阻值。检查方法是：关闭点火开关，将燃油压力控制阀的线束插头拔下，用万用表电阻档进行检查，正常情况下线圈电阻值在 $3.2 \sim 3.6\Omega$ 左右，如图 4-53a 所示。

燃油压力控制阀电源的检查。关闭点火开关，将燃油压力控制阀线束插头拔下，接通点火开关，用万用表电压档（或测试灯）检查其供电情况，红表笔触接压力控制阀线束插头，黑表笔搭铁，正常情况下，应有蓄电池电源电压（12V 或 24V），如图 4-53b 所示。

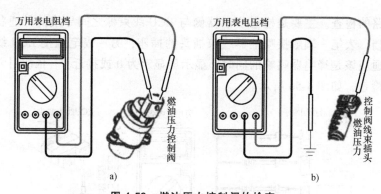

图 4-53 燃油压力控制阀的检查

a）电磁阀线圈阻值的检查 b）电磁阀供电电源的检查

　　燃油压力控制阀线路检查。在关闭点火开关的情况下，将燃油压力控制阀线束插头和电控单元线束插头拔下，用万用表对其线路进行检查，正常情况下，线路应导通，此时在蜂鸣器保持鸣响的同时显示屏显示为 0 或接近 0。否则，应检查相关线路，如图 4-54 所示。

　　燃油压力控制阀控制信号的检查方法。将线路和元件恢复，用背插式方法，将万用表的表笔连接于燃油压力控制阀的线束插头上，或将 LED 测试灯背插在燃油压力控制阀的线束插头上，起动发动机，观察万用表电压表是否有脉动电压显示，或 LED 测试灯的闪烁情况，有电压显示或测试灯闪烁即为正常。否则，为 ECU 故障，如图 4-55 所示。

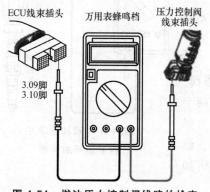
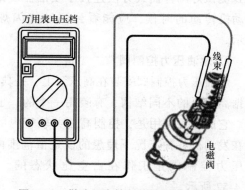

图 4-54 燃油压力控制阀线路的检查　　　　**图 4-55 燃油压力控制阀控制信号的检查**

3. 预热装置

　　预热加热在低温下能改善发动机的起动性能，防止发动机冒白烟，ECU 根据冷却液温度传感器的温度信息，低于 19℃ 时，ECU 通过 70 脚和 71 脚输出（正极）预热继电器控制信号，使加热器加热，同时 ECU 由 45 脚输出搭铁信号控制预热指示灯点亮，表示预热开始，电路如图 4-56 所示。

　　预热继电器在 ECU 电源供电正常情况下才能工作，有关预热加热器的工作，需要对继电器的工作条件、加热器，以及线路和控制信号等进行检查。

　　预热继电器线圈电阻值检查之后应对继电器线路检查。检查方法是用万用表蜂鸣档，在关闭点火开关的情况下，将继电器和 ECU 的线束插头拔下，将表笔的一端触接继电器的 3 号脚，表笔的另一端触接 ECU 的 70 脚和 71 脚。正常情况下，在蜂鸣器鸣响的同时，显示屏应显示为 0 或接近 0，如图 4-57 所示。

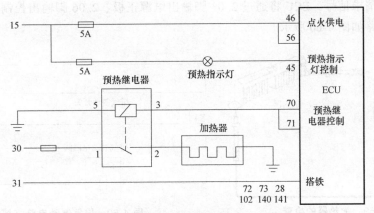

图 4-56 预热加热器控制电路（电装）

预热继电器电源的检查。关闭点火开关，将继电器拔下，用测试灯的一端触接继电器的 1 号脚，另一端搭铁，测试灯点亮为正常；再将测试灯的一端连接继电器的 1 号脚，另一端触接继电器的 5 号脚，测试灯点亮说明继电器搭铁正常，如图 4-58a 所示。

继电器线圈控制信号的检查。用万用表电压档，表笔背插于继电器的 3 号和 5 号脚，接通点火开关，应显示电源电压（12V 或 24V），如图 4-58b 所示。

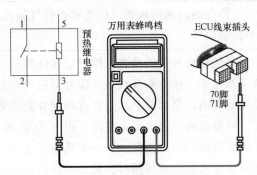

图 4-57 预热继电器控制线路的检查

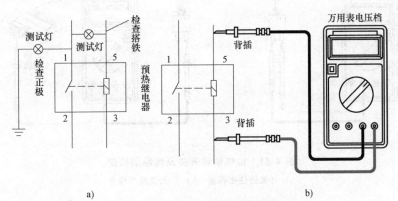

a)   b)

图 4-58 继电器电源和控制信号的检查

a）继电器电源、搭铁检查 b）继电器控制信号检查

加热器的检查，主要是检查加热器的电阻值，方法是关闭点火开关，将加热器的接线柱拆下，用万用表的电阻档，表笔的一端接加热器的搭铁端，表笔的另一端触接加热器的电源接线端子，正常时应为 1.5Ω 左右，如图 4-59 所示。

4. 排气制动

在发动机转速不低于 1500r/min 时，没有使用巡航控制、没有踏下加速踏板、没有踏下离合器踏板的情况下，将排气制动开关闭合时，ECU 的 1.32 脚会收到排气制动开关送出的极性为搭铁的请求信号，ECU 将通过 2.03 脚输出电源正极、2.06 脚输出控制信号与排气制动电磁阀，电路如图 4-60 所示。

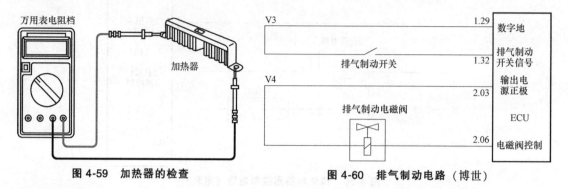

图 4-59　加热器的检查　　　　　　　图 4-60　排气制动电路（博世）

> 排气制动阀的检查工作要检查排气制动开关及线路、排气制动电磁阀、线路以及电源和控制信号。

排气制动开关的检查。用万用表蜂鸣档，断电后拔下开关线束，将两个表笔分别连接于开关两端子，应为断开状态，即万用表蜂鸣器不鸣响，显示屏显示 1，将开关接通，万用表蜂鸣器鸣响，显示屏显示为 0 或接近 0 为正常，如图 4-61a 所示。

线路检查。点火开关关闭，拔下 ECU 线束插头与开关线束插头，将表笔一端连接于开关线束插座的任意插孔，另一表笔触接于 ECU 的 1.29 脚和 1.32 脚，正常情况下两根导线都应在蜂鸣器鸣响的同时，显示屏显示为 0 或接近 0，如图 4-61b 所示。

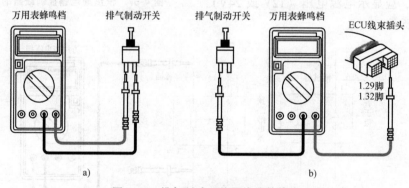

图 4-61　排气制动开关及线路的检查
a）开关的性能检查　b）开关线路的检查

排气制动电磁阀的检查。主要是检查电磁线圈的电阻值，在关闭点火开关的情况下，将排气制动电磁阀和 ECU 的线束插头拔下，用万用表电阻档的两个表笔连接于排气制动电磁阀的接线柱上，正常电阻值在 50Ω 左右，如图 4-62a 所示。

线路检查。再用万用表的蜂鸣档测量电磁阀线路的导通情况，方法是表笔的一端触接电磁阀的线束插座，另一端触接于 ECU 线束插头的 2.03 脚和 2.06 脚，两条导线正常的导通状态应该是在蜂鸣器鸣响的同时，万用表显示屏显示为 0 或接近 0，如图 4-62b 所示。

排气制动电磁阀电源的检查。关闭点火开关，拔下电磁阀线束插头，用万用表电压档，红表笔接电磁阀线束插头的电源端子，黑表笔搭铁，接通点火开关，应该有电源电压（12V

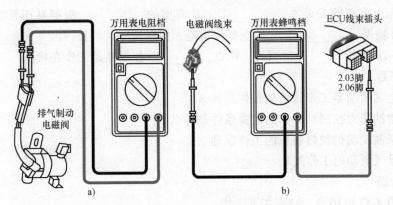

图 4-62　排气制动电磁阀及线路的检查

或 24V），如图 4-63a 所示。

　　电磁阀控制信号的检查。将电磁阀线束插头恢复，用背插式方法将万用表电压档的两个表笔背插在电磁阀线束插头，发动机工作时，打开排气制动开关后，万用表应该显示电源电压（12V 或 24V），如图 4-63b 所示。或者如图 4-63a 所示，在电路中再将红表笔插接在电磁阀线束插头的另一插脚内，在打开排气制动开关时，同样也应看到万用表电压档显示电源电压。

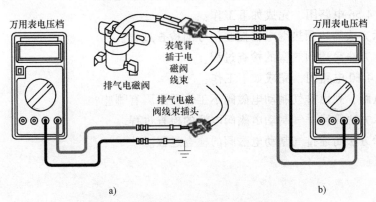

图 4-63　电磁阀电源和控制信号的检查
a）电磁阀电源的检查　b）电磁阀控制信号的检查

练习与思考

一、填空题

　　1. 在汽车电气设备中执行器一般可分为三大类型，即＿＿＿、＿＿＿和＿＿＿＿。在发动机电控系统中电磁阀采用较多，如＿＿＿＿＿电磁阀、＿＿＿＿＿控制阀（燃油计量单元或 PCV 阀）、电磁阀等。

　　2. 喷油器电磁阀是电控系统中＿＿＿＿＿的＿＿＿＿，燃油喷射系统＿＿＿＿＿＿的多少、＿＿＿＿＿＿的确定，都是由电控单元 ECU 接收各种＿＿＿＿＿的信息，经过＿＿＿＿、处理、＿＿＿＿之后，发出＿＿＿＿，由＿＿＿＿电磁阀来具体＿＿＿＿的。

3. 燃油压力控制阀安装在_____上，是典型的_____，根据高压泵的不同结构，有装用的也有装用_____的，它的主要作用是，控制高压共轨管内的_____保持在发动机各种工况下理想的_____范围内，所以，_____控制阀是工作在状态。

二、简答题

1. 简述电磁喷油器工作的前提条件是什么？
2. 简述燃油压力控制阀工作的前提条件是什么？
3. 简述柴油发动机预热装置的工作原理。
4. 简述排气制动的工作过程。

三、综合题

1. 绘制图 4-47 电路图，完成如下工作：

1）用图示方法简述喷油器电磁阀的静态检查过程。

2）用图示方法简述喷油器电磁阀公共电源的检查过程。

3）用图示方法简述喷油器电磁阀喷油控制信号的检查过程。

2. 绘制图 4-52 电路图，完成如下工作：

1）用图示方法简述燃油压力控制阀的静态检查过程。

2）用图示方法简述燃油压力控制阀工作电源的检查过程。

3）用图示方法简述燃油压力控制阀控制信号的检查过程。

3. 绘制图 4-56 电路图，完成如下工作：

1）用图示方法简述预热继电器控制信号的检查过程。

2）用图示方法简述预热塞的检查过程。

4. 绘制图 4-60 电路图，完成如下工作：

1）分析电路，列出排气制动电磁阀不工作的原因有哪些？

2）用图示方法简述排气制动电磁阀电源的检查过程。

3）用图示方法简述排气制动电磁阀的检查过程。

项目五

柴油发动机电控系统故障诊断基础知识

本项目主要了解柴油发动机电控系统故障诊断相关基础知识，分为四个任务进行学习。

任务1　电控系统故障检测程序和方法

任务2　汽车自诊断系统

任务3　故障码与数据流分析

任务4　维修检测常用工具和仪器仪表

参考学时及教学建议

本项目总学时为18学时，其中：理论教学为9学时，实践教学为9学时。

理论教学充分利用多媒体辅助教学的优势，通过生动、形象的图片、动画视觉效果，激发学生的学习兴趣；结合整车实训车辆、柴油发动机试验台架，演示、讲解，调动学生学习的积极性；尽可能多地创造学生动手参与、师生互动的学习氛围；体现教师为主导、学生为主体的教学原则；紧紧围绕"理实一体化"教学模式，使学生在边听、边看、边动的氛围中，真正掌握维修必备知识。

理论知识坚持"够用为度"，重点内容精讲细讲，不求多而全，力求少而精，注重方法传授，培养学习能力。

实践技能坚持"实用为主"，注重示范、强调规范、突出操作、体现动手，像师父带徒弟一样，传授操作技能与维修技巧。

任务1　电控系统故障检测程序和方法

学习目标：

1. 了解故障诊断的基本原则
2. 熟悉故障诊断的基本方法
3. 掌握故障诊断的基本流程
4. 掌握故障征兆的模拟方法

⚡》学习内容:

1. 故障诊断的基本原则
2. 电控发动机故障诊断的基本方法
3. 电控发动机故障诊断的基本流程
4. 故障征兆的模拟方法
5. 基本检查

电控燃油喷射系统的工作状况对发动机的运转性能有很大的影响，不论是该系统的控制电脑、控制线路还是其他任何一个传感器、执行器出现故障，都会在一定程度上影响发动机的起动性、运转稳定性、动力性、经济性等。因此，当发动机出现故障或性能下降时，首先应检查发动机的燃油喷射控制系统有无故障。

由于电控燃油喷射系统的构造和工作原理比较复杂，不同车型的电控燃油喷射系统往往有很大差异，其故障形式既可能是电控方面的，也可能是机械方面的，因此给故障的检查和排除带来一定的困难。在检查和排除电控燃油喷射系统的故障时，首先应该了解各种燃油喷射系统的工作原理以及构造和特点，借助维修车型的技术资料，合理利用各种检测工具和检测手段。除此之外，还应该有清晰的诊断思路和故障分析方法，遵循科学的诊断程序和步骤，这些都是十分重要的。

5.1.1 故障诊断的基本原则

发动机的电子控制系统是一个精密而又复杂的系统，故障的诊断也较为困难。而造成电控发动机不工作或工作不正常的原因是多方面的，可能是电子控制系统的问题，也有可能是电子控制系统以外其他部分的问题，故障检查的难易程度也不一样。检修故障时能够遵循故障诊断的一些基本原则，就可以少走一些弯路，提高效率，准确迅速地找出故障所在。

1. 先外后内

发动机出现的故障，不一定全是由电子控制系统造成的。首先，观察电控系统的故障指示灯，如果故障指示灯没有常亮，而是闪烁显示故障，则基本可以作为机械故障或电源、搭铁缺陷来进行处理。如果故障指示灯点亮，就可以通过故障码来查找故障位置，进而进行相应处理。所以，应对电子控制系统以外的可能故障部位进行检查。这样可避免本来是一个与电子控制系统无关的故障，却对系统的传感器、控制电脑、执行器及线路等进行检查，这样既费时又耗力，真正的故障往往是较容易查找到，却易于被忽视的。

2. 先简后繁

发动机出现的故障绝大多数是比较简单的故障，或者说简单故障所占的比例远远大于疑难故障，能以简单方法检查的可能故障部位应先予以检查。比如直观诊断最为简单，可以通过看、摸、听等直观检查方法，将一些较为显露的故障迅速地找出来，直观诊断未找出故障，需借助于仪器、仪表或其他专用工具来进行诊断时，也应对较容易检查的先予以检查。比如检查电控系统线束的连接状况，传感器或执行器有无明显的损伤，器件、线束间的电气连接是否良好，有无松动或断开，电线是否有明显磨破或搭铁现象，电气连接的插头和插座有无腐蚀现象等。

3. 先熟后生

现代汽车由于设计、制造和技术以及使用环境等原因，出现的故障往往带有某个车系或生产厂家的一些特点。例如，发动机的某一故障现象可能是以某些总成或部件的故障最为常见，应先对这些常见故障部位进行检查。若未找出故障，再对其他不常见的可能故障部位予以检查。这样做有利于迅速地找到故障，提高维修效率。

4. 代码优先

现代车辆大多具有故障自诊断功能，发动机运行时，故障自诊断系统随时监测运行情况，一旦监测到故障后，便以故障码的形式将该故障储存到电脑的存储器内，同时通过"检测发动机"等故障指示灯向驾驶人报警。检修故障时，可通过人工或仪器读取故障码，根据对应的手册查出故障码指出的故障，从而排除故障。待故障码所指的故障消除后，如果发动机故障现象还未消除，或者开始就无故障码输出，则应该根据症状对发动机可能的故障部位进行检查。

5. 先思后行

检修故障时，首先应进行故障分析，了解可能的故障原因有哪些，然后再进行故障检查，这样可避免对与故障现象无关的部位做无效检查，又可避免对一些有关部位漏检，造成不能迅速排除故障。

6. 先备后用

电控系统工作的好坏，往往与系统中的电器部件的性能和电气线路有一定的关系，一般情况下通过电压或电阻等参数来判断。如果没有这些维修数据，将会对电控系统的故障检查带来许多困难，所以有些时候常采取新件替换的方法。这些方法虽然简单，但有时新件不及时会影响工作，况且也难免会造成维修费用和工时费的增加。因此在检修车辆时，应尽可能地准备好有关的维修数据和相关的维修资料。除了从维修手册、专业书刊上收集整理这些检修数据资料外，另一个有效的途径是利用无故障车辆对其系统的有关参数进行测量，并记录下来，作为日后检修同类型车辆的检测比较参数。

特别注意：电控发动机的故障并非一定出在电子控制系统。如果发现发动机有故障，而故障指示灯并未点亮（未显示故障码），大多数情况下该故障可能与发动机电控系统无关，此时，就应该像发动机没有装电控系统那样，按照基本诊断程序进行故障检查。否则，可能遇到一个本来与电控系统无关的故障，却检查了电控系统的传感器、执行器和电路等，花费了很多时间，而真正的故障反而没有找到。

5.1.2 电控发动机故障诊断的基本方法

电控发动机故障诊断可分为初步诊断和深入诊断。初步诊断是根据故障的现象，判断出故障原因的大致范围。深入诊断是根据初步诊断的结果对故障原因进行分析、查找，直到找出产生故障的具体部位。

电控发动机故障诊断所采用的手段，可分为：直观诊断、利用自诊断系统诊断、常规仪器诊断和专用诊断仪器诊断等。

1. 直观诊断

直观诊断就是通过人的感觉器官对汽车故障现象进行看、问、听、试、嗅等，了解和掌握故障现象的特点，通过人的大脑进行分析、判断得出结论的诊断方法。

直观诊断方法根据诊断者的经验和对诊断车辆的熟悉程度，在运用的范围上有极大的差别。经验丰富的专家，可以利用直观诊断方法诊断发动机可能出现的绝大多数故障，包括对确定故障性质的初步诊断和确定具体故障原因的深入诊断。

直观诊断的主要内容包括以下几项。

看。即目测检查，其目的是了解电控发动机的电控系统类型、车型，在进入更为细致的测试和诊断之前，能消除一些一般性的故障原因。

问。了解故障出现时的情形、条件、如何发生，以及是否已检修过等与故障有关的情况和信息。

听。主要是听发动机工作时的声音：有无爆燃、有无敲缸、有无失速、有无进气管或排气管放炮等。

试。根据前述检查，有针对性地试车，以便进一步确定故障。

2. 利用随车自诊断系统诊断

随车自诊断系统可以对发动机的故障进行自诊断，在电控发动机故障诊断中是一种简便、快捷的诊断方法，但是其诊断的范围和深度远远满足不了实际使用中对故障诊断的要求，常常出现发动机运行不正常，而故障产生的原因可能与发动机电控系统无关的现象。另一方面则是由于随车自诊断功能的局限性所造成的，不可能设计出一种自诊断系统，对所有可能产生故障的部位进行自诊断。因此，以直观诊断方法为主进行检查和判断的工作，在任何时候，对任何系统来说，都是不可替代的。

随车自诊断系统通常只能提供与电控系统有关的电气装置或线路故障，一般只能做出初步诊断结论，具体故障原因，还需要通过直接诊断和常规仪器仪表进行深入诊断。

3. 利用常规仪器诊断

利用常规仪器诊断，就是利用以万用表和示波器为主的通用仪器，对电控发动机故障进行诊断的方法。这种诊断方法的特点是：诊断方法简单、设备费用低，因此，这种诊断方法可用于对故障进行深入诊断。此方法的缺点是：对操作者的要求较高，在利用简单仪器诊断时，操作者必须对系统的结构和线路连接情况有相当详细的了解，才可能取得满意的诊断效果。

4. 利用专用诊断仪诊断

采用专用诊断仪可大大提高对电子控制系统的诊断效率。但是由于专用诊断仪器成本较高，因此各种专用电脑诊断仪一般适用于专业化的故障诊断和修理企业。

5.1.3 电控发动机故障诊断的基本流程

通过对车主或有关人员的咨询，了解故障产生、发展的全过程，以及过去的故障状况、检修状况和车辆状况等，从而为诊断寻找线索，为进一步检查指出方向。

直观诊断，前边已有介绍。

人工或仪器读取并验证故障码，查清故障码表示的故障是否存在，即是否故障已排除，而其故障码仍未清除。

若无故障码，对有明显故障征兆的故障，可用诊断仪、示波器、万用表等读取有关发动机数据，进行数值、波形分析；并依据分析结果，检查有关部件，视需要进行维修或更换。若无明显故障征兆，则采用征兆模拟方法对故障进行分析，以进一步检查故障的原因。

若有故障码，则根据故障码的内容检查并排除故障。

重新起动发动机，验证故障是否已排除。若故障未排除，则继续检查故障原因。

5.1.4　故障征兆的模拟方法

在诊断中最困难的情形是有故障，但没有明显的故障征兆。在这种情况下必须模拟与车辆出现故障时相同或相似的条件和环境，然后进行故障分析。无论维修人员经验如何丰富，也无论他技术如何熟练，如果他对故障征兆不经验证就进行诊断，则将会在修理工作中忽略一些重要的东西，很有可能在有些地方会判断错误，这必将导致车辆的运行故障。例如，对那些只有在发动机冷态下才出现的问题，或者由于车辆行驶时振动引起的问题等，这些问题绝不能仅仅依靠发动机热态和车辆不行驶时的故障征兆来确诊。这里介绍的故障征兆模拟试验是一种有效的措施，它可以帮助维修人员在停车条件下判断出故障所在。

在模拟试验中，故障征兆固然要验证，故障部位或零件也必须找出。为做到这一点，在开始试验之前，必须把可能发生故障的电路范围缩小，然后进行故障征兆模拟试验，判断被测试的电路是否正常，同时也验证了故障征兆。

1. 振动模拟法

当认为振动可能是故障主要原因时，可在垂直和水平方向轻轻摇动线束或器件插接器，以及穿线孔处的配线，对可疑器件应轻轻摇晃或振动，以检查其接触情况，如图 5-1 所示。

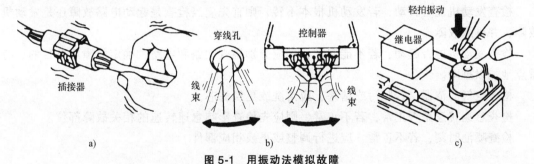

图 5-1　用振动法模拟故障

a) 插接器检查　b) 线束检查　c) 器件检查

2. 加热模拟法

当怀疑某一电器或电子控制器件可能因某种原因受温度影响而引起故障时，可采用对怀疑器件加温试验的方法，通常较为方便的工具为电吹风机或类似工具，对可能引起故障的器件进行加热试验，观察或检测是否再现故障。但对器件的加热温度一般不得高于 60℃，对电子控制器特别是 ECU 中的电子元件不可直接加热，如图 5-2 所示。

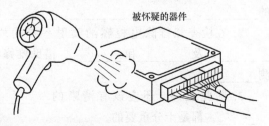

图 5-2　用加热法模拟故障

3. 水淋模拟法

当故障可能是在雨天或高湿度环境中出现时，可采用水淋模拟试验的方法，检查故障是否发生，如图 5-3 所示。将水喷淋在车辆上，但不可将水直接喷在电器件或电插接器上，而应喷在散热器前面，间接改变温度和湿度，避免电子控制器特别是 ECU 进水引起短路故障，操作时要多加注意。

4. 电器全接通法

当怀疑故障可能是用电负荷过大而引起时，可将车辆上尽可能多的，或者是所有电器负载接通，特别是空调压缩机、鼓风电动机、前照灯、后窗除雾、刮水器、冷却风扇电动机等大负荷用电器等，以检查故障是否能够再现。

图 5-3　用水淋法模拟故障

5.1.5　基本检查

检查汽车故障，首先要掌握汽车的控制原理、传感器和开关信号的类型和标准数值，能看懂电路图，了解机械系统的结构特点和参数。其次要掌握检测流程，先查什么，后查什么，查到某一个部件时产生两种情况，如正常怎么继续检查，不正常又怎么检查。不同的故障现象，检查流程不完全一样，但基本流程差不多，根据不同的故障现象，有的项目可以省略不查，有的需重点检查。

检查发动机未工作时的蓄电池电压，应不低于本车型标定的电压（12V 或 24V）；发动机工作时，正常的发电量应该在规定的电压范围内（12V 车辆为 13.5～14.5V，24V 的车辆为 26.5～28V）。

检查发动机能否转动，若发动机根本不转，则首先应当检查是起动电路故障还是发动机故障，并排除故障。

检查发动机能否起动，若不能起动，则应分别检查油路和电路，确定故障后有目的、有重点地加以排除。

检查空气滤清器，若脏污或堵塞，应清洗或更换滤芯。

检查怠速转速是否正常，若不正常，则应先检查影响怠速转速的相关故障部位。

检查喷油时刻，若不正常，应进行调整或更换相应部件。

🐎 练习与思考

一、填空题

1. 电控燃油喷射系统的工作状况对发动机的_____有很大的影响，不论是该系统的_____、还是其他任何一个_____、_____出现故障，都会在一定程度上影响发动机的_____、_____、_____等。

2. 在检查和排除电控燃油喷射系统的故障时，首先应该了解各种燃油喷射系统的_____以及_____和_____，借助维修车型的_____，合理利用各种_____和检测_____。

3. 除此之外，还应该有清晰的_____和_____方法，遵循科学的_____和_____，都是十分重要的。

4. 电控发动机故障诊断可分为_____和_____。_____是根据故障的现象，判断出故障产生原因的_____范围。_____是根据初步诊断的_____对故障_____进行_____、_____，直到找出产生故障的_____。

5. 在诊断中最困难的情形是_____，但没有明显的_____。在这种情况下必须_____与车辆出现故障时_____或_____的条件和_____，然后进行彻底的_____。

6. 检查发动机_____时的蓄电池电压，应_____本车型标定的电压（12V 或24V）；发动机_____，正常的发电量应该在规定的_____内（12V 车辆为_____，24V 的车辆_____）。

二、简答题

1. 简述故障诊断的基本原则。

2. 简述故障诊断的基本方法。

3. 简述故障诊断的基本流程。

4. 简述故障征兆常用的模拟方法有哪些？

5. 简述故障诊断基本检查一般包括哪些内容？

任务 2　汽车自诊断系统

学习目标：

1. 了解自诊断原理

2. 熟悉故障显示信息

3. 熟悉 OBD-Ⅱ诊断系统功能特点

4. 熟悉 OBD-Ⅱ故障码含义

学习内容：

1. 自诊断原理与故障码

2. 自诊断故障信息显示

3. 第二代随车诊断系统（OBD-Ⅱ）

4. 备用系统

现代汽车电子控制系统愈来愈复杂，电控系统已不仅仅是独立的存在，各个电控系统或多或少都有一定的相互联系，当发生故障时要判断故障的部位相对困难。因此，在电子控制系统中，一般都具有故障自诊断功能。诊断系统工作时，对于传感器的输入信号、软件的操作是否正确，以及电子控制器中的电源、驱动电路是否发生了故障，都会进行监测，当诊断系统检测到故障时，就会在存储器中以故障码的形式记录下该故障和相应的发动机运行参数，同时诊断系统还将根据现行故障的类型和严重程度，点亮不同的故障指示灯，用于提醒驾驶人。

故障指示灯包括警告指示灯"WARNING"、停机指示灯"STOP"、等待起动指示灯"WAIT-TO-START"和保养指示灯"MAINTENANCE"。

例如，当发动机控制电脑检测到来自传感器和执行器的故障时，立即将"检查发动机"（CHECK ENGINE）故障指示灯点亮，同时将故障信息以故障码的形式存入存储器中。故障码一旦存入，即使将点火开关关闭，指示灯熄灭，故障码仍然会保留在存储器中。

对车辆进行检修时，借助于电控系统的故障诊断接口（插座），通过人工或使用故障诊断仪（亦称电脑检测仪或电脑解码器），可以将 ECU 存储器中的故障码调出，并以灯光闪烁的方式或直接由诊断仪显示屏以数字形式显示出来，从而帮助维修人员迅速、正确地判断故障的类型和范围。故障排除后，同样必须按特定的程序，用人工方法或借助于诊断仪，将控制电脑存储器中储存的故障码清除掉，以免与新产生的故障码混淆，给检修带来困难。

5.2.1 自诊断原理与故障码

汽车在运行时，电子控制系统输入、输出信号的电压值都有一定的变化范围，当某一信号的电压值超出了这一范围，并且这一现象在一定时间内不会消失，控制电脑便判断为这一部分出现了故障，并将其故障以故障码的形式存入内部存储器中，这样，维修人员在检修故障时，可以调出控制电脑内储存的故障信息，以便进一步缩小故障范围，这就是自诊断原理。

需要说明的是，故障码只表明故障的结果，它可以指明故障的大致范围，但不能直接确定故障的确切部位。在获取故障码后，还需进一步检查，以找出发生故障的部位和线路。

5.2.2 自诊断故障信息显示

位于仪表盘上的"检查发动机"（CHECK ENGINE）指示灯等，在本系统发生故障时会点亮或闪烁。

故障指示灯在点火开关接通后，一般都会亮起，这是电控系统的自检程序，并不代表发生了故障，自检结束未发现故障，故障指示灯熄灭。发动机起动后，故障指示灯应处于熄灭状态，如果仍然点亮或闪烁，表示电控系统有故障。

通过一定的读码程序，可以从故障指示灯（仪表盘的指示灯或电脑上的 LED 灯）读出灯光闪烁所代表的故障码。以下几种方法均可续取故障码。

① 故障指示灯闪烁故障码。

② 某些高级轿车中，仪表板的显示屏可直接显示故障信息。

③ 使用专用仪器，通过诊断接头输出故障码和故障信息。

5.2.3 第二代随车诊断系统（OBD-Ⅱ）

1. OBD-Ⅱ诊断系统的主要功能

OBD-Ⅱ系统是世界各个汽车制造厂商采用相同标准的诊断插座（16 针）、相同定义的故障码，以及相同的资料传输标准（SAE 或 ISO）的诊断系统，只要通过一台仪器，即可对各种汽车进行故障诊断。

OBD-Ⅱ诊断模式采用高效的输出明码编码方式，以及压缩数据包方式传递信息，读取与清除故障码可在瞬间完成。有些车辆 OBD-Ⅱ诊断系统仍然保留了通过人工操作诊断开关显示故障码的功能，不过这种码多是两位数码，信息量远远少于 OBD-Ⅱ标准码，有些故障码无法用此种方式输出。

OBD-Ⅱ随车诊断系统的特点是：

① 将各种车型的诊断插座统一为16针，大多安装在仪表板下方左侧或右侧，也有的车型安装在变速杆旁等便于操作的地方。

② 具有数值分析和资料传输功能（DATA LINK CONNECTOR，DLC）。数值传输有两个标准：一个是欧洲统一标准，即 ISO 标准，它利用 7#、15#脚传输数据；另一个是美国汽车工程学会统一标准，即 SAE 标准，它利用 2#、10#脚传输数据。

③ 统一各个车型的故障码含义。

④ 具有重新显示记忆故障码的功能。

⑤ 具有行车记录器的功能。

⑥ 具有可由仪器直接消除故障码的功能。

OBD-Ⅱ诊断座的结构、各个针脚应用将在后边内容中介绍。

故障码含义：

例如：P0122，其中第一位为英文字母，第二至第五位为数字，各位含义为：

第一位是英文字母，分别代表测试系统。其中：B 代表车身；C 代表底盘；P 代表动力系统（发动机、变速器）；U 未定义。

第二位为数字：代表汽车制造厂商。0 则代表 SAE 定义故障码；1、2、3 代表汽车制造厂。

第三位为数字：代表 SAE 定义的故障码范围。数字"1"或"2"，表示燃油或空气测试不良；数字"3"表示点火系统不良或发动机间歇熄火；数字"4"表示废气控制系统辅助装置不良；数字"5"表示汽车或怠速控制系统元件不良；数字"6"表示电脑或输出控制元件不良；数字"7"或"8"表示变速器控制系统不良。

第四、五位为数字，代表原厂故障码。

2. 故障码的读取与清除

现代车辆的维修，基本都配备了针对本车型的专用诊断仪，除此之外，一些综合修理厂还可使用通用型（综合）诊断仪，方便故障码的读取与清除。

5.2.4　备用系统

备用系统也称为后备功能系统，它是当电控系统检测到信号传输部分（传感器或信号开关）出现故障（信号失真、失效、短路、断路）时，ECU 把车辆的运行控制在预定水平上，作为一种备用功能使车辆继续行驶。该系统只能维持基本功能，而不能保持正常的运行性能，有时把这种运行称为"跛行回家"功能。

在柴油发动机高压共轨电控系统中，当轨压传感器或加速踏板传感器等主要传感器信号电路，出现断路或短路故障时，微机无法检测油轨压力和发动机负荷情况，也就无法对油轨压力进行有效控制，燃油喷油量得不到精确控制，电控系统进入异常工作状态，发动机将会停机，车辆则不能行驶。若此时汽车处于行驶途中，又远离维修服务站，将会使驾驶人和乘客陷入十分困难的境地。此时，后备功能系统将投入工作，维持发动机转速在 1000～1500 r/min 左右，限制发动机转矩和巡航功能，汽车进入"跛行回家"模式继续行驶，以便使汽车能开到最近的维修站或适宜的地方。

后备功能系统为一专用后备电路，当监视器监测出微机出现异常情况而满足启用后备功能系统的工作条件时，首先"检查"灯亮，告诉驾驶人应及时将汽车送到维修站检修；与此同时，ECU 自动转换成简易控制的后备功能系统。后备功能系统只是简易控制，只能维持基本功能；可以使车辆能继续行驶，而不是保持正常运行的最佳性能。

练习与思考

一、填空题

1. 现代汽车电子控制系统愈来愈复杂，电控系统已不仅仅是_____的存在，各个电控系统或多或少都有一定的_____联系，当发生故障时要判断故障的部位相对_____。因此，在电子控制系统中，一般都具有故障_____功能。

2. 诊断系统工作时，对于_____的输入信号、软件的_____是否正确以及电子控制器中的_____、是否发生了_____都会进行_____。

3. 当诊断系统检测到_____时，就会在存储器中以_____的形式_____下该故障和相应的发动机_____，同时诊断系统还将根据现行故障的_____和_____，点亮不同的_____，用于提醒_____。

4. 对车辆进行检修时，借助于电控系统的故障诊断_____，通过人工或使用_____，可以将 ECU 存储器中的_____调出，并以灯光_____的方式或直接由诊断仪显示屏以显示出来，从而帮助维修人员迅速_____判断故障的_____和_____。

5. 故障排除后，同样按_____的程序，用人工方法或借助于_____，将控制电脑存储器中储存的_____清除掉，以免与新产生的_____混淆，给检修带来_____。

6. 故障指示灯在点火开关接通后，一般都会_____，这是电控系统的_____程序，并不代表发生了_____，自检结束未发现故障，指示灯_____。发动机起动后，故障指示灯应处于_____状态，如果仍然_____或_____，表示电控系统有_____。

二、简答题

1. 简述自诊断原理。
2. 简述什么是 OBD-Ⅱ诊断系统。
3. 简述 OBD-Ⅱ诊断系统的特点。
4. 简述 OBD-Ⅱ诊断系统的故障码含义。
5. 简述发动机电控系统的备用系统。

任务3　故障码与数据流分析

学习目标：

1. 了解故障的确认方法
2. 了解故障的分类方法
3. 掌握故障码的分析方法

4. 了解数据流的概念

5. 了解数据参数的分类

6. 掌握数据流的获取方法

7. 掌握数据流分析的步骤

8. 掌握数据流分析的方法

学习内容：

1. 故障码分析

2. 数据流分析

5.3.1　故障码分析

在发动机电控系统的故障诊断中，利用故障诊断仪读取故障码的方法已经成为必不可少的工作之一，大多数情况下，维修人员总想试图把读取到的故障码，作为主要故障原因或故障点来判断故障，或通过更换故障码所指出的元器件来排除故障。但事实上并非如此简单，由于电控系统自诊断能力的局限性，以及各个元器件故障设定的条件不同，还有各个元器件之间的相互关联作用等诸多因素，电控模块内记录、储存的故障码的内容，有些能相对准确地反映故障真实情况，有些则不能反映真实情况，故障码对于故障诊断只能作为一些参考信息，然后经过仔细分析，这样有助于缩小故障范围，进而确定检修重点，具体的器件性能、工作状况的鉴定、确认还需借助于常规仪器或仪表。

故障码（又称故障代码）是汽车电控系统电脑的自诊断系统，对检测出的故障点所记录下的相应编码。

故障码分析是诊断汽车电子控制系统故障的第一步，是汽车电子控制系统故障诊断中最基本、最简单，也是最常用的方法之一。

故障码分析的过程是对汽车电控系统电脑自诊断系统记录的故障码进行读取、清除和鉴别分类的分析过程。

1. 故障的确认方法

电控系统电脑自诊断系统对任何故障码的设定都有不同的设定条件，当自诊断系统检测到某一个或几个信号超出其设定条件（或范围）即故障时，将设定故障码。一般通过以下几种方法进行确认。

（1）数值判定

当控制电脑接收到的输入信号超出规定的数值范围时，自诊断系统就确认该输入信号出现故障。例如：某些发动机电控系统中冷却液温度传感器，采用负温度系数的热敏电阻，正常使用温度范围为 $-40 \sim 135℃$，输出电压为 $0.3 \sim 4.7V$，当控制电脑检测出信号电压小于 $0.15V$ 或大于 $4.85V$ 时，就判定冷却液温度传感器信号系统发生短路或断路故障。

（2）时间判定

当控制电脑检测时发现某一输入信号在一定的时间内没有发生变化，或变化没有达到预先规定的标准时，自诊断系统就会确定该信号出现故障。氧传感器就是一个典型的例子：在发动机达到正常温度，且控制系统进入闭环控制后，如果电脑检测不到氧传感器的输出信号，超过了设定的时间，或者氧传感器信号电压在 $0.45V$ 的基准上，没有上下变化的情况已超过了设定的时间，自诊断系统就会判定氧传感器信号系统出现故障。

（3）功能判定

当控制电脑给执行器发出驱动指令后，检测相应传感器或反馈信号的输出参数变化，如果输出信号没有按照程序规定的趋势变化，就会判定执行器或相关电路出现了故障。例如：驾驶人使用了排气制动功能，或是控制电脑得到了排气制动的请求信号后，同时会检测进气压力传感器和发动机转速输出信号是否相应变化，用以确定排气制动阀及相关电路是否动作，若没有变化，则判定排气制动阀及相关电路故障。电装电控系统采用了排气制动继电器，而博世电控系统则是由发动机电脑直接控制排气制动阀。

（4）逻辑判定

控制电脑对两个或两个以上具有相互联系的传感器进行数据比较，当发现两个传感器信号之间的逻辑关系违反了设定的条件，就会判定其中一个或其相互之间有故障。例如：柴油机电控系统中加速踏板传感器就是一个典型的例子。在电控系统中设有两个加速踏板传感器且同步工作，两个传感器的工作电源相同，但信号电压却是1/2的关系，即加速踏板传感器2无论在什么情况下信号电压始终是加速踏板传感器1的1/2，若控制电脑检测到两者信号电压的比例不成立时，则判定该传感器出现了故障，在点亮故障指示灯的同时，会记录故障码。同理，曲轴位置传感器和凸轮轴位置传感器也有同样的逻辑关系。

2. 故障的分类

电控系统出现的故障形式一般分为软故障和硬故障两大类型：前一种是间歇性的故障，后一种是持续性的故障。

（1）间歇性的故障

间歇性的故障即软故障，它的特点是时有时无，故障难以判断。因为要重现间歇性故障产生的状态，有很大困难，有时需要很长时间用于捕捉间歇性故障的重现，或者需要人为地创造可重现故障的条件，例如给可疑器件加温、晃动怀疑接触不良的电气连接等，同时更需要借助其他设备，捕捉故障出现时瞬间的各种数据、参数的变化情况。间歇性故障的发生大多没有规律可循，重现的时间长短也不确定，所以维修难度较大。

（2）持续性的故障

持续性的故障即硬故障，它的特点是一旦发生就始终存在，故障判断比较容易。

（3）故障和故障现象及故障码的关系

有故障码存在时大多数情况下的确有故障，也会有不同程度的故障症状。如：存在进气压力传感器故障码，说明进气压力信号有误，会产生明显的故障现象，如发动机加速不良、动力性下降、排放超标等。

但有些故障的故障症状并不明显。如：出现进气温度传感器的故障码，则表示进气温度传感器信号可能有断路或短路故障发生，但这个故障所带来的影响，仅凭驾驶感觉不一定能够发现。

有故障码也不一定就会有故障，这里边有好多因素，主要有外界或车上各种干扰源的干扰、检测过程的误操作、相关故障的影响和虚假的故障码等。

当有故障症状出现时，一定存在故障，但不一定产生故障码，因为故障码是由控制电脑的自诊断系统定义的，电脑监控信号以外导致的故障，就不可能设定故障码。例如：机械性故障自诊断系统就无法识别，但发动机会有工作不良的故障症状。

所以，有故障码不一定有故障，没有故障码不一定没有故障。不能认为读出故障码，并按照故障码指示或说明就可以修好车，这只是诊断的开始而不是诊断的结果。应该清楚，我们修理的是故障，而不是故障码，而故障码仅仅是有助于缩小故障范围、指出较为明确的检测方向和对故障特性给出的一种提示。

3. 故障码的分析

在发动机电控系统的故障维诊断中，利用故障诊断仪读取故障码的方法已经成为必不可少的工作之一，大多数情况下，维修人员总想试图把读取到的故障码，作为主要故障原因或故障点来判断故障，或通过更换故障码所指出的元器件来排除故障。但事实上并非如此简单。由于电控系统自诊断能力的局限性，以及各个元器件故障设定的条件不同，还有各个元器件之间的相互关联作用等诸多因素，控制电脑内记录、储存的故障码的内容有些能相对准确地反映故障真实情况，有些则不能反映真实情况，故障码对于故障诊断只能提供一些参考信息，维修人员应进行仔细分析，这样有助于缩小故障范围，进而确定检修重点，具体的器件性能、工作状况的鉴定、确认，还需借助于常规仪器或仪表。

（1）故障码分析的步骤

① 首先读取并记录所有故障码。

② 清除所有的故障码。

③ 确认故障码已被清除（再次读取故障码时，应显示此时无故障码）。

④ 模拟故障产生的条件进行路试以使故障重现。

⑤ 再读取并记录此时的故障码。

⑥ 区分间歇性（软）故障码和当前（硬）故障码。

⑦ 区分与故障症状相关的故障码和无关的故障码。

⑧ 区分诸多故障码或相关故障码中的主要故障码（它可能是导致其他故障码产生的原因）。

⑨ 按照上述分析，进一步精确地检查、测量故障码所代表的传感器、执行器或控制电脑及相关的电路状态，以便确定故障点的准确位置。

（2）典型故障码分析

电子控制系统是由传感器、执行器、插接器、线路和电脑内部的电路所组成的。因此反映系统故障的故障码所包含的内容不单是指该传感器或执行器出现故障，而是表示该系统的信号出现不正常的现象，至于不正常的原因则可能出现在组成该系统的任何一部分——器件、插头、线路或电脑上。在整个分析和检查的过程中，我们应明确故障码仅为维修人员提供了进一步检测的大方向，但并不能也不是告诉我们究竟什么地方和什么东西出现故障。为真正确定是什么地方和什么东西的问题，还需要根据相应的技术资料（包括电路图、器件位置、标准值等），利用可能的检测手段进一步测量，这就是为什么不要以为读到故障码即可修好车的原因。

1）断路故障码的分析。断路是指构成闭合回路的电路中的任意一处或一个连接点（器件、导线、插接器）的开路状态。它切断了电路的通路，导致控制电路不能构成闭合回路。在故障码中传感器、执行器、线路都有断路故障码。例如，故障码P0201，查阅故障码说明，故障描述为一缸喷油器开路，图5-4所示为一缸喷油器控制电路图。

根据图5-4所示电路图可以看出，故障码P0201描述的一缸喷油器开路，最少有五个故

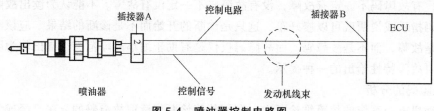

图 5-4　喷油器控制电路图

障点可以导致故障码的产生，它们分别是喷油器本身电磁线圈开路、喷油器与线束插头（插接器 A）严重接触不良或开路、喷油器与电脑之间的控制线路中的任意一条（控制电路和控制信号电路）导线的断路，以及电脑与线束的插接器（插接器 B）严重接触不良或处于开路状态。所以，针对断路故障码的诊断，主要应采用万用表蜂鸣档或电阻档，对可能导致断路的任何一个连接点或插接器包括器件本身，进行认真仔细地检查。这看似一种常规性的检查，却需要操作者熟练的基本功。

喷油器电磁线圈的静态电阻值检查，关闭点火开关，拔下喷油器线束插头，选用万用表电阻档，两表笔分别触接喷油器接线柱，所测电阻值应与标准值相符，若电阻值偏差很大或无穷大，则为开路现象。

喷油器线束插头是导致开路状态的主要因素，它的工作温度较高、工作环境恶劣。所以，对它的检查要特别仔细。关闭点火开关后，将喷油器、电脑的线束插头拔下，选用万用表电阻档，表笔的一端触接喷油器线束插头的某一插孔，万用表的另一表笔触接电脑侧对应的线束插孔，测量结果导线电阻值不应大于 0.5Ω，否则应检查线束两侧插座内插簧是否氧化或有线路断路部分；若两条线路检查均未发现断路现象，可将喷油器线束插头插好，用万用表在电脑线束侧插座的相应插孔内，检查包括喷油器在内的电路电阻值是否符合标准值（喷油器电磁线圈电阻值）。若正常，说明喷油器至电脑侧线束正常。否则，问题可能出在喷油器与线束插接器接触不良。

上述检查未发现开路原因时，也不能排除电脑侧线束插头接触不良的现象，但这种情况很少。若确实需要对其进行检查时，可在发动机工作的时候，用背插式方法，将专用测试灯连接于电脑线束侧相对应的喷油器插接器上，观察有无脉冲信号。若有，说明电脑侧线束插头接触不良。否则，该例开路故障的原因可能在电脑内部，可视情况检修或更换电脑。

2）短路故障码的分析。短路是指控制回路中电流未按照规定的路径通过，而在中途与相邻导线搭接的地方通过的状态。短路时的电流比正常通路时的电流大，极容易烧坏电源、中间环节及用电设备。短路现象产生的故障码很多，例如：故障码 P0253，查阅故障码说明，故障码描述为燃油计量单元对地短路，可参看图 5-5。

图 5-5 所示为故障码 P0253 燃油计量单元对地短路的故障点示意图。这仅仅是一个假设，其实在燃油计量单元控制信号线的任何一点与线束中的其他电源负极导线，或车身搭铁出现非正常连接，都可以产生该导线与电源负极短路的故障码。在检查此类故障时一般采用万用表电阻档，方法是关闭点火开关，将燃油计量单元线束插头和电脑线束插头拔下，将万用表的一端触接燃油计量单元线束插座的控制信号线插孔，万用表的另一端搭铁，正常时电阻值应大于 $10k\Omega$ 或为无穷大。否则，应查明短路原因。

对于燃油计量单元控制电路导线是否与电源负极短路的检查方法也是如此，无论哪一条

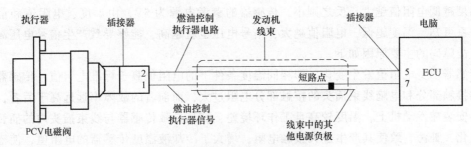

图 5-5　燃油计量单元对地短路

导线对电源负极短路，都将造成电脑的损坏。短路故障对电脑或其他电源、线束的危害性很大，所以对短路故障的检查、排除要格外认真对待，严格按照规范要求进行操作。

故障码 P0254，故障码描述为燃油计量单元对电源短路，可参看图 5-6。

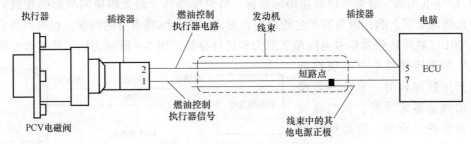

图 5-6　燃油计量单元对电源短路

图 5-6 所示为故障码 P0254 燃油计量单元对电源短路的故障点示意图，对于燃油计量单元控制信号线的任何一点与线束中的其他电源正极导线出现非正常性的连接，都可以产生该导线与电源正极短路的故障码。检查此类故障最方便、最实用的方法，同样为采用万用表电阻档，关闭点火开关，将燃油计量单元线束插头和电脑线束插头拔下，将万用表的一端触接燃油计量单元线束插座的控制信号线插孔，万用表的另一端连接其他电源正极。正常时电阻值应大于 10kΩ 或为无穷大，否则，应查明短路原因。

3）信号电压高于最高限值故障码的分析。发动机电控系统有源传感器的工作电源或参考电源一般多为电脑内部提供的 5V 稳压电源，所以传感器的信号电压一般设定在 0.3～4.7V（车型不同略有区别）。当电脑自诊断系统检测到信号电压高于设定最高限值，且超过或达到设定故障码的条件时，就会记录故障内容，并设定信号电压高于最高限值的故障码。这类故障相对于短路、断路故障码的分析和检查难度要大，因为这种故障的故障点不很明显，需要有较强的电路分析能力和熟练的操作技巧。

在故障码中这类故障要比短路、断路故障码多，原因是导致产生此类故障码的因素较多，以故障码 P0118 冷却液温度传感器信号电压高于最高限值为例进行分析，图 5-7 所示为冷却液温度传感器电路图。

发动机电控系统冷却液温度传感器采用负温度系数的热敏电

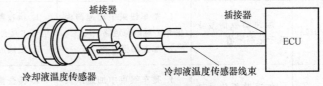

图 5-7　冷却液温度传感器电路图

阻，温度越低电阻值越大，反之则小，传感器的参考电源为 5V，由温度、电阻值和信号电压的关系可知，温度越低，电阻值越大，信号电压也就越高，能够导致产生信号电压高于最高限值故障码的主要原因如下。

传感器本身电阻值发生变化，即相同温度条件下的电阻值高于标准电阻值；传感器线束插头的接触部分和电脑线束插头的接触部分电阻过大，而前者的故障率远远高于后者，因为传感器安装在发动机上，温度较高且工作环境差，容易导致传感器与线束插头内的插簧和插片的氧化、脏污，致使其产生过大接触电阻，增大了冷却液温度传感器的电阻值，使输入到电脑的信号电压高于正常温度时的电压值。个别情况下也有可能出现信号线与电源线短路，但这种情况可能产生与电源短路的故障码。

在分析和检查此类故障码时，除了核实传感器本身参数外，更多的要对线路，特别是线路接触部分进行重点检查，确保线路连接可靠，导通良好。

4）信号电压低于最低限值故障码的分析。信号电压低于最低限值的故障码在故障码中所占的比例也是很大的，因为它产生的原因也很多，有传感器本身的问题，也有线路接触问题，以 P0192 轨压传感器信号电压超下限为例进行分析，图 5-8 所示为轨压传感器电路。

这类型的传感器本身出现性能问题而产生故障码时，对传感器没有更好的测量鉴定手段，只能通过替换的方法进行检查。若是传感器电源线任意一处插接器接触不良，导致传感器工作电源电压过低，同

图 5-8 轨压传感器电路

样可以产生这种故障码。而由于线路接触不良导致的故障是可以检查并排除的，方法仍然是万用表电阻档，只要仔细、认真检查完全可以排除。在个别情况下也有可能是信号线对电源负极短路，这同样也可能产生这种故障码，但有时会报告传感器信号对地短路的故障码。

4. 常见车型故障码说明

（1）博世公司故障码说明

博世公司故障码说明见表 5-1。

表 5-1 博世公司（CA6DL2/6DF3）故障码说明

故障码	故障描述	故障可能原因	故障处理方法	故障发生时 ECU 采取的保护措施
		加速踏板传感器		
P0122	加速踏板信号 1 低于最低限值	1. 整车线束中加速踏板信号 1 对地短路 2. 加速踏板故障	1. 检查整车线束中加速踏板信号 1 是否对地短路 2. 更换加速踏板	1. 限转矩 2. 取消巡航 3. 发动机转速到 1000
P0123	加速踏板信号 1 高于最高限值	1. 整车线束中加速踏板信号 1 对电源短路 2. 加速踏板故障	1. 检查整车线束中加速踏板信号 1 是否对电源短路 2. 更换加速踏板	1. 限转矩 2. 取消巡航 3. 发动机转速到 1000
P0222	加速踏板信号 2 低于最低限值	1. 整车线束中加速踏板信号 2 对地短路 2. 加速踏板故障	1. 检查整车线束中加速踏板信号 2 是否对地短路 2. 更换加速踏板	1. 限转矩 2. 取消巡航 3. 发动机转速到 1000

（续）

故障码	故障描述	故障可能原因	故障处理方法	故障发生时 ECU 采取的保护措施
加速踏板传感器				
P0223	加速踏板信号 2 高于最高限值	1. 整车线束中加速踏板信号 2 对电源短路 2. 加速踏板故障	1. 检查整车线束中加速踏板信号 2 是否对电源短路 2. 更换加速踏板	1. 限转矩 2. 取消巡航 3. 发动机转速到 1000
P2135	电子油门传感器 1、2 电压同步偏差超标	1. 整车线束中加速踏板信号接线故障 2. 加速踏板故障	1. 检查整车线束中加速踏板信号线 2. 更换加速踏板	1. 限转矩 2. 取消巡航 3. 发动机转速到 1000
P2299	加速踏板和制动踏板被同时踩下	1. 加速踏板和制动踏板同时踩下 2. 加速踏板和制动开关损坏	1. 松开加速踏板或制动踏板 2. 更换加速踏板或制动踏板	取消巡航
轨压传感器				
P0193	轨压传感器信号电压超上限	1. 轨压传感器损坏 2. 轨压传感器线束损坏	1. 更换轨压传感器 2. 检查轨压传感器线束	1. 限制转矩 2. 取消巡航
P0192	轨压传感器信号电压超下限	1. 轨压传感器损坏 2. 轨压传感器线束损坏	1. 更换轨压传感器 2. 检查轨压传感器线束	1. 限制转矩 2. 取消巡航
P0087	轨压小于轨压最小值	1. 油路问题 2. 油泵损坏 3. 轨压传感器损坏 4. 燃油计量单元损坏	1. 检查油路 2. 更换油泵 3. 更换油轨	限转矩
P0191	起动或运行时轨压偏差超过上限	1. 油路问题 2. 油泵损坏 3. 轨压传感器损坏 4. 燃油计量单元损坏	1. 检查油路 2. 更换油泵 3. 更换油轨	1. 限制转矩 2. 取消巡航
	起动或运行时轨压偏差超过下限	1. 油路问题 2. 油泵损坏 3. 轨压传感器损坏 4. 燃油计量单元损坏	1. 检查油路 2. 更换油泵 3. 更换油轨	1. 限制转矩 2. 取消巡航
P100E	油轨限压阀打开	1. 油路问题 2. 限压阀损坏	1. 更换油轨 2. 检查油路	限转矩
P100F	压力冲击油轨限压阀请求	1. 油路问题 2. 限压阀损坏	1. 更换油轨 2. 检查油路	限转矩
P1010	油轨限压阀在压力冲击后未打开	1. 油路问题 2. 限压阀损坏	1. 更换油轨 2. 检查油路	限转矩
P1011	轨压正偏差过大	1. 油路问题 2. 油泵损坏 3. 轨压传感器损坏 4. 燃油计量单元	1. 检查油路 2. 更换油泵 3. 更换油轨	限转矩

（续）

故障码	故障描述	故障可能原因	故障处理方法	故障发生时 ECU 采取的保护措施
轨压传感器				
P1012	超过设定的燃油流量后轨压正偏差过大	1. 油路问题 2. 油泵损坏 3. 轨压传感器损坏 4. 燃油计量单元	1. 检查油路 2. 更换油泵 3. 更换油轨	限转矩
P1013	超过设定的燃油流量和温度后轨压负偏差过大	1. 油路问题 2. 油泵损坏 3. 轨压传感器损坏 4. 燃油计量单元	1. 检查油路 2. 更换油泵 3. 更换油轨	限转矩
进气压力传感器				
P0237	进气压力传感器信号低于最低限值	1. 整车线束中进气压力信号对地短路 2. 进气压力传感器故障	1. 检查整车线束中进气压力信号线 2. 更换进气压力传感器	1. 限转矩 2. 取消巡航 3. 最高转速只能到1800r/min
P0238	进气压力传感器信号高于最高限值	1. 整车线束中进气压力信号对电源短路 2. 进气压力传感器故障	1. 检查整车线束中进气压力信号线 2. 更换进气压力传感器	1. 限转矩 2. 取消巡航 3. 最高转速只能到1800r/min
大气压力传感器				
P2227	大气压力信号错误	ECU 内大气压力传感器故障	更换 ECU	1. 限转矩 2. 最高转速只能到1800r/min
P2228	大气压力低于最低限值	ECU 内大气压力传感器故障	更换 ECU	1. 限转矩 2. 最高转速只能到1800r/min
P2229	大气压力高于最高限值	ECU 内大气压力传感器故障	更换 ECU	1. 限转矩 2. 最高转速只能到1800r/min
冷却液温度传感器				
P0116	冷却液温度传感器信号错误	1. 整车线束中冷却液温度传感器信号对电源短路 2. 冷却液温度传感器故障	1. 检查整车线束中冷却液温度传感器信号线 2. 更换冷却液温度传感器	限转矩
P0117	冷却液温度传感器信号低于最高限值	1. 整车线束中冷却液温度传感器信号对地短路 2. 冷却液温度传感器故障	1. 检查整车线束中冷却液温度传感器信号线 2. 更换冷却液温度传感器	限转矩
P0118	冷却液温度传感器信号高于最高限值	1. 整车线束中冷却液温度信号对电源短路 2. 冷却液温度传感器故障	1. 检查整车线束中冷却液温度传感器信号线 2. 更换冷却液温度传感器	限转矩

（续）

故障码	故障描述	故障可能原因	故障处理方法	故障发生时 ECU 采取的保护措施
冷却液温度传感器				
P0217	冷却液温度超过上限	1. 冷却液温度传感器损坏 2. 冷却液太少	1. 更换冷却液温度传感器 2. 加冷却液	限转矩
P2266	冷却液温度传感器电压超下限	1. 冷却液温度传感器故障 2. 冷却液温度传感器线束损坏	1. 更换冷却液温度传感器 2. 检查冷却液温度传感器线束	无
P2267	冷却液温度传感器电压超上限	1. 冷却液温度传感器故障 2. 冷却液温度传感器线束损坏	1. 更换冷却液温度传感器 2. 检查冷却液温度传感器线束	无
进气温度传感器				
P0097	进气温度传感器信号低于最低限值	1. 整车线束中进气温度传感器信号对地短路 2. 进气温度传感器故障	1. 检查整车线束中进气温度传感器信号线 2. 更换进气温度传感器	无
P0098	进气温度传感器信号高于最高限值	1. 整车线束中进气温度传感器对电源短路 2. 进气温度传感器故障	1. 检查整车线束中进气温度传感器信号线 2. 更换进气温度传感器	无
转速、辅助转速传感器				
P0008	运行时只有凸轮轴信号	1. 转速传感器故障 2. 转速传感器线束故障	1. 更换转速传感器 2. 检查转速传感器线束	1. 限扭矩 2. 取消巡航
P0016	凸轮轴转速和曲轴转速传感器信号偏差太大	1. 凸轮轴转速或曲轴转速传感器故障 2. 凸轮轴转速或曲轴转速传感器线束故障 3. 信号齿盘故障	1. 更换凸轮轴转速或曲轴转速传感器 2. 检查凸轮轴转速或曲轴转速传感器线束 3. 更换信号齿盘	1. 限转矩 2. 取消巡航
P0336	曲轴信号错误	1. 曲轴转速传感器故障 2. 曲轴转速传感器线束故障 3. 信号齿盘故障	1. 更换曲轴转速传感器 2. 检查曲轴转速传感器线束 3. 更换信号齿盘	1. 限转矩 2. 取消巡航
P0340	凸轮轴信号缺失	1. 凸轮轴转速传感器故障 2. 凸轮轴转速传感器线束故障 3. 信号齿盘故障	1. 更换凸轮轴转速传感器 2. 检查凸轮轴转速传感器线束 3. 更换信号齿盘	1. 限转矩 2. 取消巡航
P0341	凸轮轴信号错误	1. 凸轮轴转速传感器故障 2. 凸轮轴转速传感器线束故障 3. 信号齿盘故障	1. 更换凸轮轴转速传感器 2. 检查凸轮轴转速传感器线束 3. 更换信号齿盘	1. 限转矩 2. 取消巡航

（续）

故障码	故障描述	故障可能原因	故障处理方法	故障发生时 ECU 采取的保护措施
燃油计量单元				
P0251	燃油计量单元开路	1. 燃油计量单元损坏 2. 线束断路	1. 更换油泵 2. 检查燃油计量单元线束	无
P0252	燃油计量单元电路温度过高	1. 燃油计量单元线束电阻太小 2. 燃油计量单元线束短路	检查燃油计量单元线束	无
P0253	燃油计量单元短路到地	燃油计量单元线束短路到地	检查燃油计量单元线束	无
P0254	燃油计量单元短路到电源	燃油计量单元线束短路到电源	检查燃油计量单元线束	无
P1014	倒拖时燃油流量错误	1. 油路问题 2. 油泵损坏 3. 燃油计量单元损坏	1. 检查油路 2. 更换油泵	限转矩
P1018	燃油流量实际值小于计算值	1. 油路问题 2. 油泵损坏 3. 燃油计量单元损坏	1. 检查油路 2. 更换油泵	限转矩
喷油器				
P0201	一缸喷油器开路	一缸喷油器开路	检查一缸喷油器线束	无
P0202	二缸喷油器开路	二缸喷油器开路	检查二缸喷油器线束	无
P0203	三缸喷油器开路	三缸喷油器开路	检查三缸喷油器线束	无
P0204	四缸喷油器开路	四缸喷油器开路	检查四缸喷油器线束	无
P0205	五缸喷油器开路	五缸喷油器开路	检查五缸喷油器线束	无
P0206	六缸喷油器开路	六缸喷油器开路	检查六缸喷油器线束	无
P0261	一缸喷油器低端与高端短路	一缸喷油器低端与高端短路	检查一缸喷油器线束	无
P0262	一缸喷油器低端短路到电源	一缸喷油器低端短路到电源	检查一缸喷油器线束	无
P0263	一缸喷油器电阻超标	一缸喷油器电阻超标	一缸喷油器电阻超标	无
P0264	二缸喷油器低端与高端短路	二缸喷油器低端与高端短路	检查二缸喷油器线束	无
P0265	二缸喷油器低端短路到电源	二缸喷油器低端短路到电源	检查二缸喷油器线束	无
P0266	二缸喷油器电阻超标	二缸喷油器电阻超标	二缸喷油器电阻超标	无

（续）

故障码	故障描述	故障可能原因	故障处理方法	故障发生时 ECU 采取的保护措施
		喷油器		
P0267	三缸喷油器低端与高端短路	三缸喷油器低端与高端短路	检查三缸喷油器线束	无
P0268	三缸喷油器低端短路到电源	三缸喷油器低端短路到电源	检查三缸喷油器线束	无
P0269	三缸喷油器电阻超标	三缸喷油器电阻超标	三缸喷油器电阻超标	无
P0270	四缸喷油器低端与高端短路	四缸喷油器低端与高端短路	检查四缸喷油器线束	无
P0271	四缸喷油器低端短路到电源	四缸喷油器低端短路到电源	检查四缸喷油器线束	无
P0272	四缸喷油器电阻超标	四缸喷油器电阻超标	四缸喷油器电阻超标	无
P0273	五缸喷油器低端与高端短路	五缸喷油器低端与高端短路	检查五缸喷油器线束	无
P0274	五缸喷油器低端短路到电源	五缸喷油器低端短路到电源	检查五缸喷油器线束	无
P0275	五缸喷油器电阻超标	五缸喷油器电阻超标	五缸喷油器电阻超标	无
P0276	六缸喷油器低端与高端短路	六缸喷油器低端与高端短路	检查六缸喷油器线束	无
P0277	六缸喷油器低端短路到电源	六缸喷油器低端短路到电源	检查六缸喷油器线束	无
P0278	六缸喷油器电阻超标	六缸喷油器电阻超标	六缸喷油器电阻超标	无
P120B	喷油器高端短路到电源或地	1. 喷油器高端短路到电源或地 2. 喷油器故障	1. 检查喷油器线束 2. 检查喷油器	ECU 内喷油器电源 2 关闭
P120C	喷油器低端短路到地	1. 喷油器低端短路到地 2. 喷油器故障	1. 检查喷油器线束 2. 检查喷油器	ECU 内喷油器电源 2 关闭
P120E	喷油器线束电阻超标	1. 喷油器线束电阻超标 2. 喷油器故障	1. 检查喷油器线束 2. 检查喷油器	ECU 内喷油器电源 2 关闭
P1203	喷油器高端短路到电源或地	1. 喷油器高端短路到电源或地 2. 喷油器故障	1. 检查喷油器线束 2. 检查喷油器	ECU 内喷油器电源 1 关闭
P1204	喷油器低端短路到地	1. 喷油器低端短路到地 2. 喷油器故障	1. 检查喷油器线束 2. 检查喷油器	ECU 内喷油器电源 1 关闭

（续）

故障码	故障描述	故障可能原因	故障处理方法	故障发生时 ECU 采取的保护措施
喷油器				
P1206	喷油器线束电阻超标	1. 喷油器线束电阻超标 2. 喷油器故障	1. 检查喷油器线束 2. 检查喷油器	ECU 内喷油器电源 1 关闭
P1225	非正常工作喷油器数量超标	喷油器喷孔堵塞	更换喷油器	发动机关闭
继电器控制				
P0540	预热总是工作	1. 整车线束故障 2. 预热继电器连接错误或损坏	1. 整车线束故障 2. 预热继电器连接错误或损坏	无
P0541	预热继电器输出信号短路到地	1. 整车线束故障 2. 预热继电器连接错误/或损坏	1. 检查整车线束中信号线 2. 检查预热继电器	无
P0542	预热继电器输出信号开路或短路到电源	1. 整车线束故障 2. 预热继电器连接错误/或损坏	1. 检查整车线束中信号线 2. 检查预热继电器	无
P0543	预热继电器开路	1. 整车线束故障 2. 预热继电器连错误或损坏	1. 检查整车线束中信号线 2. 检查预热继电器	无
P1020	预热继电器故障	预热继电器损坏	更换预热继电器	无
P1021	预热继电器故障	预热继电器损坏	更换预热继电器	无
P1022	预热继电器故障	预热继电器损坏	更换预热继电器	无
P1023	预热继电器故障	预热继电器损坏	更换预热继电器	无
P0687	主继电器 2 短路到电源	ECU 故障	更换 ECU	无
P160E	主继电器 1 短路到电源	ECU 故障	更换 ECU	无
P0617	起动继电器高端短路到电源	1. 起动继电器高端短路到电源 2. 起动继电器损坏	1. 检查起动继电器线束 2. 更换起动继电器	限转矩
P163A	起动继电器开路或电路温度过高	1. 起动继电器开路 2. 起动继电器线束电阻太小	1. 检查起动继电器线束 2. 更换起动继电器	限转矩
P1638	起动继电器低端短路到电源	1. 起动继电器低端短路到电源 2. 起动继电器损坏	1. 检查起动继电器线束 2. 更换起动继电器	限转矩
P1639	起动继电器低端短路到地	1. 起动继电器低端短路到地 2. 起动继电器损坏	1. 检查起动继电器线束 2. 更换起动继电器	限转矩

（续）

故障码	故障描述	故障可能原因	故障处理方法	故障发生时 ECU 采取的保护措施
排气制动				
P0476	排气制动阀电路温度过高	1. 整车线束故障 2. 排气制动继电器连接错误或损坏	1. 检查整车线束中信号线 2. 检查排气制动继电器	排气制动功能无效
P0477	排气制动输出信号开路或短路到地	1. 整车线束故障 2. 排气制动继电器未接或损坏	1. 检查整车线束中信号线 2. 增加或更换排气制动继电器	无
P0478	排气制动输出信号短路到电源	1. 整车线束故障 2. 排气制动继电器连接错误或损坏	1. 检查整车线束中信号线 2. 检查排气制动继电器	无
开关类				
P0504	制动信号错误	1. 主制动或辅助制动开关损坏 2. 主制动或辅助制动开关只接有一只开关 3. 常开常闭弄错或接线有误	1. 主制动常开、辅助制动常闭，按接线图正确连接线束。 2. 更换开关	取消巡航
P0704	离合器开关故障	1. 整车线束故障 2. 离合器开关损坏	1. 检查整车线束中信号线 2. 检查离合器开关	无法巡航
P2530	起动开关总是按下	1. 起动开关损坏 2. 起动开关线束损坏	1. 更换起动开关 2. 检查起动开关线束	无
	发动机副起动开关故障	1. 发动机副起动开关故障 2. 发动机副起动开关线束损坏	1. 更换发动机副起动开关 2. 检查发动机副起动开关线束	无
ECU				
P060A	单个程序起动（SPI）故障	ECU 故障	更换 ECU	无
P060B	监测到的电压高于监测范围	ECU 内部模数监测模块故障	更换 ECU	限转矩
	监测到的电压低于监测范围	ECU 内部模数监测模块故障	更换 ECU	限转矩
	测试脉冲错误	ECU 内部模数监测模块故障	更换 ECU	限转矩
	模数转换列错误	ECU 内部模数监测模块故障	更换 ECU	限转矩

（续）

故障码	故障描述	故障可能原因	故障处理方法	故障发生时ECU采取的保护措施
		ECU		
P062B	芯片故障	ECU故障	更换ECU	无
P0628	电源预供给单元短路到地	ECU故障	更换ECU	无
P0698	ECU内传感器电源电压3低于下限	ECU故障	更换ECU	无
P0699	ECU内传感器电源电压高于上限	ECU故障	更换ECU	无
P0652	ECU内传感器电源电压2低于下限	ECU故障	更换ECU	无
P0653	ECU内传感器电源电压2高于上限	ECU故障	更换ECU	无
P0642	ECU内传感器电源电压1低于下限	ECU故障	更换ECU	无
P0643	ECU内传感器电源电压1高于上限	ECU故障	更换ECU	无
P1613	倒拖时喷油	ECU故障	更换ECU	无
P1614	倒拖故障	ECU故障	更换ECU	无
P163E	发动机制动信号选择错误	ECU故障	更换ECU	无
P0856	牵引力调配故障	ECU故障	更换ECU	无
P2157	从CAN过来的车速信号无效	1. ECU故障 2. CAN线束损坏	1. 更换ECU 2. 检查CAN线束	1. 取消空调 2. 取消巡航 3. 最高车速限制到50km/h
		其他类		
P161A	诊断灯短路到地	诊断灯线束短路到地	检查诊断灯线束	无
P161B	诊断灯开路	1. 没有连接诊断灯 2. 诊断灯损坏 3. 线束断路	1. 更换诊断灯 2. 检查诊断灯线束	无
P161C	诊断灯电路温度过高	1. 诊断灯线束电阻太小 2. 诊断灯线束短路	检查诊断灯线束	无
P1619	诊断灯短路到电源	诊断灯线束短路到电源	检查诊断灯线束	无
P162F	警告灯短路到电源	警告灯线束短路到电源	检查警告灯线束	无

（续）

故障码	故障描述	故障可能原因	故障处理方法	故障发生时 ECU 采取的保护措施
		其他类		
P1623	普通灯 1 短路到电源	1. 普通灯 1 故障 2. 普通灯 1 线束短路/到电源	1. 更换普通灯 1 2. 检查普通灯 1 线束	无
P1624	普通灯 1 短路到地	1. 普通灯 1 故障 2. 普通灯 1 线束短路到地	1. 更换普通灯 1 2. 检查普通灯 1 线束	无
P1625	普通灯 1 开路	1. 普通灯 1 故障 2. 普通灯 1 线束开路	1. 更换普通灯 1 2. 检查普通灯 1 线束	无
P1626	普通灯 1 电路温度太高	1. 普通灯 1 故障 2. 普通灯 1 线束短路	1. 更换普通灯 1 2. 检查普通灯 1 线束	无
P1627	普通灯 2 短路到电源	1. 普通灯 2 故障 2. 普通灯 2 线束短路到电源	1. 更换普通灯 2 2. 检查普通灯 2 线束	无
P1628	普通灯 2 短路到地	1. 普通灯 2 故障 2. 普通灯 2 线束短路到地	1. 更换普通灯 2 2. 检查普通灯 2 线束	无
P1629	普通灯 2 开路	1. 普通灯 2 故障 2. 普通灯 2 线束开路	1. 更换普通灯 2 2. 检查普通灯 2 线束	无
P1630	警告灯短路到地	警告灯线束短路到地	检查警告灯线束	无
P1631	警告灯开路	1. 没有连接诊断灯 2. 警告灯损坏 3. 线束断路	1. 更换警告灯 2. 检查警告灯线束	无
P1632	警告灯电路温度过高	1. 警告灯线束电阻太小 2. 警告灯线束短路	检查警告灯线束	无
P162A	普通灯 2 电路温度太高	1. 普通灯 2 故障 2. 普通灯 2 线束短路	1. 更换普通灯 2 2. 检查普通灯 2 线束	无
P162B	普通灯 3 短路到电源	1. 普通灯 3 故障 2. 普通灯 3 线束短路到电源	1. 更换普通灯 3 2. 检查普通灯 3 线束	无
P162C	普通灯 3 短路到地	1. 普通灯故障 3 2. 普通灯 3 线束短路到地	1. 更换普通灯 3 2. 检查普通灯 3 线束	无
P162D	普通灯 3 开路	1. 普通灯 3 故障 2. 普通灯 3 线束开路	1. 更换普通灯 3 2. 检查普通灯 3 线束	无
P162E	普通灯 3 电路温度太高	1. 普通灯 3 故障 2. 普通灯 3 线束短路	1. 更换普通灯 3 2. 检查普通灯 3 线束	无
P162F	警告灯短路到电源	警告灯线束短路到电源	检查警告灯线束	无
P1635	预热灯短路到电源	连接预热灯的线束对电源短路	检查预热灯线束	无

（续）

故障码	故障描述	故障可能原因	故障处理方法	故障发生时 ECU 采取的保护措施
其他类				
P1636	预热灯短路到地	连接预热灯的线束对地短路	检查预热灯线束	无
P1637	预热灯开路	1. 没有连接预热灯 2. 预热灯损坏 3. 线束中断路	1. 更换预热灯 2. 检查预热灯线束	无
P1642	预热灯电路温度过高	1. 预热灯电阻太小 2. 预热灯线束中有短路的地方	1. 更换预热灯 2. 检查预热灯线束	无
P0562	系统电源低于最低限值	1. 整车线束中电源线故障 2. 蓄电池或发电机故障	1. 检查整车线束 2. 检查蓄电池和发电机	无
P0563	系统电源高于最高限值	1. 整车线束中电源线故障 2. 蓄电池或发电机故障	1. 检查整车线束 2. 检查蓄电池和发电机	无
P1018	燃油滤清器故障	燃油滤清器堵塞故障	更换燃油滤清器	无

（2）电装公司故障码说明

电装公司故障码说明见表5-2。

表5-2 电装公司（CA6DL1）故障码说明

故障码	故障描述	故障可能原因	故障处理方法	故障发生时 ECU 采取的保护措施
加速踏板传感器				
P0122	加速踏板信号1低于最低限值	1. 整车线束中加速踏板信号1对地短路 2. 加速踏板故障	1. 检查整车线束中加速踏板信号1是否对地短路 2. 更换加速踏板	油门替代值是0%，中断巡航
P0123	加速踏板信号1高于最高限值	1. 整车线束中加速踏板信号1对电源短路 2. 加速踏板故障	1. 检查整车线束中加速踏板信号1是否对电源短路 2. 更换加速踏板	油门替代值是0%，中断巡航
P0222	加速踏板信号2低于最低限值	1. 整车线束中加速踏板信号2对地短路 2. 加速踏板故障	1. 检查整车线束中加速踏板信号2是否对地短路 2. 更换加速踏板	油门替代值是0%，中断巡航
P0223	加速踏板信号2高于最高限值	1. 整车线束中加速踏板信号2对电源短路 2. 加速踏板故障	1. 检查整车线束中加速踏板信号2是否对电源短路 2. 更换加速踏板	油门替代值是0%，中断巡航
P2120	加速踏板信号1、2失效	1. 整车线束中加速踏板信号接线故障 2. 加速踏板故障	1. 检查整车线束中加速踏板信号线 2. 更换加速踏板	油门替代值是0%，中断巡航

（续）

故障码	故障描述	故障可能原因	故障处理方法	故障发生时ECU采取的保护措施
轨压传感器				
P0193	轨压传感器信号电压高于最高限值	1. 整车线束中轨压信号对电源短路 2. 轨压传感器故障	1. 检查整车线束中轨压传感器信号线 2. 更换共轨	轨压限制80MPa以下；油量限制，中断巡航
P0192	轨压传感器信号电压低于最低限值	1. 整车线束中轨压信号对地短路 2. 轨压传感器故障	1. 检查整车线束中轨压传感器信号线 2. 更换共轨	轨压限制，替代轨压48MPa；油量限制，中断巡航
P1089	轨压高于最高限值	1. 线束故障 2. 轨压传感器故障	1. 检查相关线束 2. 检查高压共轨	油量（70%），限制轨压80MPa，无法巡航
P0088	轨压低于最低限值	1. 线束故障 2. 轨压传感器故障	1. 检查相关线束 2. 检查高压共轨	油量（70%），限制轨压80MPa，无法巡航
进气压力传感器				
P0238	进气压力传感器信号高于最高限值	1. 整车线束中进气压力传感器信号对电源短路 2. 进气压力传感器故障	1. 检查整车线束中进气压力传感器信号线 2. 更换进气压力传感器	替代值是100kPa，中断巡航
P0237	进气压力传感器信号低于最低限值	1. 整车线束中进气压力传感器信号对地短路 2. 轨压传感器故障	1. 检查整车线束中进气压力传感器信号线 2. 更换进气压力传感器	替代值是100kPa，中断巡航
大气压力传感器				
P2229	大气压力高于最高限值	ECU故障	更换ECU	
P2228	大气压力低于最低限值	ECU故障	更换ECU	
冷却液温度传感器				
P0117	冷却液温度传感器信号低于最低限值	1. 整车线束中冷却液温度传感器信号对地短路 2. 冷却液温度传感器故障	1. 检查整车线束中冷却液温度传感器信号线 2. 更换冷却液温度传感器	冷却液温度替代值为80℃，停止巡航
P0118	冷却液温度传感器信号高于最高限值	1. 整车线束中冷却液温度传感器信号对电源短路 2. 冷却液温度传感器故障	1. 检查整车线束中冷却液温度传感器信号线 2. 更换冷却液温度传感器	冷却液温度替代值为80℃，停止巡航
P0217	冷却液温度太高	1. 整车线束故障 2. 冷却液温度传感器故障 3. 冷却液温度太高	1. 检查整车线束中的信号线 2. 检查冷却液温度传感器 3. 检查冷却液温度是否过高	

（续）

故障码	故障描述	故障可能原因	故障处理方法	故障发生时 ECU 采取的保护措施
进气温度传感器				
P0113	进气温度传感器信号高于最高限值	1. 整车线束中进气温度传感器信号对电源短路 2. 进气温度传感器故障	1. 检查整车线束中进气温度传感器信号线 2. 更换进气温度传感器	进气温度替代值为20℃
P0112	进气温度传感器信号低于最低限值	1. 整车线束中进气温度传感器信号对地短路 2. 进气温度传感器故障	1. 检查整车线束中进气温度传感器信号线 2. 更换进气温度传感器	进气温度替代值为20℃
燃油温度传感器				
P0183	燃油温度传感器信号高于最高限值	1. 整车线束中燃油温度传感器信号对电源短路 2. 燃油温度传感器故障	1. 检查整车线束中燃油温度传感器信号线 2. 更换燃油温度传感器	燃油温度替代值为80℃
	燃油温度传感器信号低于最低限值	1. 整车线束中燃油温度传感器信号对地短路 2. 燃油温度传感器故障	1. 检查整车线束中燃油温度传感器信号线 2. 更换燃油温度传感器	燃油温度替代值为80℃
转速、辅助转速传感器				
P0337	无转速信号	1. 整车线束中转速传感器信号线故障 2. 转速传感器故障	1. 检查整车线束中转速传感器信号线 2. 更换转速传感器	起动时间变长,禁止 FCCB 功能
P0342	无辅助转速(凸轮轴)信号	1. 整车线束中辅助转速传感器信号线故障 2. 辅助转速传感器故障	1. 检查整车线束中辅助转速传感器信号线 2. 更换油泵	再次点火时无法起动
P0385	无转速和辅助转速信号	1. 整车线束故障 2. 转速和辅助转速传感器故障	1. 检查整车线束中信号线 2. 更换传感器	无法运行
P0503	车速传感器信号频率太高	1. 整车线束干扰 2. 车速传感器故障	1. 检查整车线束中信号线 2. 更换传感器	无法巡航
P0502	车速传感器信号开路或短路	1. 整车线束故障 2. 车速传感器故障	1. 检查整车线束中信号线 2. 更换传感器	无法巡航
P0501	车速传感器信号无效	1. 整车线束故障 2. 车速传感器故障	1. 检查整车线束中信号线 2. 更换传感器	
燃油计量单元				
P0629	PCV1 输出短路到电源	1. 线束故障 2. 油泵上 PCV 阀故障	1. 检查相关线束 2. 检查油泵 PCV 阀	油量（70%）,无法巡航
	PCV2 输出短路到电源	1. 线束故障 2. 油泵上 PCV 阀故障	1. 检查相关线束 2. 检查油泵 PCV 阀	油量（70%）,无法巡航
	PCV2 和 PCV1 输出短路到电源	1. 线束故障 2. 油泵上 PCV 阀故障	1. 检查相关线束 2. 检查油泵 PCV 阀	无法起动

（续）

故障码	故障描述	故障可能原因	故障处理方法	故障发生时 ECU 采取的保护措施
燃油计量单元				
P0628	PCV1 输出开路或短路到地	1. 线束故障 2. 油泵上 PCV 阀故障	1. 检查相关线束 2. 检查油泵 PCV 阀	油量（70%），无法巡航
	PCV2 输出开路或短路到地	1. 线束故障 2. 油泵上 PCV 阀故障	1. 检查相关线束 2. 检查油泵 PCV 阀	油量（70%），无法巡航
	PCV2 和 PCV1 输出短路到地	1. 线束故障 2. 油泵上 PCV 阀故障	1. 检查相关线束 2. 检查油泵 PCV 阀	无法起动
喷油器				
P0201	1 缸喷油器信号开路	1. 线束故障 2. 1 缸喷油器故障	检查相关线束	油量（70%），无法巡航，禁止 FCCB 功能
P0202	2 缸喷油器信号开路	1. 线束故障 2. 2 缸喷油器故障	检查相关线束	油量（70%），无法巡航，禁止 FCCB 功能
P0203	3 缸喷油器信号开路	1. 线束故障 2. 3 缸喷油器故障	检查相关线束	油量（70%），无法巡航，禁止 FCCB 功能
P0204	4 缸喷油器信号开路	1. 线束故障 2. 4 缸喷油器故障	检查相关线束	油量（70%），无法巡航，禁止 FCCB 功能
P0205	5 缸喷油器信号开路	1. 线束故障 2. 5 缸喷油器故障	检查相关线束	油量（70%），无法巡航，禁止 FCCB 功能
P0206	6 缸喷油器信号开路	1. 线束故障 2. 6 缸喷油器故障	检查相关线束	油量（70%），无法巡航，禁止 FCCB 功能
P2148	1、2、3 缸喷油器信号线短路到电源	线束故障	检查相关线束	油量（50%），无法巡航，禁止 FCCB 功能
P2147	1、2、3 缸喷油器信号线短路到地	线束故障	检查相关线束	油量（50%），无法巡航，禁止 FCCB 功能
P2146	1、2、3 缸喷油器信号无负载	1. 线束故障 2. 喷油器线束与喷油器连接故障	1. 检查相关线束 2. 检查喷油器电气连接	油量（50%），无法巡航，禁止 FCCB 功能
P2151	4、5、6 缸喷油器信号线短路到电源	线束故障	检查相关线束	油量（50%），无法巡航，禁止 FCCB 功能
P2150	4、5、6 缸喷油器信号线短路到地	线束故障	检查相关线束	油量（50%），无法巡航，禁止 FCCB 功能
P2149	4、5、6 缸喷油器信号无负载	1. 线束故障 2. 喷油器线束与喷油器连接故障	1. 检查相关线束 2. 检查喷油器电气连接	油量（50%），无法巡航，禁止 FCCB 功能
油泵控制				
P2635	油泵控制过载	油泵故障	检查油泵	
P1088	油泵控制过压	油泵故障	检查油泵	

（续）

故障码	故障描述	故障可能原因	故障处理方法	故障发生时 ECU 采取的保护措施
油泵控制				
P1266	油泵控制无负载	油泵故障	检查油泵	
P0093	油泵控制缺油无负载	油泵故障	检查油泵	
继电器控制				
P0541	预热继电器输出信号短路到地	1. 整车线束故障 2. 预热继电器连接错误或损坏	1. 检查整车线束中信号线 2. 检查预热继电器	无
P0542	预热继电器输出信号开路或短路到电源	1. 整车线束故障 2. 预热继电器连接错误或损坏	1. 检查整车线束中信号线 2. 检查预热继电器	无
P0686	主继电器故障	1. ECU 线束故障 2. 主继电器损坏	1. 检查 ECU 线束中信号线 2. 检查主继电器	无法巡航
P1682	排气制动输出信号短路到电源	1. 整车线束故障 2. 排气制动继电器连接错误或损坏	1. 检查整车线束中信号线 2. 检查排气制动继电器	排气制动功能无效
P1681	排气制动输出信号开路或短路到地	1. 整车线束故障 2. 排气制动继电器连接错误或损坏	1. 检查整车线束中信号线 2. 增加或更换排气制动继电器	排气制动功能无效
开关类				
P0617	起动开关短路到电源	1. 整车线束中起动开关对电源短路 2. 起动开关故障	1. 检查整车线束 2. 检查起动开关	
P1530	发动机停车开关常闭	1. 整车线束故障 2. 发动机副停车开关连接错误或损坏	1. 检查整车线束中信号线 2. 检查副停车开关	
P0704	离合器开关故障	1. 整车线束故障 2. 离合器开关损坏	1. 检查整车线束中信号线 2. 检查离合器开关	无法巡航
P0856	空档开关故障	1. 整车线束故障 2. 空档开关损坏	1. 检查整车线束中信号线 2. 检查空档开关	无法巡航
P1565	巡航开关电路故障	1. 整车线束故障 2. 巡航开关损坏	1. 检查整车线束中信号线 2. 检查巡航开关	无法巡航
其他类				
P0562	系统电压低于最低限值	1. 整车线束中电源线故障 2. 蓄电池故障或发电机故障	1. 检查整车线束 2. 检查蓄电池和发电机	
P0561	系统电压高于最高限值	1. 整车线束中电源线故障 2. 蓄电池故障或发电机故障	1. 检查整车线束 2. 检查蓄电池和发电机	

（续）

故障码	故障描述	故障可能原因	故障处理方法	故障发生时 ECU 采取的保护措施
		其他类		
P0219	发动机超速	1. 发动机挂低档倒拖 2. 燃油系统故障	1. 诊断仪清除故障码 2. 检查燃油系统	无法巡航
		ECU		
P1602	QR 数据未写入	ECU 数据故障	重新写入 QR 码	无
P0602	QR 数据故障	ECU 数据故障	重新写入 QR 码	油量（70%），无法巡航
P0607	看门狗芯片故障	ECU 故障	更换 ECU	油量（70%），限制油门开度，无法巡航
P0606	主 CPU 故障	ECU 故障	更换 ECU	无法运行
P0601	内部存储器故障	ECU 故障	更换 ECU	油量（70%），无法巡航
P0611	内部电容电路故障	ECU 故障	更换 ECU	
P0200	内部电容电路故障	ECU 故障	更换 ECU	

5.3.2 数据流分析

1. 数据流的概念

数据流是通过诊断接口，由专用诊断仪读取的控制电脑与传感器、执行器交换的数据参数，是发动机电脑接收传感器信息、控制执行器工作状态的数值表现形式，并且是随时间、温度、负荷等工况而变化的动态参数。它能真实地反映传感器、执行器的工作电压和工作状态，为故障诊断提供必要的参考依据，将其作为发动机电脑的输入、输出数据，可以使维修人员能随时了解发动机的工作状况，有针对性地运用各种测试手段对控制系统的相关数据参数进行综合分析，及时诊断发动机故障。

2. 数据参数的分类

数据流只能通过故障诊断仪（专用诊断仪和通用诊断仪）读取，根据各类数据在诊断仪上的显示方式大体可分为两大类型：数值参数和状态参数。如果按照电子控制系统的工作原理，数据流的参数又可分为输入参数和输出参数。

数值参数是有一定单位、一定变化范围的参数，主要反映电控系统工作中各部件的工作电压、温度、压力、时间和速度等，如电控装置中的温度传感器、进气压力传感器、加速踏板传感器等的工作状态。

状态参数是指工作中只有两种工作状态的参数，如开或关、导通或断开、高或低、是或否等，如电控装置中的开关，一般电磁阀等元器件的工作状态。

> 输入参数是指提供给控制电脑的传感器信息或开关信号的各个参数，可以是数值参数，也可以是状态参数。
>
> 输出参数是指控制电脑输出对执行器进行控制的指令，大多数为状态参数，但也有少部分的数值参数。

3. 数据流的获取

电控系统中数据流参数的获取一般通过电脑通信式、电路在线测量式和元器件模拟式三种方式。

（1）电脑通信式

电脑通信式即利用故障诊断仪（解码器、扫描仪），通过电控系统诊断插座的数据传输线与电控单元（俗称电脑）的有效沟通，将控制电脑的实时数据参数以串行的方式传输给诊断仪。在数据流中主要包括故障码信息、运行参数、控制指令等。诊断仪在接收到这些信号数据后，按照预定的通信协议将其显示为相应的文字和数码，以使维修人员观察系统即时运行状态，用以故障诊断时的数据分析。

> 诊断仪一般可分为专用诊断仪和通用型诊断仪两个大类：

1）专用诊断仪。专用诊断仪是各汽车生产厂家专用的测试设备，主要是针对本厂生产的一种或多种车型的故障诊断。它具有控制电脑版本的识别、读码、解码、数据扫描、动态参数显示、系统匹配、防盗设定等功能，有些还具有传感器输入信号和执行器输出信号的参数修正、电脑控制系统参数调整，以及部分执行器的功能测试。它适应的车型较少但专业性很强，是专业修理厂的必备设备。

2）通用型诊断仪。通用型诊断仪的测试功能大体上与专用诊断仪不相上下，某些特殊功能的性能不及专用诊断仪，但可测的车型较多、范围较广，因而称为通用型诊断仪。

（2）电路在线测量式

在线测量式主要是针对控制电脑外部的电器部件和连接电路的在线检测，通常是将控制电脑的输入信号、输出信号直接传输给电路分析仪的测量方式。电路分析仪最常用的是汽车专用万用表，其次是示波器（或汽车专用示波器）。

1）汽车专用万用表。汽车专用万用表一般为数字显示式，大多功能和外形与普通数字式万用表很相似，一般包括交、直流电压与电流，电阻、电容、频率、温度、占空比、闭合角及转速等。测量时需将万用表的测试笔直接触接被测导线或器件，用数字或模拟显示的方式反映电路中电参数的动态变化，是分析电路信号数值变化最常用、最实用的测试仪表，同时对大多数电器元件能够进行静态检查，以确定其功能的好坏。

2）汽车示波器。示波器是通过波形显示的方式反映电路参数的动态变化过程，是分析复杂电路信号波形变化的专业仪器。通常，汽车专用示波器有两个或两个以上的测试通道，根据维修需要可同时对多路电信号进行同步测量和显示，具有高速动态分析的优点，有些专用示波器还具有连续记忆和重放功能，便于捕捉间歇性故障，或通过一定的软件与 PC 机连接，将采集的数据进行存储、打印和再现。

（3）元器件模拟式

元器件模拟式测量是通过信号模拟器替代传感器的方式，将模拟信号送入控制电脑，再对控制电脑的响应参数进行分析比较，用以判断传感器的性能。目前常用的信号模拟器有两种，一种是单路信号模拟器，另一种是同步信号模拟器。

1）单路信号模拟器。单路信号模拟器也称单通道信号发生器，它只有一路信号输出，只能模拟一个传感器的动态变化信号。一般有 $0～15V$ 的可变电压信号，$0～10kHz$ 的可变交、直流频率信号，$0～200k\Omega$ 的可变电阻信号。

2）同步信号模拟器。同步信号模拟器具有两路信号同时输出的功能，特别是曲轴位置和凸轮轴位置传感器两路信号同步输出，在发动机无法起动的故障诊断时，能够用于人工模拟发动机运转的情况，对电控单元进行动态响应数据分析，用以界定传感器或控制电脑的工作情况。

信号模拟器在故障诊断中的功用主要有两个。一个是用对比的方法去判断被怀疑的传感器的好坏；另一个是用可变模拟信号去动态分析电脑控制系统的响应，进而分析控制电脑及系统的工作情况。

4. 数据分析的一般步骤

（1）有故障码时

在进行故障码分析并确认有故障码存在时，可以直接找出与该故障码相关的各组数据进行分析，并根据故障码设定的条件分析故障码产生的原因，进而对数据的数值及波形进行分析，找出故障点。

（2）无故障码时

在对故障码进行续取后确认无故障码存在时，可从故障现象入手，根据控制系统的工作原理和结构推断相关数据参数，再用数据分析的方法对相关数据参数进行观察和全面分析。

在进行数据分析时，常常需要知道所维修汽车系统的基本原理和结构、基本的控制参数及其在不同工况条件下的正确读值，并经过认真的分析，才有可能得出准确的判断。

5. 数据分析方法

（1）数值分析法

数值分析是对数据的数值变化规律和数值变化范围的分析，即数值的变化，如转速、车速和电脑读值与实际值的差异等。

在控制系统运行时，控制模块将以一定的时间间隔不断地接收各个传感器的输入信号，并向各个执行器发出控制指令，对某些执行器的工作状态还应根据相应传感器的反馈信号再加以修正。在诊断过程中可以通过诊断仪器读取这些信号参数的数值加以分析。

如系统电压，在发动机未起动时，其值应为当时的蓄电池电压（12V 或 24V），在起动后应等于该车充电系统的电压（$13.5～14.5V$ 或 $26.5～28V$）。若出现不正常的数值，表示充电系统可能出现故障，应首先查明原因并予以排除。

对于发动机不能起动（起动系统正常）的情况，应注意观察发动机的转速信号（通过诊断仪或转速表），因大多数发动机控制系统在对发动机进行控制时，都必须获取发动机的转速信号，控制电脑方可起用起动工况，否则将无法确定发动机是否在转动，也就不可能对燃油系统进行有效控制。

（2）时间分析法

电脑在分析某些数据参数时，不仅要考虑传感器的数值，而且要判断其响应的速率，以获得最佳效果。

例如，氧传感器的信号不仅要求有信号电压的变化，而且信号电压的变化频率在一定时间内要超过一定的次数（如某些车要求大于 6~10 次/10s）。当小于此值时，就会产生故障码，表示氧传感器响应过慢。有了故障码是比较好解决的，但当次数并未超过限定值，而又反应迟缓时，并不会产生故障码。不仔细体会，可能不会感到任何故障症状。此时，应接上诊断仪观察氧传感器数据的变化状态，以判断传感器的好坏。对采用 OBD-Ⅱ 系统的催化转化器，前后氧传感器的信号变化频率是不一样的。通常后氧传感器的信号变化频率至少应低于前氧传感器的一半，否则可能催化转化器的效率已降低了。

（3）因果分析法

因果分析法是对相互联系的数据间响应情况和响应速度的分析。在各个系统的控制中，许多参数是有因果关系的，如电脑得到一个输入，肯定要根据此输入给出一个输出，在认为某个过程有问题时，可以将这些参数连贯起来观察，以判断故障出现在何处。

例1：现代车辆的空调系统，通常按下空调（A/C）制冷开关后，它并不是直接接通空调压缩机电磁离合器，而是作为空调请求信号发送给发动机控制电脑，发动机控制电脑接收到此信号后，检查是否满足空调工作的条件（负荷、转速等工况）。若满足，就会向压缩机继电器发出控制指令，接通继电器，使压缩机工作。否则，将不予执行。所以，当空调不工作时，可观察在按下空调开关后，空调请求信号、空调控制信号、空调继电器等参数的状态变化来判断故障点。

例2：柴油发动机电控系统中，大多设计排气制动功能，当驾驶人按下排气制动开关时，只是将排气制动请求信号传输给了控制电脑，是否执行排气制动功能，还取决于控制电脑对车辆运行工况的综合分析（最关键的是发动机转速，各种车辆有不同的标准），当满足工作条件时，控制电脑将发出对排气制动的控制指令，由排气制动继电器提供排气制动电磁阀的工作电流，或电脑直接控制排气制动阀，实现排气制动功能。当存在排气制动故障时，可通过数据流逐项对排气制动请求信号、控制电脑对排气制动继电器的输出指令，以及排气制动继电器的工作状态等参数的变化，来判断故障，是电控方面问题则按照相应的提示进行检查，否则应检查机械方面。

（4）关联分析法

控制电脑对故障的判断一般是根据几个相关传感器的信号进行比较，当发现相互之间的关系不合理时，会给出一个或几个故障码，或指出某个信号不合理。此时，一定不要轻易按照故障码所指定的传感器草率对其判为不良或有故障，而应该根据它们之间的相互关系做进一步的检测，以得出正确的结论。

一台解放重型货车搭载潍柴发动机，故障码中有轨压限压阀打开、油门1信号1/2不正确、排气制动对地短路和电源电压低，但不论采用什么方法检查，或是替换确认良好的传感器，都没有发现传感器和其设定值有问题。而采取单个传感器独立检查时，发现将轨压传感器断开时，油门1信号不再出现故障码，而将轨压传感器恢复后故障依旧。

为什么断开轨压传感器后油门信号正常呢？根据电源电压低的故障码分析，原来油门1与轨压传感器的传感器电源是同一电源，而轨压传感器出现了短路故障，同时并接于电路中，导致了油门1的信号不正确，报告了故障码，所以更换了共轨管总成后故障排除。

（5）比较分析法

比较分析法是对相同车种及系统，在相同条件下的相同数据组进行分析。

在很多时候，没有足够详细的技术资料和详尽的标准数据，很难确认某个数据正确与否，更无法准确地判定某个器件的好坏。如果有条件可以同类车型或相同系统的数据加以比较，或者方便时，也可以使用替换器件的方法进行试验，以达到判断的目的。这都是一些简单的修理方法，但在操作时应首先做基本诊断，在故障分析趋势基本确定后，替换被怀疑有问题的器件，千万不要随意、盲目地替换器件，这样做既破坏了故障现象的原始状况，还有可能制造新的故障。其结果可能是换了所有的器件，仍未发现问题。需要注意的是，用于替换的器件一定要确认是良好的，而不一定是新的，因为新件的未必是良好的，这是做替换试验的基本原则。

6. 发动机主要数据分析

（1）电源分析

1）蓄电池电压分析。蓄电池电压是一个数值参数，它反映的是电脑检测到的汽车蓄电池的电压，单位为 V。柴油发动机高压共轨电控系统中设有专门检测蓄电池电压的传感器，它是根据其内部电路对输入电脑的电源电压进行检测后获得这一数值的。发动机运转时，该参数实际数值接近正常的充电电压（12V 车辆为 13.5～14.5V；24V 车辆为 26.5～28V）。在数值分析时，可将该参数的数值与蓄电池接线柱上的电压进行比较。若电压过低，说明电脑的电源线路有故障。

该参数主要用于电脑自诊断。当蓄电池电压过高或过低时，电脑的某些功能会发生变化。例如：如果电脑发现蓄电池电压下降到低于极限以下，它将发出指令让发动机以怠速运转，以增加充电量。这样会对怠速控制、燃油控制等参数产生影响。在大部分车型中，如果电脑发现蓄电池电压过高，它会切断由电脑控制的所有电磁阀的电流。以防止电脑因电流过大而损坏。

控制单元的电压过低，易引起以下故障：发动机怠速不稳、发动机熄火、加速不良、发动机起动困难。

2）基准电压分析。5V 基准电压是一个数值参数。它是发动机电脑向电控系统大多数传感器提供的基准工作电源电压的数值，大部分汽车电脑的基准电压为 5.0V 左右，主要有一路输出、两路输出或多路输出几种。该电压是衡量电脑工作是否正常的一个基本标志，若该电压异常，则表示电脑内部有故障。

（2）转速分析

1）发动机转速分析。读取电控装置数据流时，在检测仪上所显示出来的发动机转速是由电子控制系统（ECU）根据发动机曲轴位置传感器的脉冲信号计算而得出的，它反映了发动机的实际转速。发动机转速的单位一般采用 r/min，其变化范围为 0 至发动机的最高转速。该读数本身并无分析的价值，一般用于对其他参数进行分析时作为参考基准。

2）发动机起动转速分析。该参数是发动机起动时由起动机带动的发动机转速，其单位为 r/min，显示的数值范围为 0～800r/min，该参数是发动机微机控制起动喷油量的依据。分析发动机起动转速可以分析其起动困难的故障原因，也可分析发动机的起动性能。

（3）进气量分析

1）大气压力分析。大气压力是一个数值参数，它表示大气压力传感器送给电脑的信号电压的大小，或电脑根据这一信号经计算后得出的大气压力的数值。该参数的单位依车型不同而不同，有 V、kPa 及 mmHg 三种，其变化范围分别为 0 ~ 5.12V、10 ~ 125kPa 和 0 ~ 850mmHg。有些车型的电脑显示两个大气压力参数，其单位分别为 V、kPa 或 mmHg。这两个参数分别代表大气压力传感器电压的大小，及电脑根据这一信号计算后得出的大气压力数值。大气压力数值和海拔有关：在海平面附近为 100kPa 左右，高原地区大气压力较低，在海拔 4000m 附近为 60kPa 左右，在数值分析中，如果发现该参数和相应海拔的环境大气压力有很大的偏差，说明大气压力传感器或电脑有故障。

2）进气歧管压力分析。进气歧管压力是一个数值参数，表示由进气歧管压力传感器送给电脑的信号电压，或表示电脑根据这一信号电压计算出的进气歧管压力数值。该参数的单位依车型不同而不同，有 V、kPa 及 mmHg 三种，其变化范围分别为 0 ~ 5.12V、10 ~ 125kPa 和 0 ~ 850mmHg。进气歧管压力传感器所测量的压力是进气歧管内的绝对压力。在发动机运转时该压力的大小取决于油门的开度和发动机的转速。在相同转速下，油门愈小，进气歧管的压力就愈低（即真空度愈大）；发动机转速愈高，该压力就愈低。涡轮增压发动机的进气歧管压力在增压器起作用时，则大于 102kPa（大气压力）。在发动机熄火状态下，进气歧管压力应等于大气压力，该参数的数值应为 100 ~ 102kPa。如果在数值分析时发现该数值和发动机进气歧管内的绝对压力不符，则说明传感器不正常或微机有故障。

3）空气流量的分析。空气流量是一个数值参数，它表示发动机微机接收到的空气流量传感器的进气量信号。该参数的数值变化范围和单位取决于车型和空气流量传感器的类型。采用热线式空气流量传感器及热膜式空气流量传感器的汽车，该参数的数值单位均为 V，其变化范围为 0 ~ 5V。在大部分车型中，该参数的大小和进气量成反比，即进气量增加时，空气流量传感器的输出电压下降，该参数的数值也随之下降。5V 表示无进气量，0V 表示最大进气量。也有部分车型该参数的大小和进气量成正比，即数值大表示进气量大，数值小表示进气量小。

采用卡门涡旋式空气流量传感器的汽车，该参数的数值单位为 Hz 或 ms，其变化范围分别为 0 ~ 1600Hz 或 0 ~ 625ms。在息速时，不同排量的发动机该参数的数值为 25 ~ 50Hz。进气量愈大，该参数的数值也愈大。在 2000r/min 时为 70 ~ 100Hz。如果在不同工况时该参数的数值没有变化或与标准有很大差异，说明空气流量传感器有故障。进气流量不准常会引起加速不良、发动机回火、排气管放炮等故障现象。

（4）温度分析

1）冷却液温度分析。发动机冷却液温度是一个数值参数，其单位可以通过检测仪选择为℃或℉。在单位为℃时其变化范围为 -40 ~ 199℃。该参数表示电脑根据冷却液温度传感器送来的信号计算后得出的冷却液温度数值。该参数的数值应能在发动机冷车起动至热车的过程中逐渐升高，在发动机完全热车后息速运转时的冷却液温度应为 85 ~ 105℃。当冷却液温度传感器或线路断路时，该参数显示为 -40℃，若显示的数值超过 185℃，则说明冷却液温度传感器或线路短路。

在有些车型中，发动机冷却液温度参数的单位为 V，表示这一参数的数值直接来自冷却液温度传感器的信号电压。该电压和冷却液温度之间的比例关系依控制电路的方式不同而不同，通常成反比例关系，即冷却液温度低时电压高，冷却液温度高时电压低，但也可能成正比例关系。在冷却液温度传感器正常工作时，该参数值的范围为 0 ~ 5V。

> 冷却液温度传感器损坏引发的故障现象典型的是发动机冒黑烟、冷车不易起动，若显示温度过高也有限制发动机转速的，会导致加速不良、怠速不稳、有时熄火等现象。

2）起动时冷却液温度分析。某些车型的电脑会将点火开关刚接通那一瞬间的冷却液温度传感器信号存在存储器内，并一直保存至发动机熄火后下一次起动时。在进行数值分析时，检测仪会将电脑数据流中的这一信号以起动温度的形式显示出来，可以将该参数的数值和发动机冷却液温度的数值进行比较，以判断冷却液温度传感器是否正常。在发动机冷态起动时，起动温度和此时的发动机冷却液温度数值是相等的。随着发动机在热状态下起动，发动机冷却液温度应逐渐升高，而起动温度仍然保持不变。若起动后两个数值始终保持相同，则说明冷却液温度传感器或其线路有故障。

3）进气温度分析。进气温度是一个数值参数，其数值单位为℃或℉，在单位为℃时其变化范围为-50~185℃。该参数表示电脑按进气温度传感器的信号计算后得出的进气温度数值。在进行数值分析时，应检查该数值与实际进气温度是否相符。在冷车起动之前，该参数的数值应与环境温度基本相同；在冷车起动后，随着发动机的升温，该参数的数值应逐渐升高，若该参数显示为-50℃，则表明进气温度传感器或线路断路；若该参数显示为185℃，则表明进气温度传感器或线路短路。

（5）共轨管压力分析

1）轨压传感器信号分析。轨压传感器适时检测共轨管内的压力，通过电信号的方式把共轨管压力送给发动机电脑，它是一个数值参数，单位为 V，其数值范围为 1.5（怠速时）~2.6（2500r/min）V；在进行数值分析时，应检查轨压信号电压与实际转速的关系，转速越高，轨压信号电压越大，若低于最低下限或高于最高上限时，则表明传感器失效或线路故障，ECU 据此将加大高压泵的供油量，如果燃油压力超高，泄压阀会打开，发动机进入保护状态。

2）共轨管压力值分析。共轨管压力是一个数值参数，单位为 MPa（bar⊖），其数值范围为 30（起动）~130（高速）MPa，它是通过轨压传感器提供的压力信号，由发动机电脑计算出来的，主要用于燃油系统检修时的数值分析。

在数值分析时，应参考数据流中额定共轨管压力与实际共轨管压力是否相等，若出现实际共轨管压力大于额定共轨管压力时，发动机电子控制装置将通过燃油计量单元加大高压泵供油量，使燃油压力升高冲开限压阀（轨管压力可达 176~180MPa），发动机进入保护状态。

（6）燃油控制参数分析

1）喷油脉冲宽度信号分析。喷油脉冲宽度是发动机微机控制喷油器每次喷油的时间长度，是喷油器工作是否正常的最主要指标。该参数所显示的喷油脉冲宽度数值单位为 ms。

该参数显示的数值大，表示喷油器每次打开喷油的时间较长，发动机将获得较浓的混合气；该参数显示的数值小，表示喷油器每次打开喷油的时间较短，发动机将获得较稀的混合气。喷油脉冲宽度没有一个固定的标准，它将随着发动机转速和负荷的不同而变化。

影响喷油脉冲宽度的主要因素有空气温度与密度、蓄电池电压（喷油器打开的快慢）；而喷油量过大的常见原因则是进气计量失准、电子油门控制单元损坏、有额外的负荷、某缸

⊖ 1bar=100kPa

或数缸工作不良等。

2）燃油计量单元分析。燃油计量单元虽然是一个执行元件，它是一个数值参数，在数据流中有两种表示方法，一种是显示电磁线圈触发脉冲，正常工作期间为1380～1420mA；另一种显示为百分比，正常工作范围在18%～20%之间。

（7）电子油门分析

电子油门也称加速踏板传感器，主要是通过驾驶人的愿望了解加速踏板转动角度，作为发动机的负荷信号，并将其转变为电信号送给发动机电脑，负荷越高，电压越大，ECU据此信息进行相关比较和计算后，发出指令控制相关的执行器，加速踏板转动角度是一个数值参数，其数值的单位一般有两种：

若单位为电压（V），则数值范围DENSO（电装）电子油门最大信号电压为4.4V；博世电子油门最大信号电压为3.8V。

若单位为百分比（%），则数值范围为0～100%，该参数的数值表示发动机电脑接收到的加速踏板位置传感器信号值，或根据该信号计算出的油门开度的大小。其绝对值小，则表示油门开度小；其绝对值大，则表示油门开度大。在进行数值分析时，应检查在油门全关时参数的数值大小。以电压为单位的，油门全关时的参数的数值一般为0.7V左右；以百分比为单位的，油门全关时该参数的数值应为0。此外，还应检查加速踏板转动时油门1与油门2之间的信号电压是否存在1/2的关系。若有异常，则可能是加速踏板位置传感器有故障或调整不当，也可能是线路或电脑内部有故障。

线性输出加速踏板位置传感器要输出与加速踏板角度成比例的电压信号，控制系统根据其输入电压信号来判断油门的开度，即负荷的大小，从而决定喷油量的控制。如果传感器的逻辑关系发生了变化，传感器输出的电压信号虽然在规定的范围内，但并不与油门的开度成规定的比例变化，就会出现发动机怠速不稳、加速不良、转矩限制甚至发动机熄火。

（8）起动信号分析

起动信号是一个状态参数，其显示内容为YES和NO。该参数反映由电脑检测开关的位置或起动机回路起动时是否接通。在点火开关转至起动位置、起动机运转时，该参数应显示为YES，其他情况下为NO。发动机电脑根据这一信号判断发动机是否处于起动状态，并由此来控制发动机起动时的燃油喷射、怠速转速。在进行数值分析时，应在发动机起动时检查该参数是否显示为YES。如果该参数仍显示为NO，说明起动系统至电脑的信号电路有故障，这会导致发动机起动困难或无法起动。

练习与思考

一、填空题

1. 故障代码（简称故障码）是汽车电控系统电脑的_____对检测出的故障点所记录下的_____。

2. 故障代码分析是诊断汽车电子控制系统故障的_____，是汽车电子控制系统故障诊断中_____、_____、也是_____的方法之一。

3. 故障代码分析的过程是对汽车电控系统电脑_____记录的_____进行读取、对_____和_____分类的_____过程。

4. 电控系统出现故障的形式一般分为____故障和____故障两大类型：一种是_____的故障，另一种是的_____故障。

5. 有故障码也不一定就会有____，这里边有好多因素，主要有____或车上各种_____的干扰、检测过程的____、相关故障的_____和_____的故障码等。

6. 当有故障症状出现时，一定存在____，但不一定产生____，因为故障码是由控制电脑的定义的，电脑监控____导致的故障，就不可能设定_____。例如_____故障自诊断系统就无法识别，但发动机会有工作不良的_____。

7. 所以有故障码不一定有_____，没有故障码不一定_____。不能认为读出故障码，并按照指示或说明就可_____车，这只是诊断的_____而不是诊断_____。

8. 数据流只能通过_____读取，根据各类数据在诊断仪上的显示方式大体可分为类型：_____和_____；如果按照电子控制系统的工作原理，数据流的参数又可分为和_____。

9. 输入参数是指提供给控制电脑的_____信息或_____信号的各个_____，可以是_____，也可以是_____。

10. 输出参数是指控制电脑_____对执行器进行_____的指令，大多数为_____参数，但也有少部分的_____参数。

11. 电控系统中数据流参数的获取一般通过_____式、_____式和_____式三种方式。

12. 在线测量式主要是针对控制电脑_____的_____部件和____电路的____检测，通常是将控制电脑的_____信号、输出信号直接_____给电路_____的测量方式。

13. 示波器是通过_____显示的方式反映电路_____的_____变化过程，是分析复杂电路信号变化的专业仪器，具有_____分析的优点。

14. 元器件模拟式测量是通过信号_____替代传感器的方式，将_____送入控制电脑，再对控制电脑的_____进行_____，用以判断_____的性能。

15. 数值分析是对数据的数值变化_____和数值变化_____的分析，即_____的变化，如_____、和_____与_____的_____等。

16. 电脑在分析某些数据_____时，不仅要考虑_____的数值，而且要判断其_____的_____，以获得_____效果。

17. 因果分析法是对_____联系的_____间_____情况和响应_____的分析。

18. 控制电脑对故障的判断一般是根据____相关传感器的____进行比较，当发现____之间的关系____时，会给出____或____故障码，或指出某个信号_____。

19. 比较分析法是对_____车种及_____在_____条件下的_____数据组进行的_____。

二、简答题

1. 简述故障的确认方法有哪些？
2. 举例说明数值判定。
3. 举例说明功能判定。
4. 举例说明逻辑判定。
5. 简述故障的分类。

6. 简述间歇性故障。

7. 简述故障码分析的步骤。

8. 简述数据流概念。

9. 简述什么是数值参数。

10. 简述什么是状态参数。

11. 简述什么是专用诊断仪。

12. 简述什么是通用型诊断仪。

13. 简述数据分析的一般步骤。

14. 简述数据分析的方法。

15. 简述发动机主要数据分析的优点。

三、综合题

1. 参照图 5-4 电路图，绘制一个喷油器与 ECU 的连接电路，完成如下工作：

1）分析电路，指出喷油器断路故障码的故障原因有哪些？

2）用图示方法分别简述喷油器断路故障码各原因的检查方法。

2. 参照图 5-5 电路图，绘制一个燃油计量阀与 ECU 的连接电路，完成如下工作：

1）分析电路，指出燃油计量阀短路故障码的故障原因有哪些？

2）用图示方法分别简述燃油计量阀短路故障码各原因的检查方法。

3. 参照图 5-7 电路图，绘制一个冷却液温度传感器与 ECU 的连接电路，完成如下工作：

1）分析电路，指出冷却液温度传感器信号高于最高限值的故障原因有哪些？

2）用图示方法分别简述信号高于最高限值各原因的检查方法。

4. 绘制图 5-8 电路图，完成如下工作：

1）分析电路，指出轨压信号低于最低限值的故障原因有哪些？

2）用图示方法分别简述信号低于最低限值各原因的检查方法。

任务4　维修检测常用工具和仪器仪表

学习目标：

1. 掌握各种诊断简易工具的使用方法

2. 掌握测试灯的使用场合及使用方法

3. 掌握万用表的正确使用方法

4. 熟悉故障诊断仪的正确操作方法

学习内容：

1. 诊断跨接线

2. 测试针

3. 表笔延长线

4. 测试灯

5. 万用表

6. 故障诊断仪

在汽车电器设备和电子控制系统的诊断过程中，需要借助一些维修工具和仪器。使用这些工具和仪器前，必须详细掌握其性能及操作方法和步骤，以防止误操作时由于人为原因损坏某些器件，造成本来没有的故障出现。

5.4.1 诊断跨接线

跨接线是常规诊断中常用的一种辅助工具，它是在一根导线的两端做成不同的插片或插簧，以满足各种测试的需要，如图5-9所示。

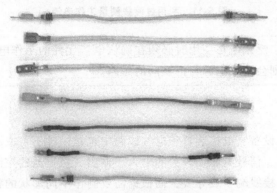

图5-9 常用诊断跨接线

若怀疑继电器触点有问题时，可采用两端均为片状形的插片作为测试针，分别插入继电器座的常开触点（通常为30和87）。图5-10所示为风扇继电器触点的检查，将常开触点短接，若问题得到解决，即说明所怀疑的继电器触点有问题。

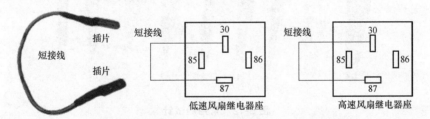

图5-10 继电器常开触点的检查（继电器座）

当怀疑某个开关有接触不良或断路的可能时，同样可采取跨接线的方法，并根据实际情况选择合适的测试针的跨接线，将原来开关线束拔下，把所选择的跨接线跨接上去，若问题得到解决，证明该开关或触点有问题。

在测量某器件的电流时，必要时需断开导线，这样既不方便又破坏了导线，还留下了隐患。所以，类似测量器件电流时，需借助过渡导线，这就是特殊的跨接线。使用时将被测器件与线束脱开，把过渡线A线的两端分别插入器件与线束对应的插簧和插片之间，带插片的B线插入线束侧的另一个插簧，带插簧的C线插入器件的另一个插片，将万用表的两根表笔线分别串接于B线和C线悬空的另一端，设备工作时即可观察电流，如图5-11所示。

总之，在检修电器和电路故障时，除了万用表外诊断跨接线的用处很广，制作一些方便实用的多种形式的跨接线非常必要，它可避免检修时临时找一些替代方法而造成不必要的接触不良甚至短路的危险。

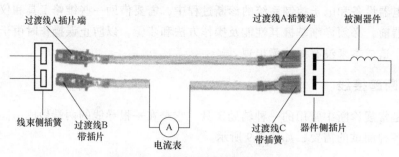

图 5-11 利用过渡线测量工作电流

跨接线用途非常广泛，但在使用时必须在确认电器元件的工作电压相同、电源极性相同的条件下进行，否则会造成电源与搭铁间的短路。

5.4.2 测试针

测试针在检修电气设备、电控装置和电气线路中也是一种不可或缺的方便工具，在动态检测传感器的工作电源、信号电压、开关的输入、输出、执行器的控制信号等时，万用表的测试笔不易触接到被测接线端子或导线，而根据需要制作不同形状的背插式测试针，就可很方便地和万用表测试笔连接，较为准确地读取数据而又不破坏导线。而在静态检查线路故障时，利用合适的测试针可很方便地对较小的插针插孔特别是 ECU 的线束插头进行导通检查，而不会破坏插簧弹性制造隐患，从而能提高工作效率，各种测试针如图 5-12 所示。

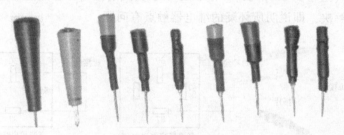

图 5-12 常用测试针

为了规范操作，可以利用方便实用的测试针，测试针柄直接插入表笔探针，测试针尖（缝衣服钢针即可）沿插头线束的被测导线侧，接近平行地向导线与插头内的插簧（插片）连接部位刺入，这样测试完毕后，拔出测试针，插头线束处的橡胶密封条仍然保留着密封作用，操作方法如图 5-13 所示。

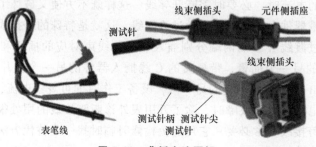

图 5-13 背插方法图解

5.4.3　表笔延长线

在检修电路故障、查找导线接触不良时，有时因车辆线束较长，例如开关到继电器或用电器之间的线路，驾驶室内到驾驶室外的线路，而万用表的表笔线长度不够，此时可采用表笔延长线连接在万用表的表笔线上，延长测试线的长度，以提高工作效率。

图 5-14 所示为表笔延长线和表笔测试针的连接方法。

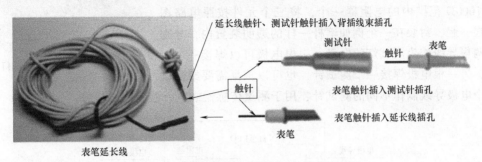

图 5-14　表笔延长线、表笔测试针的连接方法

提示：

在检测过程中，表笔触针一般是不能插入线束插接器插孔的（孔径较小），所以大多时候需要通过测试针进行连接，有时候表笔线长度不够时，还需通过表笔延长线来进行连接，所以测试针和表笔延长线是诊断检测必不可少的辅助工具。

5.4.4　测试灯

1. 灯泡测试灯

在常规电器电路的故障检查时，灯泡测试灯是一种非常方便、实用的检测手段，对车辆上任何的电源电压（12V 或 24V）的正极或者负极的确认，灯泡测试灯的效果远比万用表电压档明显，且能提高维修效率。

例如，检查蓄电池电源，可将灯泡测试灯的两端快速地触接到蓄电池的正、负电极上，观察灯泡的亮度，通过灯泡的亮度可粗略地判定蓄电池的电量如何；当蓄电池电量严重亏电时，灯泡亮度有明显的变化，而起动机无法起动的蓄电池电压的测量，用万用表电压档测量却仍然能显示电源电压，这是因为万用表内阻大，尽管蓄电池电量所剩无几，但电动势仍存在，所以能够显示其电压正常，这会给维修工作带来误诊断。

在检查熔丝、继电器线圈控制端、继电器触点、开关的输入、输出、用电器上是否有电流或电压，最直接、最快速、最方便的测试手段还是灯泡测试灯，只不过必须有针对性地将基准选择在正极或者负极上。

灯泡测试灯有市售的，也可以自己动手制作，使用起来相当方便，灯泡可以当局部照明、测试针也可用于拆卸插头内的插簧和插片，可谓一物多用，具体制作需要一个弹性较好的小鳄鱼夹，将一个仪表灯泡的小灯口焊接于小鳄鱼夹的一个手柄上，再从灯口内引出一根较软的导线，在导线的另一端焊接一个测试针（尖形或扁形），这个测试针就可用于拆卸插簧和插片，灯泡选用 3~5W 即可，制作成品如图 5-15 所示。

2. LED 测试灯

LED 测试灯在常规电器电路特别是电控系统故障检修中，同样有它独特的作用，针对低压电源电压（传感器参考电压5V），特别是执行器的脉冲控制信号，使用 LED 测试灯既方便又实用，同时还可以测量系统电压。

参照图 5-16 所示，准备红色、绿色发光二极管各一个，330~1000Ω 范围内的电阻器一个，将三个元件按照电路图焊接在一起，封装在一个例如笔杆一样的透明装置内，分别引出两根导线作为测试灯的电极，一根电极可以焊接一个鳄鱼夹，另一根电极焊接一个测试针，也可以根据需要给测试灯两个电极导线制作不同的测试针，用于测量传感器或执行器的脉冲信号。

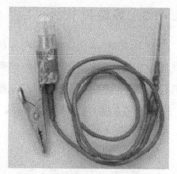

图 5-15　自制灯泡测试灯

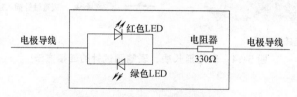

图 5-16　发光二极管测试灯

这种测试灯除了上述作用外，还可将测试灯跨接到诊断座上，触发 ECU，调取故障码，可以通过 LED 灯的闪烁频率，直接读取故障码，以便诊断故障。

5.4.5　万用表

万用表是一种能测量多种电量参数且多量程的便携式仪表，是对导致故障的电器、电子器件以及导线最终定位的最佳工具。常用的万用表分为指针式和数字式，除此之外还有汽车专用万用表，现在使用最多的是数字万用表。一般的数字万用表都具备电压、电流、电阻、二极管的测试功能，有些万用表还有电容、温度、晶体管测试功能，汽车专用万用表在上述功能的基础上增加了一些诸如测试转速、频率、闭合角等的功能，虽然后者功能增加，但最常用的还是电压、电阻和二极管的测试。

1. 数字万用表简介

数字式万用表主要由数字电压基本表、测量电路、量程转换开关等组成。其中测量电路能将待测电量和电参量转换为毫伏级的直流电压，供数字电压基本表显示待测量值。当量程转换开关置于不同的位置时，可组成不同的测量电路，图 5-17 所示为 DY2201 数字式万用表的面板。

（1）液晶显示屏

面板顶部的液晶显示屏采用 EF 型大字号 LCD 显示器，最大显示值为 1999（或 -1999），仪表具有自动显示极性

图 5-17　数字万用表

功能，当表笔与被测电压或电流的极性相反时，显示值前将带"−"号，对参数没有影响；显示屏上的小数点由量程开关进行同步控制，可使小数点左移或右移；当仪表内装电池的电源电压（一般为9V或15V）低于工作电压，显示屏有提示图形或符号，应尽快更换电池；输入超量程即被测参数值超出所选量程时，显示屏左端出现"1"或"−1"的提示字样，此时应加大量程再试。

（2）电源开关

数字式万用表都设有电源开关，面板左上部按键上标有字母"POWER"（电源），按下开关即打开了仪表电源，再按一下开关复位及关闭仪表电源，使用完毕应将电源开关断开以免消耗电池电量，不过数字式万用表一般都设计有自动保护功能，当停止使用一段时间（保护时间不等），仪表内电源会自动切断。除了设计有独立的电源开关外，有些电源开关与量程转换开关为一整体，关闭时转换开关指向OFF，转换至任何档位均可打开仪表电源。

（3）量程转换开关

旋转式量程转换开关有两个作用，一个是档位的选择，例如电阻档（Ω）、直流电压档（V ⎓）、交流电压档（V～）、电流档（A）以及二极管档（）等；一个是量程选择，当选定工作状态时，还要根据被测参数选择合适的量程。

（4）锁定键

数字式万用表的数值显示无论何种电参数在显示时都会不停地变化，即使是静止的参数也会闪烁，当确认表笔与被测端接触良好、状态稳定时，即可按下锁定键，使数值固定在某一参数以便读取。

（5）表笔插孔

表笔插孔及仪表的输入端，根据不同的仪表有不同的插孔，DY2201有四个插孔，如图5-18所示。

使用时黑色表笔应置于"COM"插孔，红色表笔应根据被测量的种类和大小置于相应的插孔。例如在电压档插孔与公共端子"COM"之间输入的直流电压不可以超过1000V，交流电压（有效值）不可以超过750V。在毫安级（mA）与"COM"之间不应超过200mA，在安培级（20A）与"COM"之间输入的交流、直流电流不应超过20A。

图5-18　万用表输入插孔

（6）电池盒

电池盒位于后盖下方，在标有"OPEN"（打开）的位置，按箭头指示方向拉出活动抽板，可更换电池。为检修方便，0.5A快速熔断器管也装在盒内，起过载保护作用。

2. 数字万用表的使用

（1）直流电压的测量

将量程转换开关的箭头一端拨至"V−"范围内的适当量程，黑表笔插入"COM"插孔，红表笔插入电压档插孔，将电源开关按下，表笔接触测量点，显示屏上出现测量值，如图5-19所示。

直流电压档工作范围
测量电压等级分为
2V、20V、200V、
和1000V四个量程，
例如：20V最高可
测量低于20V的电
量参数

图 5-19　直流电压档的测量

（2）交流电压档的测量

将量程转换开关的箭头一端拨至"V～"范围内的适当量程，表笔接法、测量方法与直流电压方法相同，如图 5-20 所示。

交流电压档工作范围
测量电压等级分为
2V、20V、200V、
和700V四个量程，
例如：200V最高可
测量低于200V的电
量参数

图 5-20　交流电压档的测量

（3）电阻的测量

将量程转换开关的箭头一端拨至"Ω"范围内的适当量程，黑表笔插入"COM"插孔，红表笔插入电阻档插孔，将电源开关按下，两根表笔接触被测器件，显示屏上出现测量值，如图 5-21 所示。

（4）二极管档的测量

将量程转换开关的箭头一端拨至━━档，黑表笔插入"COM"插孔，红表笔插入电阻档插孔，将电源开关按下，有两种测量功能，一种是二极管 P/N 结的测量，另一种是开关、触点、线路导通情况的测量，如图 5-22 所示。

在常规电气线路故障的检修中，用于开关、触点、线路导通情况的检查主要是通过蜂鸣档来完成，使用时将两个表笔分别触接被测的开关或导线的两端，若开关接触良好或线路导

电阻档工作范围——
测量电阻等级分为
200、20k、200k
和20M四个量程，
例如：200最高可
测量低于200Ω的
电阻值

图 5-21　电阻档的测量

该档位为
两个功能——
二极管档
用于晶体
管P/N测
量
蜂鸣档
用于导
通测量

图 5-22　二极管（蜂鸣）档的测量

通正常，显示屏会显示很小的数值甚至为 0，同时表内蜂鸣器鸣响；但遇有开关或触点接触不良或线路连接不良时，显示屏显示的数值较大，但有时蜂鸣器还会响，这是由于数字万用表内部测量电路精准问题造成的，有时数值达到 70~80 还会鸣响，如果误将此次测量认为开关或线路正常的话，可能会对故障判断带来不利，特别是电控系统传感器的线路，对电脑获取信号影响很大。

所以，在使用蜂鸣档时，首先要将两个表笔短接以观察显示值，如图 5-23 所示，应该为 0 或数值很小，这与表内电池电量有关，电量越足显示数值越小，把表笔短接后显示的数值作为基准，无论测量开关或线路时的数值越接近基准越正常，偏差越大说明开关或线路有接触不良的地方，应继续检查，千万不要只听到蜂鸣声而不看显示数值就认为正常，这是很严重的错误做法。

在对晶体管测量时，利用二极管单向导电的特性，对晶体管或二极管的 P/N 结进行测

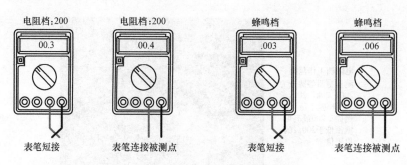

电阻档:200　　　　电阻档:200　　　　蜂鸣档　　　　蜂鸣档

00.3　　　　00.4　　　　.003　　　　.006

表笔短接　　　　表笔连接被测点　　　　表笔短接　　　　表笔连接被测点

图 5-23　电阻档、蜂鸣档测量前后对比

量，同样选择该档位，测量时将两个表笔分别触接被测元件的两端，若是正向连接时即红表笔接二极管的"+"或 P，黑表笔接二极管的"–"或 N（红表笔为表内电池正，黑表笔为表内电池负，与指针表相反），显示屏会显示一个数值，若是硅材料二极管其数值在 500～700mV 左右，若是锗材料二极管其数值在 300～500mV 左右，而反向连接时则均没有数值显示，这是正常情况；若正反向连接均没有数值显示，表示该元件断路，若是正反向连接均有蜂鸣声，且数值显示为 0 或很小，说明该元件已经短路。

（5）直流电流档的测量

将量程转换开关拨至"A–"范围内的适当量程档，当被测量电流小于 200mA，红表笔应插入"mA"插孔，黑表笔插入"COM"插孔，将电源开关按下，接通表内电源，把仪表串接入被测电路，即可显示读数，如图 5-24 所示。

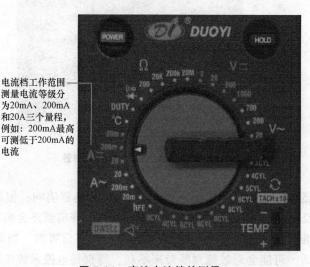

电流档工作范围——测量电流等级分为20mA、200mA和20A三个量程，例如：200mA最高可测低于200mA的电流

图 5-24　直流电流档的测量

当被测电流大于 200mA，应将量程开关置于 20A 档，红表笔应插入"20A"插孔，显示值以"A"为单位，若是测量小于 20mA 的电流时，量程开关置于 20mA 档，红表笔应插入"mA"插孔。

交流电流的测量方法同直流电流的测量，只是将量程转换开关选择在交流电流档"A～"的范围。

5.4.6　诊断仪

在检修电子控制系统时，利用诊断仪协助查找故障源或者故障点是十分有效的，它已经成为对电子控制系统故障诊断的必备工具，目前维修中使用最多的是便携式诊断仪，因其携带方便、操作简单，很受欢迎。有专用车型诊断仪、也有综合车型诊断仪，前者是汽车制造厂针对本厂车型而设计，只适用于单一车系，但它测试功能较强；后者适用车型较广，某些功能略差于专用诊断仪，但很适合非专业车型修理，同样受到欢迎。对于诊断仪的使用可以借助产品说明进行操作，更有针对性且效果更好，不同的诊断仪其功能各不相同，这里对各种诊断仪的一些功能加以简要介绍。

图 5-25 所示为常见汽车故障诊断仪。

图 5-25　常见汽车故障诊断仪

1. 诊断仪功能

（1）故障检测功能

① 从发动机电脑存储器中读取所存储的故障码。

② 检修后，根据操作者的指令清除发动电脑中所存储的故障码。

③ 在发动机运转或汽车行驶时，对发动机电脑控制系统的参数进行动态测试。

④ 中文显示详细的故障内容。

⑤ 国际标准 OBD-Ⅱ故障检测及数值分析。

⑥ 提供闪烁码的各种测试方法。

⑦ 通过汽车修理专家库获得故障维修技术资料。

⑧ 提供各种执行器测试。

⑨ 诊断结果本机打印或联网打印。

（2）传感器测试功能

① 可对车用传感器的电压或频率信号进行采集，并可判断传感器是否有故障。

② 可模拟输出 0～12V 或 0～15kHz 的传感器信号，通过传感器连接线送入电子控制器 ECU，来判断传感器及 ECU 本身的故障。

（3）示波功能

① 存储功能强，128 个屏幕用于运行记录，15 个内部存储器存储设置信息。

② 示波范围宽，从传感器波形到喷油、点火高压波形均能显示。

③ 记录能力广，单通道连续 128 个屏幕，双通道连续 64 个屏幕，可及时通过 4 个参数

读数绘图。

2. 诊断仪的使用

诊断仪是通过车辆为其提供电源的，虽然一般的诊断仪大多具有极性保护装置，但在与车辆连接时要注意电源等级与电源极性，只有当测试导线正确连接后，诊断仪的输入级和输出级才能被可靠地防护。

（1）诊断接口

首先找到诊断接口（诊断座），它是诊断仪与车载电脑通信连接的唯一接口，目前生产的车辆基本都统一采用16针的OBD-Ⅱ自诊断接口，大多安装在仪表板下方左侧或右侧，有的车型安装在变速杆旁等便于操作的地方。

图5-26所示为仪表板下方诊断座位置。

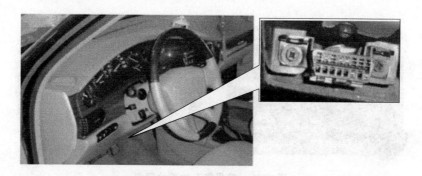

图 5-26　位于仪表板下方故障诊断座位置

图5-27所示为变速杆旁诊断座位置。

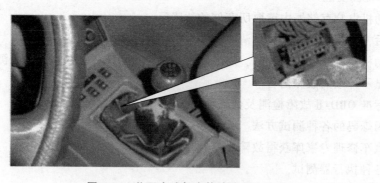

图 5-27　位于变速杆旁故障诊断座位置

图5-28所示为车载诊断座。

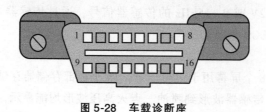

图 5-28　车载诊断座

OBD-Ⅱ 16 针诊断接口针脚定义见表 5-3。

表 5-3　OBD-Ⅱ 16 针诊断接口针脚定义

针脚	定义	针脚	定义	针脚	定义
1	由制造厂规定	7	ISO-9141 数据传输 K	13	由制造厂规定
2	SAE-J1850 数据传输	8	由制造厂规定	14	CAN-L 通信
3	由制造厂规定	9	由制造厂规定	15	ISO-9141 数据传输 L
4	车身搭铁	10	SAE-J1850 数据传输	16	蓄电池正极电源
5	信号反馈搭铁	11	由制造厂规定		
6	CAN-H 通信	12	由制造厂规定		

（2）诊断仪的连接

采用标准 OBD-Ⅱ 诊断接口的车辆选择诊断设备随机配套的数据线，标准的数据线如图 5-29 所示。

诊断仪侧接口　　　　　　　　　　　诊断座侧插头

图 5-29　OBD-Ⅱ 标准诊断连接数据线

将诊断仪与车载诊断接口进行连接，如图 5-30 所示。

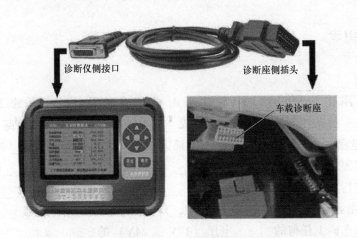

诊断仪侧接口　　　　　　　　　　　诊断座侧插头

车载诊断座

图 5-30　故障诊断仪与车载诊断接口连接

（3）进入系统

根据实际维修车辆选择相应的车型，如图 5-31 所示。

图 5-31　选择对应的车型

在对应的车型里选择要诊断的系统，如图 5-32 所示。

整车控制器(VBU)	驱动电机系统(MCU)	电池管理系统(BCU)
制动防抱死(ABS)	电动助力转向系统(EPS)	组合仪表(ICM)
车载充电机(CHG)	远程监控系统(RMS)	

图 5-32　选择需要诊断的系统

接下来，根据需要选择故障码读取、查看数据流或其他功能。

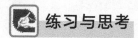 **练习与思考**

一、填空题

1. 跨接线用途非常广泛，但在使用时必须在确认_____的工作电压相同、_____的条件下进行，否则会造成_____与_____间的短路。

2. 在检测过程中，表笔触针一般是不能插入线束_____的_____的（孔径较小），所以大多时候需要通过_____进行_____，有时候表笔线长度_____时，还需通过表笔_____来进行连接，所以_____和_____是诊断检测必不可少的_____工具。

3. 在常规电器_____的故障检查时，灯泡测试灯是一种非常_____、_____的_____手段，对车辆上任何的_____电压（12V 或 24V）的_____或者_____的确认，灯泡测试灯的_____远比万用表明显，且能提高维修_____。

4. 一般的数字万用表都具备_____、_____、_____、_____的测试功能，有些万用表还有_____、_____、_____测试功能。

5. 在检修电子控制系统时，利用诊断仪_____查找_____或者_____是十分有效的，它已经成为对＿＿＿＿＿＿故障诊断的＿＿＿＿工具，目前维修中使用最多的是＿＿＿＿诊断仪，因其携带＿＿＿＿、操作＿＿＿＿，很受＿＿＿＿。

二、简答题

1. 用图示方法说明诊断跨接线的使用场合及使用方法。

2. 举例说明测试针的使用场合及使用方法。

3. 简述灯泡测试灯在故障诊断中的特殊作用。

4. 简述 LED 测试灯在故障诊断中的特殊作用，并用图示方法举例说明。

5. 用图示方法说明数字万用表表笔插孔的使用方法。

6. 简述数字万用表电压档的使用方法及注意事项。

7. 简述数字万用表电阻档的使用方法及注意事项。

8. 简述数字万用表蜂鸣档的使用方法及注意事项。

9. 简述数字万用表二极管档的使用场合及使用方法。

10. 简述数字万用表蜂鸣档的主要功能、使用方法及注意事项。

11. 简述故障诊断仪的主要功能。

12. 简述车载诊断接口常见的安装位置。

13. 用图示方法说明 OBD-Ⅱ 诊断座各针脚功能。

14. 简述故障诊断仪与车载诊断座的连接。

15. 简述故障诊断仪的使用方法。

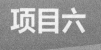

项目六

电控柴油发动机故障案例

本项目主要通过各种类型的故障案例分析，旨在进一步了解故障诊断原则、诊断方法、诊断流程，熟悉故障诊断思路，进而达到分析、检查、排除故障的能力，分为两个任务进行学习。

任务1　乘用车、轻型车故障案例

任务2　商用车故障案例

 参考学时及教学建议

本项目总学时为26学时，其中：理论教学为14学时，实践教学为12学时。

理论教学充分利用多媒体辅助教学的优势，通过生动、形象的图片、动画视觉效果，激发学生的学习兴趣；结合整车实训车辆、柴油发动机试验台架，演示、讲解，调动学生学习的积极性；尽可能多地创造学生动手参与、师生互动的学习氛围；体现教师为主导、学生为主体的教学原则；紧紧围绕"理实一体化"教学模式，使学生在边听、边看、边动的氛围中，真正掌握维修必备知识。

理论知识坚持"够用为度"，重点内容精讲细讲，不求多而全，力求少而精，注重方法传授，培养学习能力。

实践技能坚持"实用为主"，注重示范、强调规范、突出操作、体现动手，像师父带徒弟一样，传授操作技能与维修技巧。

任务1　乘用车、轻型车故障案例

学习目标：

1. 了解无法起动故障的常见原因

2. 了解起动困难故障的常见原因

3. 了解动力不足故障的常见原因

4. 熟悉柴油发动机起动的必备条件

5. 掌握柴油发动机起动的关键参数

6. 掌握柴油发动机起动故障的诊断与检测

1. 无法起动故障案例

案例 1

车型： 奥迪 Q7 3.0 TDI

故障现象： 柴油发动机无法起动

故障检查：

该车是拖进修理厂的，首先验证故障描述与实际情况相符，起动试验，的确无法起动，根本没有起动迹象，起动机运转正常，起动转速足够。喷入柴油发动机专用起动液，发动机起动运转，怠速抖动，加速无力，熄火后仍旧无法起动。

柴油发动机对燃油质量要求很高，于是更换柴油滤清器，试图发现问题，结果发现流出的柴油中具有大量金属碎屑，在燃油系统能够产生金属碎屑的也就是高压油泵，判断为高压油泵柱塞磨损，于是更换了高压油泵，再次起动汽车，依旧无法起动。

然后，把喷油器拆下来，翻转朝上安装，起动发动机观察喷油情况，发现第五缸喷油器漏油严重，其他气缸没有发现异常，于是决定更换第五缸喷油器。

在更换喷油器之前，对高压油轨进行了清洗，安装了第五缸喷油器，起动发动机，依旧无法起动，喷入起动液后，发动机可以起动成功，并能够运行，但是中低速明显抖动，路试动力严重不足。

维修至此陷入僵局。考虑燃油系统主要部件已经更换新件，高压供油压力应该不会有大问题。于是连接诊断仪，读取故障码，发现发动机控制单元内记录故障内容为高压侧燃油压力低，偶发故障。

仔细询问之前的检修过程，得到的信息如下：

1）测量过气缸压力，结果为 27bar$^{\ominus}$，与标准值 28bar 相差无几；

2）测量高压侧燃油压力，结果在起动后读取数据记录显示 1500bar；

3）在熄火后检测系统保持压力，结果发现发动机熄火后压力会快速降低到 1.1bar 以下；

4）检查过颗粒过滤器，没有发现异常；

5）几次检查喷油器，没有发现其他喷油器有泄漏情况，已经和其他车对调过低压油泵，故障依旧。

故障分析：

根据了解到的信息，结合 3.0TDI 柴油控制系统原理进行分析：

1）气缸压力 27bar，对于柴油发动机而言，初始压力足够起动，起动机转速正常，应

$\ominus$　1bar＝100kPa

该可以排除，加之检查过排气系统，进排气系统导致的起动困难应该不大。

2）诊断仪显示的高压侧燃油压力为高压油轨的压力传感器间接测量值，是否可靠，还不能确定，但是根据用起动液可以起动，起动后加速基本正常可以断定，高压油轨压力传感器应该也没有大的问题。所以不急于验证是否符合技术规范的要求。

3）熄火后燃油系统高压侧压力无法保持，快速降低近 0 压力状态，这一点曾经在技师之间引起争执，很多人都分析应该是熄火后压力无法保持，说明系统燃油存在泄漏，所以才几次将喷油器拆下来检测，如果系统可以保持压力，那么发动机就应该可以快速顺利起动了。

对于这一点要从奥迪采用的第三代柴油共轨系统原理讲起。此车为第三代系统，第三代系统和以往奥迪 2.5TDI 柴油发动机系统比较，最大特点就是系统可以自动排气，其结构上最大的变化就是在高压油轨上增加了一个燃油压力保持阀，这个保持阀的工作特性是：发动机起动后，阀关闭，发动机熄火后，阀打开，油轨内的高压燃油快速从保持阀的泄油阀门通过低压油路释放，在下次起动时，燃油系统工作，阀短时间依旧打开，等待流量上升后，发动机 ECU 控制电磁阀关闭，油轨内快速建立高压。

通过上面解释，可以断定，在 3.0TDI 发动机中，是否容易起动和熄火后高压油轨内压力是否可以保持关系并不大，于是排除了这一点。

4）喷油器泄漏，已经检查几次，相信更不会存在问题。

5）低压油泵已经和其他车辆调换过，况且喷起动液和低压油泵工作没有必然联系，因为辅助措施起动后，低压油泵可以正常供油，发动机可以继续运转，所以低压油泵发生故障的可能性也不大。

通过以上分析梳理，发现既然控制系统记录了高压油轨内燃油压力低的故障记录，那么有可能是哪个环节疏忽了，导致问题没有排除，结合上面分析，最大的可能还是压力调节阀，因为此车最初更换高压油泵的理由就是系统内发现了大量金属碎屑，这是不是已经导致了调节阀损坏？

为了验证这一问题，在起动发动机过程中，用鲤鱼钳夹住回油软管，结果发动机起动了，进而验证了这一猜测。

故障排除：

问题找到，故障解决自然也就简单了，按照燃油系统清洗规范，把车辆燃油系统彻底清洗，包括燃油箱，更换了压力调节阀（图 6-1），发动机顺利起动。

总结：

此车之所以维修过程如此纠结，实际都是维修人员对 3.0TDI 发动机结构、特点、原理掌握不足导致

图 6-1　燃油压力调节阀位置

的；其次，没有按照故障码优先的基本诊断原则工作，导致走了许多弯路，浪费了维修时间，增加了维修成本。所以，维修电控发动机故障必须要有一定的理论支持。

案例 2

车型：长城皮卡 GW2.8TC 增压共轨柴油发动机。

故障现象：车辆正常进入加油站，加满 0 号柴油后，发动机便无法起动。

故障检查：

车辆被拖入修理厂后，询问用户得知，该车在发生故障前曾经出现冒黑烟和起动困难现象，在行驶中还偶尔出现发动机故障灯点亮后又自动熄灭的情况。尝试起动车辆，起动机无反应，测量蓄电池起动电压只有 8.0V。充电后再次尝试起动，此时起动机可以正常运转，但发动机还是无法起动。

连接诊断仪检测发动机控制系统，并无任何故障码。由于柴油发动机无点火系统，只要有合适的气缸压力、可燃混合气和喷油正时便可以工作，于是注意力重点集中在燃油供给系统上。

在起动机运转时，用听诊器进行测听，没有听到喷油器工作的声音；拔下喷油器插接器检查，发现在起动时无脉冲电压信号；检查发动机的线束插接器，无松动或氧化现象；测量喷油器到发动机控制单元之间的线路，均无断路或短路；可见喷油器不工作是因为发动机控制单元并没有输出控制信号。

进一步读取起动时的数据流，发现起动时高压油轨的燃油压力非常低，只有 0.6MPa 左右，而正常情况下，燃油压力达到 25.0MPa 以上时控制系统才会向喷油器供电。

下面就要检查油轨压力低的原因。首先检查压力传感器，在关闭点火开关的情况下，拔下油轨压力传感器线束插头，接通点火开关，测量油轨压力传感器 1 号和 3 号端子之间的电压为 5V，说明传感器的供电和搭铁正常。关闭点火开关，将传感器线束插头插入传感器，接通点火开关，采用背插方式测量其输出信号电压。在起动过程中，测量传感器 2 号端子的信号电压为 0.42V，数值在标准值范围内，初步判断传感器正常。

考虑到发动机控制单元是通过计量比例电磁阀来控制油轨燃油压力的，于是检查计量比例电磁阀。该电磁阀安装在高压油泵的进油口位置，打开点火开关后可以感受到电磁阀的振动，在不通电的情况下检测其线圈电阻约为 3Ω，也处于标准范围内，判断电磁阀工作正常，于是疑点就集中在了高压油泵上。

断开高压油泵出油管，发现没有油流出，这显然是不正常的。解体高压油泵，发现进油孔处的钢球卡住无法脱出，造成进油阀无法打开，燃油无法进入高压油泵。而造成进油阀卡滞的原因，分析与燃油品质有关，因为检查发现燃油中含有很多银色晶体杂质。

故障排除：

考虑到燃油质量存在问题，更换燃油滤清器并清洗了油路，更换高压油泵，发动机顺利起动，使用诊断仪检测，油轨燃油压力起动时达 28.0MPa，进行路试车辆一切正常，故障排除。

案例 3

车型：捷达 SDI 柴油轿车。

故障现象：发动机突然熄火后再也无法起动。

故障诊断：

首先，利用 VAS5051 调取故障码有两个：分别为 17970 和 17971，其含义分别为喷射量调节器 N146 上极限停止值和喷射量调节器 N146 下极限停止值。

拆下输油泵后，发现泵内有水，更换燃油箱内燃油，清理燃油管路，更换新泵后，发动机起动顺利。过了一段时间，该车又出现同样的故障和故障码。拆下输油泵，这次没有发现泵内有水，再次更换输油泵后故障消失。

可是几个小时后该车又无法起动了，怀疑是高压油泵损坏了。于是测量167号主供电继电器的6号、87号端子与高压油泵的5号端子之间的电阻是606Ω，发动机控制单元的121号端子与高压油泵的6号端子之间的电阻是0.6Ω。检查线路也没有发现异常。

于是分解高压油泵，发现高压油泵内的柱塞已经断成几截，提取了泵内的燃油样品呈褐色，正常的柴油颜色应该无色透明。

故障排除：

换高压油泵后试车，一切正常。

究其原因，由于是燃油质量太差，导致柱塞润滑不良而卡滞，最后抱死折断，该故障在捷达SDI柴油轿车中是常见故障，很多车都是因为油品质量不过关导致高压油泵的损坏。

2. 起动困难故障案例

案例4

车型：长城哈弗运动型多功能车，2.8L涡轮增压柴油发动机，采用博世EDC16C39电控系统和CP1H泵。

故障现象：用户反映该车停放一段时间后，起动困难。

故障诊断：

首先验证故障描述，起动时起动机运转正常，但喷油器不工作。

利用故障诊断仪检测发动机控制单元，发现8个故障码。

P1011—轨压控制器正偏差超过上限

P0201—1缸喷油器开路无信号。

P0202—2缸喷油器开路无信号。

P0203—3缸喷油器开路无信号。

P0204—4缸喷油器开路无信号。

P1607—ECU对仪表板的发动机转速信号连接开路。

P0380—预热塞故障，继电器故障，预热塞短路，过电流高于上限。

P0670—ECU对预热塞的控制线路开路或其驱动模块过热无信号。

对于初次读取的故障码，不要着急删除，而应记录下来之后再删除。这是因为很多故障码是故障长时间积累而产生的，如果删除，需要很长时间才能重新存储。在分析故障码的时候也要分清主次。

将故障码记录并删除后，再次读取时，只有P0670出现。然而导致该车起动困难的原因不可能是这个原因，因为外界气温已经达到30℃，相对而言故障码P1011更值得关注。

P1011在诊断仪中的解释为轨压控制器正偏差超过上限。对于不太了解共轨系统的人而言，这样的解释显得有点模糊。其实这个解释的含义是共轨系统中的燃油量控制阀开度不正常。

先了解一下什么是轨压偏差。所谓轨压偏差就是理论轨压减去实际轨压的差值，如果该值为正数，就是轨压正偏差。如果正偏差存在，说明油轨中的实际油压低，不能满足发动机的需求。轨压传感器测量轨压，并报给发动机控制单元，从而控制计量阀的开度。需要降低油压时，计量阀的开度增大，控制电流的占空比减小，反映在数据流上，电流值减小。计量阀的电流被发动机控制单元监控，如果轨压出现偏差，计量阀的开度改变，以达到目标值。如果计量阀的开度已超出了发动机控制单元程序中的规定值，就会产生故障码，很多车辆还会进入"跛行"模式。

利用故障诊断仪查看数据流，并关注轨压，发动机起动时观察数据，转速 160r/min，轨压只有 600kPa，显然轨压过低。根据共轨控制原理，当轨压低于 160r/min 时，出于保护目的，发动机控制单元不会驱动喷油器喷油。

分析至此，故障比较明显了，必须先解决油路的问题。清洗计量阀和高压油泵上的燃油压力限制阀、更换燃油滤清器，并且跨接了蓄电池后，发动机顺利起动。

故障排除：

检查 4 个喷油器的回油量，都偏大，说明了喷油器内部的阀组件已经磨损，导致喷油量过大，进一步导致起动时轨压建立缓慢，引起了起动困难。客户反映该车 5 万 km 内没有更换过柴油滤清器，在修复喷油器后，车辆恢复正常。

这是发动机正常工作后记录的部分数据流，见表 6-1。

表 6-1　发动机部分数据流

数据流名称	数值/状态单位
发动机转速	799r/min
实际轨压	250.5bar
额定轨压	250.0bar
燃油计量单元占空比	22.0%

总结：

发动机正常工作时，可以看出实际轨压与其目标值一致。在共轨系统中，由共轨压力传感器和计量阀形成一个闭环的高压燃油控制系统，根据不同的工况不断调整共轨中的油压。P1011 的出现，说明在起动时有可能存在油压不足的问题。而油压不足的问题和用户长时间不更换燃油滤清器，导致燃油系统供油不畅有很大的关系。所以，必须选择清洁燃油，并按照厂家规定更换燃油滤清器，或者定期清洁燃油系统。

案例 5

车型： 江西五十铃汽车，装用 VE 型分配式喷油泵。

故障现象： 柴油机在使用中起动困难，一旦起动后，柴油机声音发闷；行驶约 50km 就自行熄火。

故障诊断：

根据上述故障现象，初步判断是 VE 型分配式喷油泵（简称喷油泵）有问题。可能是供油不足、油路中进入了空气，致使柴油机自行熄火。为此，将喷油泵从车上拆下，清洗后装到喷油泵试验台上对其各项指标进行测定。当测定喷油泵泵腔的燃油压力时，在压力表上显示的压力极低。将喷油泵上输油泵的调压阀向下压进时，喷油泵泵腔的燃油压力并未升高。

分配泵使用滑片式输油泵（图 6-2a），装在泵腔的内端面上。当传动轴转动时，通过输油泵键带动转子转动，转子带动 4 个滑片转动，同时滑片在十字槽中做往复移动。滑片端头始终紧贴在偏心环的内壁上，沿表面刮动使进油区和压油区的容积改变，进油区容积由小到大，燃油被吸入进油区；压油区容积由大到小，具有一定压力的燃油被压出压油区，完成泵油过程。这个压力随转速的增高而增大，它一方面保证泵腔内充满燃油，使零件得到润滑、冷却，另一方面让输出的燃油压力控制着提前器的动作。

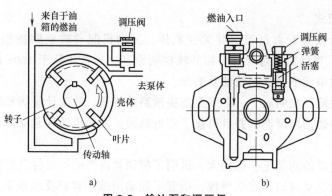

图 6-2　输油泵和调压阀

a）输油泵　b）调压阀

输油泵调压阀控制着油泵的泵腔压力，调压活塞受到油泵内燃油的压力和调压弹簧力的共同作用。分配泵的转速不同，输油泵输出的燃油量就不一样，泵腔的燃油压力也随之变化。当作用于调压活塞的燃油压力超过调压弹簧的力时，调压弹簧被压缩，调压活塞就移动；当压力达到一定值时，调压活塞上升，引起调压阀旁通孔打开，一部分燃油通过旁通孔流入输油泵进油口，因而可通过改变调压弹簧的预紧力来调整泵腔压力，调压弹簧力的大小决定了泵腔压力的大小。如果泵腔压力低于标准值，则可压进调压阀壳体上的堵头进行调整。但调整不起作用，因此将调压阀拆出解体检查，结果发现调压阀内的调压弹簧断裂，这才找到了故障的根源。

在喷油泵调压阀内的弹簧断裂后，该弹簧的有效长度减小，弹簧对滑阀的压力减小很多，致使在泵腔内柴油压力较低的情况下滑阀就已开启，泵腔内的柴油有相当一部分从回流孔流回输油泵进油侧，因而造成泵腔内柴油压力过低。在这种情况下，柴油不能在短时间内克服喷油泵柱塞的阻力而迅速充满高压腔，因此就出现了供油不足，特别是在柴油机高速运转时供油严重不足。

同时，柴油机在高速运转一段时间后，由于泵腔内的柴油因压力过低而不能迅速充满各摩擦副间的缝隙，喷油泵各运动件摩擦产生的热量不能及时被带走，使喷油泵过热，柴油温度升高，黏度降低，柱塞副泄漏过多，导致柴油供不应求，柴油机自行熄火。当喷油泵泵腔内维持的柴油压力过低时，供油提前角调节器因没有足够的压差而不能工作。柴油机在高速时，由于供油提前角调节器不起作用而供油过晚，使柴油机起动困难，起动后运转声音发闷、功率下降。

故障排除：

换上一个新调压阀，装复后在喷油泵试验台上进行调试，泵腔压力符合规定，各转速供油量也符合要求。该喷油泵装机后，柴油机起动容易，功率充足，自行熄火现象消失。

案例 6

车型：依维柯都灵 V 汽车，装配索菲姆 8140.43S 柴油发动机，采用博世 EDCMS6.3 电控共轨系统。

故障现象：发动机起动困难或不能起动，起动后怠速逐渐升高。

故障诊断：

接车后首先用诊断仪读取发动机故障码，分别为 EDC 灯故障、冷起动灯故障、风扇离合器电路故障和电脑内部故障。

据用户反映，这些故障信息产生的原因主要是多次起动发动机，致使蓄电池亏电造成的。根据客户提供的信息，试着清除故障码，除 EDC 灯故障，其他三个故障码都可清除。检查故障指示灯，发现发动机的故障指示灯在打开钥匙时不亮，根据维修手册的说明，记录该故障码的条件是电脑没有收到故障指示灯的反馈，也就是说在故障指示灯不亮时，电脑会记录该故障码，因此确定故障在线路上或灯泡上。经检查发现，该车线路在其他修理厂改动过，把电脑到仪表的故障指示灯线路拆掉后包在线束里，接好后打开钥匙门故障指示灯点亮，再清除故障码，显示系统正常，但是该故障码不会造成发动机不起动。

接下来根据维修手册的提示，检查低压油路。此车采用电动外置输油泵，接柴油压力表检查发现，输油泵输送到高压油泵的油压只有 1.2bar，考虑高压油泵回油量过大，也会造成低压油路压力过低，因此把回油管封死，再次检查压力，压力值为 1.7bar，仍然没有达到维修手册中的标准数值 2.5bar。

因为输油泵经过油水分离器和柴油滤清器，而其共用的警告灯没有提示，为了准确判断造成压力低的原因，把燃油压力表直接跨接到输油泵与高压油泵之间，检查压力为 2.5bar。确定为油水分离器和柴油滤清器堵塞，导致压力过低，更换后压力恢复正常，但发动机仍然不能起动，不过有着车迹象，并伴随有"突突"声。

再次用诊断仪读取故障码，显示系统正常，查看数据流发现轨压偏低数据显示 1Mbar，正常值应在 25~135Mbar。仔细阅读维修手册，发现共轨喷油器的精度较高，于是拆下 4 只喷油器，发现在起动过程中，喷油器针阀短暂喷油后（油量非常微小的一次）向外滴油。喷油器根据 ECU 发出的信号，将油轨中的加压燃油以最佳的喷射正时、喷射量、喷射率和喷射方式喷射到发动机中燃烧。然而，油轨压力传感器检测到油轨的燃油压力异常，然后发送信号给发动机 ECU。切断燃油通道，从而防止燃油异常排放。

更换喷油器针阀，调校后安装，用电脑进行喷油器编码设定，起动后怠速运行大约 5min，发动机转速自动升高到 1800r/min，连接电脑检测数据，经过反复试验观察，发现蓄电池电压在起动后怠速运行时为 14.3V，大约 5min 后蓄电池电压逐渐降低至 10V，随着电压的降低，发动机转速也逐渐升高，很明显电脑监测到蓄电池电压过低时，会自动升高发动机转速，以此来提高发电量，为蓄电池提供足够电量。

根据这个思路，在着车的状态下检查蓄电池电压为 14V，发电机发电正常，查看线路图检查发现，供电脑的电源线电压不稳。检查线路，把主线束剥开，发现一处受过外力挤压的线，正好是电脑的电源线，仔细查看后，发现导线里大部分铜线处于虚接、断路状态，更换导线后，故障排除。

故障排除：

更换喷油器针阀，解决了起动困难的故障，更换发动机 ECU 供电线路，解决了发动机转速升高的故障。

总结：

对于该车的故障现象，实际上是两个问题同时出现，首先是不能起动，排除起动故障后，接着出现怠速逐渐升高的问题。该车对柴油品质的要求较高，没有定期更换柴油滤清器，或购买到不合格的滤清器长期使用，造成喷油器内部残留杂质，长时间形成胶质物导致针阀磨损卡滞，最终导致发动机不能起动、怠速逐渐升高的问题。

在实际维修过程中不容易发现问题的所在，在了解了发动机的控制特性后，问题就好处理多了。根据维修手册的指导，逐步地发现问题的症状、顺藤摸瓜，找到了造成无法起动的故障"元凶"——喷油器堵塞。在这其中数据流起了很大的帮助作用。在发动机正常起动后，后续发生的发动机自行提速问题，其原因是通往发动机 ECU 的供电电源线路虚接、导致接触电阻增大，随发动机工作时间增加、发热，使 ECU 监控到的蓄电池电压低于正常值，以致于发动机转速增加以增大发电量来弥补电量的不足。

最后，再说一下案例开头提到的故障指示灯线路改动问题，这种自欺欺人的做法实在让人无法接受，故障指示灯亮的问题，可以通过线路改动熄灭，但故障不会因此消失或改变。希望我们所有技术人员一起来抵制这种做法！

3. 动力不足故障案例

案例 7

车型：奥迪 A6 2.5 TDI BND 发动机。

故障现象：发动机动力不足，最高车速只有 120km/h。

故障检查：

（1）进行初步检测并重现故障

首先，连接博世 KTS-650 手持式综合分析仪进入故障诊断，读取故障码，显示 023F：进气歧管压力低于控制限制。记录并清除故障码后，重新起动发动机，读取故障码，无故障码出现。进行路试，在市区内行驶没有明显动力不足，当高速行驶时发动机转速到 3200r/min、车速 120km/h 时，再踩加速踏板，发动机转速没有明显上升，加速踏板踩到底，反而觉得车速要下降，出现发动机输出动力不足的现象。此时，读取发动机故障码，上述故障码重新出现而无法清除。

（2）检测进气歧管压力传感器插头

根据故障码内容，拔下进气歧管压力传感器插头，目视检查没有发现针脚腐蚀或损坏。接通点火开关，用万用表直流电压档检测进气压力传感器线束插头 1 号与 4 号插孔，如图 6-3 所示，显示有 5V 传感器工作电源，说明电脑供电、线路正常。

关闭点火开关，将插头复位，起动发动机急速运转，用背插方式，万用表红、黑表笔背插在进气压力传感器线束插头的 1 号和 4 号导线，测量信号电压约 1.6V，急加速电压信号无明显变化。

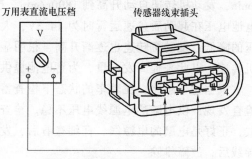

图 6-3　传感器工作电源的检查

查找影响进气歧管压力信号偏低的原因，通过目测逐一查看涡轮增压器增压口到节气门翻板的管道，没有老化和裂口；中冷器没有腐蚀和裂口。在急加速时没有听到空气泄漏的声音。对真空部分元件逐一目测检查真空泵到增压电磁阀软管、增压电磁阀到增压调节阀软管、真空泵到废气再循环电磁阀软管、废气再循环电磁阀到废气再循环阀软管，均无软管断裂老化。

（3）读取数据流进行分析

通过以上检测没有发现异常，接下来通过 KTS-650 读取数据流：

发动机转速 765r/min，加速踏板位置传感器 0；额定助力压力 795hPa（1hPa＝100Pa）；实际助力压力 999hPa。

踩加速踏板，当发动机转速为 2064r/min 时，加速踏板位置传感器 14.5%；额定助力压力 1183hPa；实际助力压力 979hPa。

通过发动机怠速与 2064r/min 时实际值的对比，发现当加速踏板位置发生变化时，额定助力压力发生变化，实际助力压力值却变小而没有增加，验证了进气歧管压力传感器的信号是正确的。实际压力值偏差会不会由于燃油的流动压力而下降呢？实际助力压力值应该是增大的。

带着疑点对涡轮增压系统做进一步的检查。将节气门翻板处进气软管拆下，用手堵住来自涡轮增压器增压气流的方向，急加速没有明显压力波动。此时，怀疑涡轮增压器的增压调节阀出故障。将增压器调节阀的真空软管取下，用真空枪吸取真空，使增压调节阀的阀杆能自由运动，然后将阀杆吸到顶部。起动发动机怠速运转，明显感觉增压压力增大，急加速时，手的力量堵不住进气软管。

将进气软管口固定好，起动发动机，通过 KTS-650 读取实际值：

发动机转速 765r/min，加速踏板位置传感器 0；额定助力压力 795hPa；实际助力压力 1030hPa。

踩加速踏板，发动机转速为 1995r/min 时，加速踏板位置传感器为 20.3%；额定助力压力 1213hPa；实际助力压力 1560hPa。

将两组数据对比，实际助力压力有明显改变，增压器起到增压压力的效果。显然涡轮增压器机械部件无故障，怀疑可能是增压调节阀的控制部分存在故障。

故障分析：

为此，我们先了解一下这款车涡轮增压系统结构原理，图 6-4 所示为涡轮增压系统结构。

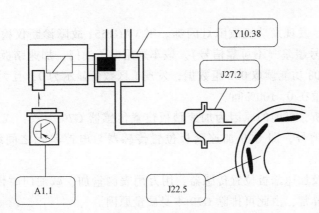

图 6-4　增压系统组成

A1.1—发动机控制单元　Y10.38—增压电磁阀　J27.2—增压调节阀　J22.5—废气涡轮增压器 VTG

发动机控制单元（A1.1）功能：将增压压力实际值与发动机综合特征曲线中储存的额定值进行比较，并依据修正参数冷却液温度、进气温度、大气压力和加速踏板位置，以占空比的信号来控制增压电磁阀（Y10.38）。

增压电磁阀（Y10.38）功能：由真空泵提供的负压，以发动机控制单元的控制信号向增压调节阀（J27.2）施加负压，通过可调节的涡轮叶片将废气导向涡轮，以改变废气流的流速及涡轮的转速。

故障排除：

通过上述简单了解后，起动发动机，观察增压调节阀阀杆的运动，急速时增压调节阀的阀杆在负压的作用下，上行约 0.5cm，急加速时增压调节阀的阀杆不动作。

关闭点火开关，拔下增压电磁阀线束插头，用 KTS-650 万用表测试功能检查增压电磁阀供电情况，接通点火开关，测量电压为 12V。关闭点火开关，将插头复位。选择示波器功能，起动发动机，示波器功能显示占空比信号的波形，说明增压电磁阀收到发动机控制单元的控制信号，增压电磁阀的故障造成了增压调节阀的调节失败。

根据以上检查分析，判断故障是由于增压电磁阀失效所致，需更换增压电磁阀。

安装新的增压电磁阀（图 6-5），接通点火开关，用 KTS-650 读取故障码并清除故障码，起动发动机，观察增压电磁阀的阀杆已经被负压吸到了顶部，总行程约 2cm。未储存故障码，读取实际数据值：发动机转速 1969r/min；加速踏板位置传感器 33.7%；额定助力压力 1601kPa；实际助力压力 2111kPa。进行路试，发动机动力强劲，转速超过 3000r/min 时，最高车速超过 180km/h，故障彻底排除。

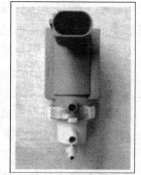

图 6-5　增压电磁阀 J27.2

案例 8

车型：捷达 SDI 柴油轿车，搭载 1.9L 直列 4 缸自然吸气电控分配泵柴油发动机。

故障现象：该车行驶里程 10 万 km，在正常行驶时突然没有急加速，发动机故障警告灯点亮，重新起动，一切正常，行驶一段时间后又无急加速。

故障检查：

打开点火开关，发现发动机故障灯闪烁。用 VAG1551 故障诊断仪检测，显示加速踏板位置传感器 G79 信号超差（不可靠信号）。该车采用电子油门，加速踏板位置传感器 G79 为电位计式，故使用 08 功能读取 002 组数据，发现 1 区数值显示为 0，且无论怎样踏加速踏板均无变化，而正常值在 0~100% 间。

根据故障码分析，可能的原因为加速踏板位置传感器 G79 失效，或者为直喷系统控制单元没有收到加速信号，即 G79 加速踏板位置传感器与电控单元之间线路有短路或断路现象。

拆下加速踏板及加速踏板位置传感器，用万用表测量加、减油门时传感器电阻值变化，发现相应数据没有异常，由此可排除 G79 本身质量原因。

测量线路，发现加速踏板传感器线束处于制动踏板和离合器踏板上方，已脱出固定夹，并与踏板支架相接。当踏下加速踏板时，线束恰好被扯直且与支架相磨，两根线已经磨损。

故障排除：

修复线束并重新固定后，故障彻底排除。

案例 9

车型：长城风骏 5 皮卡。

故障现象：发动机转速不稳、动力不足，冒黑烟。

故障检查：

利用故障诊断仪没有检测到故障码，暂不考虑电控系统，通过试车观察，发动机转速忽高忽低，并无规律，加速踏板踩到底时最高转速在 1500～2300r/min 之间摆动。

油路故障造成发动机转速不稳且功率不足的原因一般有以下几方面：

① 油路中有气体。

② 滤芯堵塞。

③ 高压油路故障。

④ 进气管堵塞。

⑤ 电控系统故障。

首先，检查低压油路。柴油滤芯、油水分离器存油清洁、干净且无堵塞现象。对管路试压无堵塞和漏气，判断低压油路正常。检查高压油路，油轨压力在正常范围内。

怀疑喷油器偶件磨损严重会使柴油雾化效果变差，致使燃烧不充分。起动发动机，在转速超过 2000r/min 时，对 4 只喷油器分别断电，发现 4 个缸均工作不良，通过拆解确认 4 只喷油器磨损过大并且积炭严重，于是更换了全部喷油器，怠速抖动、冒烟故障略有改善。

然后，检查废气再循环系统。该车使用的是电控真空式 EGR 阀，通过 ECU 给电磁阀的信号控制管路真空度，进而控制 EGR 阀的开度。首先检查电磁阀和管路真空度，控制部分正常。拆下 EGR 阀，发现阀门与阀门座已经烧蚀，缝隙达到 1.3mm，造成阀门关闭不严故障。这就造成在发动机工作时，废气不断地通过 EGR 阀门缝隙流入气缸，造成缸内废气过量，导致气缸氧含量比例过低，柴油燃烧不彻底，排气管冒黑烟，发动机动力不足。更换 EGR 阀后试车，冒黑烟故障消失。发动机转速不稳故障依然存在。

继续检查涡轮增压器，轴承旷量正常，转速正常；中冷器及连接管无破损、堵塞，进气管无堵塞。

检查到此，未能发现导致故障的直接原因，在与驾驶人的沟通中得知，故障发生前曾在外面（其他修理厂）更换过机油、机滤和空气滤芯。而空气滤芯属于燃料系统的主要部分，于是对进气部分相关部件进行检查，结果发现安装在进气胶管上的空气流量传感器装反了。

故障排除：

按原车标记正确安装后，发动机工作正常，所有故障现象消失。

总结：

转速不稳故障其实是由电控系统故障引起的。长城风骏 5 使用了热线式空气流量传感器，主要由两端金属防护网、置于主空气通道中央的取样管、2 个塑料护套和热线支承环构成。工作原理是利用测量电桥中热线电阻 R_H 的电流 I_H 为空气质量函数。当空气流量传感器反向安装时，塑料护套和热线支承环形成风阻和乱流，使热线电阻 R_H 散热过慢，且不稳定，从而使空气流量传感器取得了错误的数据。

另外，在故障诊断时，也未能严格按照先易后难，先简后繁的诊断程序，导致走了许多弯路，把本来最简单、最明显且属导致故障的主要原因放在了最后的步骤，延长了检修时间，增加了维修成本。

案例 10

车型：五十铃货车，搭载 4JB1CN 柴油发动机，博世 EDC17C55 电控系统。

故障现象：加速无力，发动机故障指示灯点亮。

故障诊断：

从表面上看，该车装有 2 个蓄电池，以为是 24V 系统，本厂没有 24V 诊断仪，所以采用了推理诊断方法。

首先分析，引起加速无力不外乎两种情况：

① 油路问题：包括高低压油路进气或者低压燃油供油不足。

② 电路问题（主要是加速踏板信号）：而电路问题通常是可以通过断开系统供电，过 10min 后再装复来判断，在短时间内（起动后 3s 内）故障现象不明显。

为了初步排除电控系统问题，断开蓄电池线 10min，装复后试图起动车辆，结果车辆虽能起动发动机，但要非常长时间（超过 10s），起动后，车辆原地加速无力，同时仪表的发动机故障指示灯再次点亮。如果不踩下加速踏板，过 10s 左右，有时候原地熄火。

通过上述操作发现故障依旧，初步判断为油路问题。而油路问题，一般是供油不足、油路进气或者喷油器回油过多导致的。首先考虑的是供油不足，以及进油管路有空气的情况，于是按压手油泵数次，直到它变"硬"，然后起动车辆（仍需 10s 以上），踩下加速踏板，发现车辆加速有力，但如果不坚持连续按压手油泵，过约 20s 车辆怠速会熄火，如果连续按压手油泵，车辆不会熄火。

观察柴油滤清器（粗滤）与油水分离器（精滤）的连接管，发现有管路有裂纹，如图 6-6 所示。

可以判断低压供油管路有空气，导致低压供油不足。

故障排除：

更换柴油滤清器，更换油水分离器，更换油水分离器通往高压油泵的柴油软管、油水分离器与柴油格之间的软管并排空，试车车辆加速有力。连续试车

图 6-6 有裂纹的燃油管路

20km 以上，故障不再发生，同时车辆起动时间大大缩短（约 3s 左右），故障解决。

故障总结：

① 电喷柴油车（高压共轨与电喷 VE 泵为运用最多的柴油电喷系统），用于货车、皮卡的大多数为高压共轨系统。该类系统加速无力，甚至怠速熄火的大部分原因为供油故障（包括喷油器回油量太多），尤其是"自吸"即不使用电动燃油泵作为低压供油的车。而供油故障大部分又是由于年久老化，所谓年久，即使用 5 年以上，或者总行驶里程 20 万 km 以上的车。而如果是供油管老化进气，则车辆的故障现象为：起动时间过长、熄火后马上再起动时间能相对缩短，但正常行驶，动力损失很小。如果怀疑供油管进气，可以一个人不断地按压手油泵，另外一个人起动车辆，如果车辆起动时间相对缩短，对于有怠速熄火现象的车辆，按此操作后怠速不再熄火，即基本可以判断为低压供油漏气。如果我们仔细观察低压燃油塑料管，一般可以看到某处存在裂纹。

② 现在，很多师傅对于发动机故障灯亮的故障判断主要还是靠诊断仪，而在特定条件下（若手头确实没相应的故障诊断仪），对于发动机故障指示灯亮的某些故障现象，此方法

确实可以 100% 判定故障源，但要有足够依据。

③ 本案例之所以能够几乎 100% 判断故障为低压油路漏气，是因为第一次按压手油泵起动成功后马上踩下加速踏板，发动机加速有力，且发动机运行约 10s 后，发动机故障指示灯熄灭，同时观察到低压油管有裂纹的现象。

④ 在对系统理解不透彻的情况下，即使你有故障诊断仪，也不知道到底是哪里的问题。因为对于某些故障码，由于故障诊断仪软件或者是版本的问题，是无法解释的。本案例在后来了解到系统的确是 12V 电压后，用 X431 诊断仪进系统读取故障码，却发现了 8 个无法解释的故障码（表 6-2）。

表 6-2　无法解释的故障码

故障码	描述
6d. 00. 40. 09（C0009）	请查询相关手册
6d. 00. 40. 62（C0062）	请查询相关手册
6d. 00. 40. 85（C0085）	请查询相关手册
6d. 00. 40. f4（C00f4）	请查询相关手册
6d. 00. 40. DC（C00DC）	请查询相关手册
6d. 00. 40. C3（C00C3）	请查询相关手册
6d. 00. 41. 91（C0191）	请查询相关手册
6d. 00. 81. 9d（B019d）	请查询相关手册

⑤ 本案例在解决了加速无力后，起动时间比原来大大缩短（3s 内就可成功起动，原来要 10s），充分证明原来的故障现象是由于低压燃油系统有泄漏（漏气）引起的。

案例 11

车型：依维柯共轨柴油货车，装配索菲姆 8140.43S 柴油发动机。

故障现象：用户反映：该车在一次空调系统检修后，起动大约 10s，发动机才能起动着车。车辆行驶过程中，发动机加速无力，且发动机故障灯有时会点亮。

故障诊断：

接车后，维修人员首先按压柴油机输油泵手柄，输油泵手柄硬，排除低压燃油管路进空气的可能。连接故障诊断仪读取故障码，读得的故障码为"422 电动燃油泵无信号""100 凸轮轴位置传感器错误信号"。

根据维修经验，认为故障码 422 可能是由故障码 100 引起的，于是决定从故障码 100 着手排查。查看维修资料得知，造成凸轮轴位置传感器信号错误故障的可能原因有：

1）凸轮轴位置传感器故障。

2）凸轮轴位置传感器至发动机控制单元之间的线路故障。

3）发动机控制单元故障。

4）其他方面的故障。

本着由简入繁的诊断原则，首先检查凸轮轴位置传感器线束插接器，连接牢靠；断开凸轮轴位置传感器线束插接器，未发现线束插接器插头端子有氧化腐蚀现象。尝试更换凸轮轴位置传感器后试车，故障依旧。

根据相关电路（图 6-7），断开凸轮轴位置传感器线束插接器，接通点火开关，用万用表测量凸轮轴位置传感器线束插接器 1 号端子和 3 号端子间的电压，为 4.9V，正常，说明供电正常。

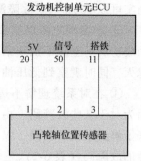

图 6-7　凸轮轴位置传感器与 ECU 连接电路

采用背插方式，将万用表直流电压档红表笔背插传感器 2 号信号导线，黑表笔搭铁，接通点火开关，显示为 5V 电压，起动发动机瞬间，测得端子 2 号的电压依然为 5V。

关闭点火开关，拔掉发动机控制单元线束插接器和凸轮轴位置传感器线束插接器，用万用表电阻档，测量凸轮轴位置传感器线束插接器端子 2 号与发动机控制单元线束插接器端子 50 之间线路的导通性，导通良好；测量凸轮轴位置传感器线束插接器端子 2 号与车身搭铁之间的电阻，为 ∞，正常。

由于没有示波器，不能进一步测量凸轮轴位置传感器输出信号波形，分析认为造成凸轮轴位置传感器输出信号故障，除了与传感器本身及其线路有关外，还与凸轮轴位置传感器、信号靶轮两者的间隙有关。查看凸轮轴位置传感器安装方式，凸轮轴位置传感器安装在一固定支架上，该固定支架安装在气缸盖上，支架的安装螺栓孔是长型的，可以调整支架在气缸盖上的安装位置，从而调整凸轮轴位置传感器与信号靶轮的间隙。测量凸轮轴位置传感器与靶轮的间隙，为 2.0mm，偏大（一般不超过 1mm），由此确定固定支架在气缸盖上的安装位置错误。

故障排除：

重新调整固定支架在气缸盖上的安装位置至标准位置，进而将凸轮轴位置传感器与信号靶轮的间隙调整至 1mm，清除故障码后试车，发动机难起动故障排除，进行路试，发动机加速有力，且发动机故障灯也不再点亮，至此，故障彻底排除。

故障总结：

维修完成后，对该故障案例进行分析。推测其他维修人员之前在检修空调系统时，可能拆卸过凸轮轴位置传感器的固定支架，安装时未能调整好凸轮轴位置传感器与信号靶轮的间隙，造成凸轮轴位置传感器输出信号偏弱，属于人为故障。其次，凸轮轴位置传感器信号电压高达 5V，是个虚假的感应电压，是正常的，反而可以说明凸轮轴位置传感器与发动机控制单元之间的信号线连接正常。利用排除法一步步排除可能的故障原因，最后确定故障部位，收到很好的效果。

4. 异常熄火故障案例

案例 12

车型：奥迪 2003 款 A6 2.5TDI 发动机 BND。

故障现象：动力不足且容易熄火。

故障检查：

连接故障检测仪对车辆进行检查，得到 5 个故障码：

"021E 针阀传感器断路/正极短路"。

"4591 排气再循环阀对地短路"。

"0696 散热器风扇运行控制单元断路/对地短路"。

"04EB 燃油泵继电器断路/对地短路"。

"055F 用于发动机安装的螺旋线圈电磁阀断路/对地短路"。

记录并删除故障码，确认关闭点火开关，拔下废气再循环阀线束插头，接通点火开关，重新读取故障码，有两个故障码。

"021E 针阀传感器断路/正极短路"。

"4591 排气再循环阀对地短路"。

因此，可以确定废气再循环相关控制电路存在异常。然而，针阀传感器的故障码依然存在。如果针阀传感器存在故障，发动机 ECU 将无法正确判断喷油始点。针阀传感器安装在 3 缸喷油器内（图 6-8），用来监测 3 缸喷油器针阀开启的准确时间。

针阀传感器的信号电压与针阀运动的速度成正比，该信号直接在发动机 ECU 的一个评估电路中进行处理，当信号电压超过临界电压时，该信号就被作为喷油始点信号。发动机 ECU 通过针阀传感器从喷油器中获得实际的喷油始点，并将其与程序中的喷油始点额定值进行比较，若存在偏差，发动机 ECU 就会改变输送给提前器脉冲电磁阀的信号占空比，以改变提前器活塞上的燃油压力，直到喷油始点控制偏差为 0。

图 6-8　带针阀传感器的 3 缸喷油器

在发动机起动和发动机倒拖等工况下，针阀传感器的信号电压不足以作为喷油始点信号，此时发动机 ECU 会切换到另一种控制模式，从发动机 ECU 已编程的特性曲线中获取提前器脉冲电磁阀所需的信号占空比。由此可知，针阀传感器非常重要。因此决定对针阀传感器进行检查。

确认关闭点火开关，断开针阀传感器的导线插接器，用万用表电阻挡测量针阀传感器电阻，显示∞（正常应为 90~120Ω，温度较高时电阻可能增加 20Ω 左右），说明针阀传感器已损坏。又用示波器测量针阀传感器的信号波形，无论发动机转速如何变化，其信号电压始终为 12V（图 6-9）。

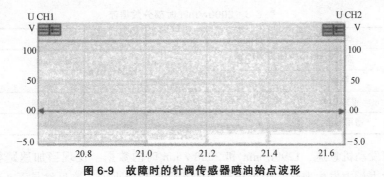

图 6-9　故障时的针阀传感器喷油始点波形

因此，更换 3 缸喷油器，测量新的喷油器针阀传感器电阻，为 120.4Ω，正常。装复后再次读取故障码，"021E 针阀传感器断路/正极短路"不再出现；用示波器测量针阀传感器的波形（图 6-10），波形恢复正常。

路试发现，车辆低速行驶时性能良好，但车速升至 70 km/h 以上后，感觉发动机转速和车速上升慢。而此时的发动机转速已经达到涡轮增压器的有效增压范围，但从动力方面，却感觉不到涡轮增压的作用。连接 FSA740，连接 KTS-540 蓝牙诊断模块，进入实际值测量界

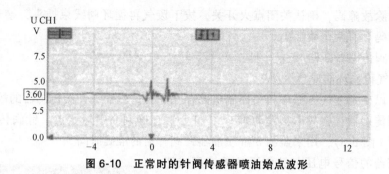

图 6-10 正常时的针阀传感器喷油始点波形

面，选择发动机转速、喷油数量、额定助力压力和增压压力实际值 4 项数据，选取了发动机怠速、低速及中速 3 个节点进行监测，得到如表 6-3、表 6-4 和表 6-5 所示的三组数据。

表 6-3 怠速时部分数据流

数据流名称	值/单位
发动机转速	765r/min
喷射数量	2.50mg/s
额定助力压力	795hPa
增压压力实际值	989hPa

表 6-4 1200r/min 时部分数据流

数据流名称	值/单位
发动机转速	1299r/min
喷射数量	4.00mg/s
额定助力压力	999hPa
增压压力实际值	979hPa

表 6-5 2000r/min 时部分数据流

数据流名称	值/单位
发动机转速	2088r/min
喷射数量	3.10mg/s
额定助力压力	1152hPa
增压压力实际值	969hPa

通过对比发动机怠速、1299r/min 和 2088r/min 时的数据，发现当加速踏板位置发生变化时，额定助力压力发生变化，但增压压力的实际值却变小了，这显然是不正确的。带着疑点对涡轮增压系统做进一步的检查。

拆下节气门前端进气软管，发现急加速时，涡轮增压器不工作。检查涡轮增压器的增压调节阀，将增压调节阀的真空软管取下，用真空枪制造真空度，增压调节阀的阀杆能自由运动，将阀杆吸到顶部，再起动发动机，能明显感觉到增压压力，且急加速时，增压压力很大。

由此可知，是增压调节阀没有正常工作导致进气量过低，发动机动力不足。因此，排查重点转为增压调节阀的控制部分——增压电磁阀。对增压电磁阀进行通电测试，发现其工作正常，增压调节阀能够正常工作。结合之前的 4 个故障码分析，怀疑是废气再循环阀及其相关线路存在故障，影响了增压电磁阀的正常工作。

对废气再循环阀及其电路进行检查，发现其线路绝缘层存在异常破损。修复破损的线束后试车，发动机加速性能良好；读取故障码，无故障码存储；读取数据流，见表 6-6、表 6-7 和表 6-8。

表 6-6 怠速时部分数据流

数据流名称	值/单位
发动机转速	765r/min
喷射数量	3.10mg/s
额定助力压力	795hPa
增压压力实际值	1030hPa

表 6-7 1000r/min 时部分数据流

数据流名称	值/单位
发动机转速	1067r/min
喷射数量	5.90mg/s
额定助力压力	1050hPa
增压压力实际值	1122hPa

表 6-8 3000r/min 时部分数据流

数据流名称	值/单位
发动机转速	3572r/min
喷射数量	0.00mg/s
额定助力压力	1295hPa
增压压力实际值	1224hPa

故障排除：

综合上述各项检查，更换 3 缸喷油器，修复破损废气再循环阀线路，最后进行路试，一切正常，故障彻底排除。

案例 13

车型： 柴油捷达 SDI（采用 VE-EDC 型电控轴向柱塞式分配泵）。

故障现象： 正常行驶中突然熄火，再次起动无起动征兆。

故障检查：

首先，使用 KTS-650 检查发动机控制系统，有 6 个故障码存储，记录后清除，再次检查，系统显示一切正常（说明 6 个故障码可能是人为造成的或偶发性的）。

连接 FSA450 对曲轴位置传感器进行测试，起动时得到的波形与正常的相同车型对比，波形正常。

起动时，观察到该车的节气门始终是处于全开状态，而正常的应该是在打开点火开关时处于全开位置，起动后急速时处于关闭状态。喷入起动液，发动机可以着车，但接着就熄火。

利用 KTS-650 对电控系统进行执行元件的主动测试，测试结束后，再次读取故障码，出现了一个故障码，是进气翻版控制阀对地短路/断路，且该故障码无法清除。

拆下进气翻板控制阀插头，发现插头中一个接脚已经严重氧化锈蚀。对该插头进行处理，把故障码清除。重新起动发动机，发动机顺利起动。

对该车进行路试，感觉车辆运行基本正常，读取故障码，出现一个 44F8 的故障码，查阅维修手册得知，该故障码内容是喷油正时起始控制差异，且该故障码虽然可以清除，但一着车便会再次出现。

进入系统基本设定功能，按照提示，进行喷射正时基本设定，此时的"喷射开始"学习 KW（曲轴转角）值为 13.8°。

读取数据流，发现在原地连续急加速时，节气门执行器开度值可以达到 72%（与汽油电控发动机的节气门开度表述相反，对于柴油喷射发动机，开度值越大，节气门实际打开角度越小）。此时节气门处于关闭位置，但在 2~3s 后，可以观察到节气门突然又打开，数据流显示此时的节气门执行器开度值达到 4%。反复踩下加速踏板几次，情况都一样。而正常车急速时，节气门执行器开度值的大小始终为 72%。

故障分析：

根据存在的喷油正时起始控制差异故障码，一般认为造成节气门开度不正常的原因应该是分配泵调整不当所致。结合在前面进行喷射正时设定时测得的"喷射开始"KW 值为 13.8°，决定调整喷射正时。

故障排除：

连接博世 KTS-650 检测仪到正常车辆上，读取到该 KW 值为 4.0°，确定正常 KW 值应在 4.0° 左右。

松开分配泵前端的 3 个固定螺栓，将泵体顺时针转动一定角度，然后固定这 3 个螺栓，起动发动机，观察到此时 KTS-650 屏幕显示该 KW 值为 7°。

退出基本设定，进入故障码清除功能，此时故障码可以清除。而后进行路试，发动机动力明显增强、噪声降低，故障码也不再出现。因此推断"喷射开始"KW 值的范围在 13.8°~7° 之间是可以执行基本设定功能的。

案例 14

车型： 五十铃柴油发动机客货两用车，装配 VE 型单柱塞分配泵。

故障现象： 正常起动、运行但不能熄火。

故障诊断：

首先，验证故障，正常着车后，关闭点火开关至"OFF"，发动机熄不了火（仍然急速运转），此时，若猛踩加速踏板，随着柴油机转速的升高，柴油机却能熄火。

柴油机熄不了火的原因可能是因高压油泵上的电磁式断油装置有问题。电磁式断油装置由电磁阀、电磁线圈、弹簧等零件组成。当需要停止柴油机转动时，可将点火开关转到"OFF"，此时切断电磁线圈电源，电磁力也就随之消失，弹簧会把电磁阀的针阀推回阀座，关闭进油孔。

由于油路被切断，高压油泵停止供油，柴油机自然也就熄火了。为了查清电磁式断油装置的问题，先将其从高压油泵上拆下来进行测试。用外接电源给电磁式断油装置通电时，针阀能迅速抬起；在切断电源后，针阀能迅速落座。这就说明电磁阀性能良好。接着对针阀和阀座进行认真的观察，发现阀座上有些铁质硬物，这很可能就是故障所在。

由于电磁阀的阀座上有硬物，使针阀在落座时被垫起，致使针阀与阀座之间出现一定的间隙，从而使少量柴油通过此间隙进入高压油泵内，造成柴油机不能熄火。当猛踩加速踏板时，柴油机转速在瞬间迅速提高，这时进入高压油泵的少量柴油就不够用了，柴油机因供油不足而熄火。

故障排除：

将高压油泵电磁式断油装置电磁阀阀座上的污物清洗干净后装复，起动柴油机，然后将点火开关转至"OFF"，柴油机立即熄火。

案例 15

车型：依维柯柴油车。

故障现象：关闭点火开关后，发动机不能及时熄火，而且充电指示灯点亮。

故障诊断：

首先，检查点火开关，没有搭铁和不回位故障。然后用 12V 电源测试电磁阀，在接通和断开电源时，阀芯拉动、保持、回位均良好。最后，用万用表检查充电线路，发现与充电指示灯串联的二极管已经击穿。

故障排除：

更换被击穿的二极管后试车，关闭点火开关后，发动机立即熄火，充电指示灯也不再点亮。

故障总结：

该车在正常情况下关闭点火开关后，由于二极管的单向导电作用，充电指示灯和供油电磁阀与主电源断开，电磁阀随之闭合，发动机便因没有燃油供给而立即熄火。当与充电指示灯串联的二极管被击穿短路后，电流便从发电机的电源接线柱经二极管、充电指示灯、供油电磁阀至搭铁，构成闭合回路，致使喷油泵压头上的供油电磁阀保持在开启位置，喷油泵便继续向发动机各缸供高压燃油，所以发动机不能熄火。同时，发电机在自激发电，所以充电指示灯便点亮。

5. 其他故障案例

案例 16

车型：奥迪 A6L　2.7TDI 涡轮增压直喷柴油发动机。

故障现象：发动机故障指示灯亮。

故障检查：

首先，利用诊断仪读取故障码，发现有增压压力过低的故障提示。清除故障码后，由于未发现任何异常现象，因此怀疑是柴油油品不良造成的偶发故障，建议车主在行驶中进行观察。车辆行驶 1000km 后，故障重现，且故障码与上次相同。但不同的是，这次清除故障码后试车，故障很快重现。根据故障码的提示，对涡轮增压器控制单元 J724 进行检测，未发现故障。对发动机控制单元 J623 进行初始化设定后试车，故障依旧。

由于缺乏该款发动机在不同工况下的正常数据，于是将故障车与同车型的正常车辆进行数据对比。在标准怠速时，两车的增压压力控制值基本相同。将怠速提升到 2500r/min，故障车增压压力控制值为 86.3%，而正常车为 62.1%，这一数据差异应当是找到问题的切入点。

故障分析：

从该车工作原理得知，发动机控制单元 J623 根据加速踏板的信号，通过 J724 控制涡轮增压器增压，并由进气压力传感器 G31 反馈进气歧管的压力，形成闭环控制，其电路图如图 6-11 所示。

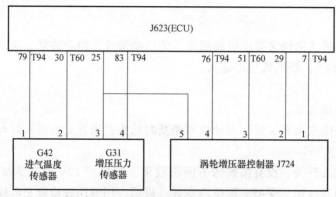

图 6-11　涡轮增压控制电路原理图

当 G31 反馈的压力值低于 J623 控制目标值一定量时，J623 将存储故障码。为提高涡轮增压器的响应速度，该车型的增压器是通过导向叶片来调整增压动力气流的，而导向叶片又是通过一个电动调节器来控制的。J623 将增压压力目标数据传给 J724，J724 将这一数据转换成增压压力控制值来驱动电动调节器，电动调节器带动导向叶片实现增压压力的调节。

考虑到进气歧管中如果存在气流泄漏点，是会导致增压压力损失的，而最易产生泄漏的地方常常是废气再循环系统。拆下进气歧管进行检查，发现废气入口处积炭很多。清理后重新试车，发现情况没有任何改变。又拆下涡轮增压器检查，也未发现任何异常。至此，进气系统的漏气及增压问题都已经排除，剩下的只有涡轮的驱动问题，即排气气流是否能够为涡轮提供足够的驱动力。

拆下排气管上的氧传感器，将自制的气压测量工具装在排气管上。因为连接压力表的管路内没有气流，所以管路在短时间内不会过热。将气压测量工具安装好后，对故障车及正常车进行排气气压的对比测量，仍然是标准息速及高速下测量数据，见表 6-9。

表 6-9　排气压力测量值

发动机怠速转速/(r/min)	故障车排气压力/kPa	正常车排气压力/kPa
700	3.5	0.00
2500	80~90	3.5~3.6

从测量结果可以看出，故障车排气管中的气流压力明显高于正常车，显然是排气气流受阻。根据经验，首先想到的是三元催化器堵塞，但用内窥镜从氧传感器安装孔观察，发现三元催化器表面并无堵塞的痕迹。

查阅资料得知，该车除了三元催化器外，还装有颗粒过滤器（图 6-12）。于是拆下排气管用内窥镜观察，发现颗粒过滤器堵塞严重。

故障排除：

问题终于找到了，更换带颗粒过滤器的排气管，重新测量排气压力，发现与正常车完全相同，经过试车，发动机故障灯熄灭，故障彻底排除。

总结：

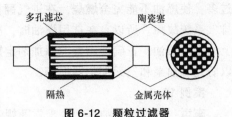

图6-12 颗粒过滤器

涡轮增压器是以排气气流作为其动力源，气流动力的大小取决于增压器气流入口与出口的气流压力差，在增压器入口压力一定的情况下，出口压力越低，气流动力越强。该车由于颗粒过滤器堵塞，增压器出口压力偏高，使得涡轮的工作动力不足，增压压力达不到发动机控制单元给出的目标压力，因此发动机故障指示灯点亮。

案例17

车型：捷达SDI柴油轿车。

故障现象：该车以40~50km/h车速行驶时出现耸车现象，车速超过50km/h行驶，耸车现象消失，但车速达到100km/h左右时加速无力。

故障检查：

连接故障诊断仪VAG1552，利用02功能对发动机电控单元进行故障码读取，无故障码储存。怠速状态下，利用08功能读取数据流无异常。进行路试，发现该车低速耸车严重，从2档就有加速轻微耸车现象，3档车速在50km/h左右连续耸车，当加速超过50km/h时耸车现象消失，加速到100km/h时再加速，明显感到加速无力。

继续进行路试，使发动机转速维持在3000r/min左右，读取诊断仪08功能000显示组数据流，2区（喷油阀喷油始点信号）、4区（喷油量）均未达到标定值（正常标定值是3档2区值为113~150mL/s，4区值为100~150mL/s），且2区显示值过低。根据怠速和路试数据比较，此车故障原因应为运行状态功率损失造成。因为捷达柴油车的废气再循环系统在怠速和中小负荷时都工作，尽管它降低了废气排放，但相对地使整车低速时功率有所下降。于是，在进气良好的情况下，短暂切断废气再循环工作，使发动机功率人为提高，然后进行路试。结果低速耸车现象消失，但高速仍加速不良。

根据以上检查的结果，导致高速加速不良的故障原因很可能是排气不畅所致。拆下带三元催化器的排气管，用内窥镜观察，发现三元催化器呈蜂窝状的孔道已堵上了一层厚厚的炭粒，导致排气不畅（产生堵塞的原因主要是使用的燃油含杂质太多，含硫量偏高）。

故障排除：

更换符合规定的三元催化器，进行路试，所有故障均未出现，故障彻底排除。

故障总结：

此类故障基本上都是尾气排放不畅引起（个别是喷油泵堵塞）。对于电控柴油轿车，耸车、加速不良并伴有黑烟的故障诊断，首先要准确、全面、有针对性地读取数据流，确定故障原因、范围，然后再清理进气系统，排查排气系统（主要是三元催化器），最后检查能引起故障的油路系统及控制电路。

一汽-大众柴油轿车的喷油泵是电控泵，燃油质量至关重要。油品中含水和杂质过多是喷油泵损坏的主要原因。含水过多，导致水直接进入喷油泵，引起控制电路烧蚀，喷油泵不能工作；同时进入的水也破坏了喷油泵的有效润滑，造成喷油泵的机械磨损或损坏。含杂质过多，使燃油不能完全燃烧，在进气翻板、燃烧室和三元催化器等处形成积炭过多，导致进排气系统故障。所以，在选用燃油时，应选择大的、品质好的加油站，最好使用静置48h以上的足号柴油，正确使用柴油添加剂定期清洗燃油系统，并对柴油滤清器及时排水和更换，以防止喷油泵和三元催化器损坏。

案例18

车型：依维柯柴油车，装配索菲姆8140.43S柴油发动机，采用博世高压共轨系统。

故障现象：用户反映该车发动机转速达到3000r/min后难以加速，同时发动机故障指示灯闪亮，偶尔能达到4000r/min，当转速下降后，发动机故障指示灯自动熄灭，同时发动机恢复正常。

故障诊断：

接车后，使用诊断仪进行诊断，故障信息为负油压偏差。这说明高压泵产生的实际共轨油压与理论油压偏差过大。通常有两种原因，一是高压泵故障，二是喷油器故障。这两个元件与共轨油压有直接关系，在发动机控制模块控制下，可实现各种工况下的最佳共轨燃油压力。因此，任何一个部件有问题，都会造成共轨油压偏差过大。

读取数据流，当发动机转速低于3000r/min时，实际共轨油压值始终与目标油压值保持一致；而当发动机转速高于3500r/min时，实际共轨油压值开始明显低于目标油压值。当实际共轨油压达到46MPa时就难以继续升高了，此时发动机故障指示灯开始闪亮。由此可以判断故障是共轨油压过低造成的，喷入气缸的燃油过少，发动机就无法正常加速。最有可能的故障原因是高压泵磨损；若是喷油器泄压导致共轨油压过低，则往往伴随怠速抖动、缺缸、爆燃等现象，而本车并没有这些现象。

该车采用CPI型高压泵，是柴油高压共轨系统的核心部件，虽然它的作用是产生高压油，但在结构上与传统柴油机的机械式分配泵完全不同。CPI型高压泵采用三个径向布置的柱塞泵油元件产生高压油，第三柱塞关闭电磁阀用于增加润滑径向泵的柴油量，在4200r/min以上起作用，此时高压油泵1/3的流量回到泵的内部低压腔内，以保证衬套的润滑并减少供油量和功率损失。高压泵的故障有一定规律可循。例如，故障出现在某一特定转速区域内，其他转速区域内发动机表现稳定。但如果是喷油器有问题，则会在所有转速区域内都有可能出现抖动、缺缸、异响及爆燃现象。

故障排除：

更换高压泵，故障彻底排除。

案例19

车型：长城皮卡，配置4D20M国六柴油发动机，6速手动变速器。

故障现象：用户反映，该车仪表上尿素液位警告灯闪烁，同时提示"尿素系统故障，行驶已超过50km"，最高车速只能达到50km/h。

故障检查：

起动发动机，仪表上发动机故障灯常亮，同时尿素液位警告灯闪烁，提示"尿素系统故障，行驶已超过50km"，如图6-13所示。

用户以为尿素不足，已经添加过尿素，而且添加尿素时，是在关闭点火开关的情况下进行的，可是加满尿素后故障依旧。

采用 4D20M 国六柴油增压发动机，尾气排放利用 SCR 尿素喷射系统对尾气进行净化，喷射的尿素在高温下产生 NH_3 和尾气中的 NO_x 化合物在催化转化器中发生反应（图 6-14）。

图 6-13　仪表盘上故障指示灯

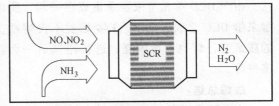

图 6-14　尿素喷射系统催化还原过程

NO_x 化合物被催化还原成无害的氮气和水，从而大大降低尾气中的 NO_x 化合物排放量，从而达到国六排放要求。当尿素系统出现故障后，仪表会提示"尿素系统故障，请入站检查"，若车辆带故障行驶超过 50km，最高车速将被限制在 50km/h。

该车仪表提示"尿素系统故障，行驶已超过 50km"，说明尿素系统出现了故障未及时排除并进入限速模式。

首先，利用故障诊断仪读取尿素喷射系统故障码，发现诊断仪无法进入 DCU（尿素喷射单元），进入发动机 ECU 读取故障码为：U120200-DCU 信号丢失。

既然诊断仪无法进入 DCU 系统，说明 DCU 没有工作电源，根据图 6-15 尿素系统电路图可知，系统熔丝位于 1 号熔丝盒的 44 号，即 F1/44/15A，位置如图 6-16 所示。

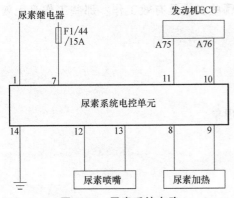

图 6-15　尿素系统电路

图 6-16　F1/44/15A 熔丝位置

检查发现 F1/44 号熔丝已经熔断，换上备用熔丝立刻熔断，说明熔丝输出端至 DCU 单元的线路，或者 DCU 单元本身有与搭铁短路现象。

查阅维修手册得知，F44 熔丝输出 6 端从 1 号熔丝盒至右 A 柱后，通过插件 P09 与座舱线束插件 H09 相连，之后从前排乘客座椅底部到车身底部连接到尿素 DCU 单元。

为了提高效率，没有采取逐段检查的方法，在关闭点火开关的情况下，首先拔下 DCU 线束插头（图 6-17），发现插头有少许水迹，清理吹干后测量 DCU 插头 IG 电源线与 F44 熔丝的输出端红白线与搭铁不导通，说明线路没有问题。

在关闭点火开关的情况下，重新插上 DCU 插头，熔丝立刻熔断，说明 DCU 单元内部或者是内部电源部分有搭铁短路现象，至此，导致烧毁 F44 熔丝的故障找到了。

故障排除：

由于 DCU 单元与尿素泵集成在一起，所以更换尿素泵带 DCU 总成后测试，F44 熔丝不再熔断，仪表上的尿素警告灯也不再闪亮，进行路试后一切正常，故障排除。

故障总结：

由于尿素泵单元 DCU 内部短路，DCU 的 IG 电源线直接通过 DCU 内部短路搭铁，导致烧 F44 尿素单元熔丝并且仪表报警，而且由于车辆在有故障的情况下行驶超过了 50km，所以会出现最高车速受限的情况。

熔丝的供电线
(DCU IG电源线)

搭铁线

图 6-17　DCU 单元线束插头

 练习与思考

综合题

1. 阅读分析案例 1，完成如下工作：

1）较为详细地描述柴油发动机无法起动故障的现象。

2）列举导致故障的原因有哪些？

3）围绕排除故障进行了哪些诊断、检查工作？哪些工作是有效工作？那些工作是无效工作？

4）最终确定的故障原因主要是什么？为什么？

5）总结该例故障诊断、排除的成功与不足之处。

2. 阅读分析案例 5，完成如下工作：

1）较为详细地描述柴油发动机起动困难故障的现象。

2）列举导致故障的原因有哪些？

3）分析故障码对诊断故障有何作用。

4）分析数据流在诊断故障中的作用。

5）最终确定的故障原因主要是什么？为什么？

6）总结该故障分析的学习有什么体会。

3. 阅读分析案例 10，完成如下工作：

1）较为详细地描述柴油发动机起动困难故障的现象。

2）列举导致故障的原因有哪些？

3）描述该故障诊断全过程，各个过程的主要作用什么？

4）你能总结一下该故障的诊断思路吗？

5）该案例的故障诊断你有哪些收获、启示？

4. 阅读分析案例 11，完成如下工作：

1）较为详细地描述柴油发动机动力不足故障的现象。

2）列举导致故障的原因有哪些？

3）通过故障案例的分析，你对涡轮增压系统了解了吗？试着描述涡轮增压系统的组成（配图）与工作原理。

5. 阅读分析案例18，完成如下工作：

1）较为详细地描述柴油发动机转速不稳、动力不足故障的现象。

2）列举导致故障的原因有哪些？

3）从故障诊断并排除的过程中你认为遵循故障诊断程序重要吗？你还记得故障诊断应该遵循哪些程序吗？请一一列举。

任务2　商用车故障案例

学习目标：

1. 了解起动困难故障的常见原因

2. 了解发动机熄火故障的常见原因

3. 了解"跛行回家"故障的常见原因

4. 熟悉柴油发动机起动的必备条件

5. 掌握柴油发动机起动的关键参数

6. 掌握柴油发动机起动故障的诊断与检测

学习内容：

1. 起动困难故障案例

2. 起动后熄火故障案例

3. "跛行回家"故障案例

4. 其他故障案例

1. 起动困难故障案例

案例1

车型：一汽豪沃，柴油发动机配电装系统。

故障现象：行驶途中突然熄火，再次起动无着火迹象。

故障检查：

这台车辆行驶途中突然熄火，坏在路上，抢修人员现场抢修，电话告诉维修人员主要是燃油计量单元没有点火供电，查找几个小时仍然没有找到故障所在，眼看天色已晚，请求帮忙解决。

赶到现场简单询问情况，决定先从燃油计量单元（PCV电磁阀）查起。在关闭点火开关的情况下，将PCV电磁阀线束插头拔下，接通点火开关，将测试灯的一端用鳄鱼夹搭铁，另一端触接PCV电磁阀线束的任意两线，测试灯均无点亮，确认此处无点火供电。

故障分析：

为了帮抢修人员彻底搞清楚PCV电磁阀的供电情况，参照电路图，现场就地画下该电路的简单工作原理图，如图 6-18 所示，并给其讲解了该电路的工作原理。

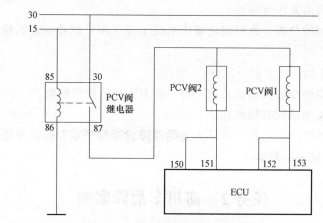

图 6-18　燃油计量单元电路原理图

接通点火开关，PCV 电磁阀继电器的 85 脚得到点火供电，经线圈通过继电器的 86 脚搭铁，继电器线圈构成闭合回路产生磁力，吸合触点；蓄电池正极至 PCV 电磁阀继电器的 30 脚、继电器内部已经闭合的常开触点，由继电器的 87 脚输出至 PCV 电磁阀，从而使 PCV 电磁阀得到点火供电，这是 PCV 电磁阀的供电情况。当发动机运转，发动机电脑再根据各传感器的信息，经分析、判断，最终输出驱动信号给 PCV 电磁阀的控制端，使其工作，调整高压共轨管压力。

所以 PCV 电磁阀没有点火供电，一方面要落实 PCV 继电器是否工作，另一方面要检查继电器至电磁阀线路导通情况。

故障排除：

在仪表台右侧的熔丝及继电器盒里找到了燃油计量单元继电器，打开点火开关后确认继电器工作正常，且能从继电器的 87 脚送出 24V 电源。

重点应放在继电器输出至 PCV 电磁阀的线路上，从继电器的 87 脚至 PCV 电磁阀用万用表蜂鸣档检查为断路，通过逐段检查，发现在右前灯后至继电器侧的线路有断路现象，故障点终于找到了。

为了尽快解决问题，将断线的两头剪断并包扎，另外换一新线连接并包扎，接通点火开关，再检查 PCV 电磁阀有了点火供电，起动发动机并排气后，发动机正常工作。

案例 2

车型：潍柴重型货车，配博世电控系统。

故障现象：起动时起动机无反应。

故障检查：

无故障码显示，蓄电池、起动机连线、熄火开关、空档开关均正常，采取应急措施，将起动机蓄电池正极输入与电磁开关输出接线柱短接直接起动，起动机工作正常。故障应为控制线路。

故障分析：

在博世高压共轨电控系统中起动机是由发动机电脑最终控制的，所以首先要了解起动机控制电路，参照原车电控电路整理出起动机控制电路，如图 6-19 所示。

分析电路可知，当点火开关旋至起动位置时，发动机电脑的 1.61 端子得到起动信号，由发动机电脑的 1.37 和 1.51 端子输出起动继电器控制信号，继电器线圈工作产生磁力，吸合触点将蓄电池正电源送至起动机电磁开关的 S 端子，电磁开关工作后内部触点闭合，将蓄电池正电源送至起动机，起动机才能运转。

上述检查中，将电磁开关的 B 与 C 端子短接后起动机能正常工作，说明故障有可能是起动继电器的 30 触点没有电、继电器损坏，也可能是继电器线圈控制线断路，或者发动机电脑没有得到起动信号，也可能是电脑没有输出信号。

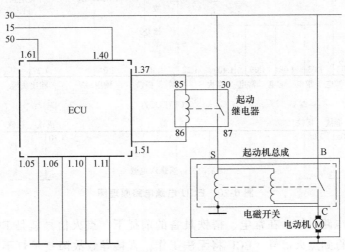

图 6-19　起动机控制电路原理图

故障排除：

本着先易后难的维修原则，首先找到起动继电器，检查其 30 供电正常，继电器未见异常，所以考虑是否控制线路断路，查找继电器到发动机电脑之间的控制线路时，拆下电脑整车线束插头后，发现整车线束插接件与电控单元（ECU）针脚处有烧焦痕迹，经核实为 ECU 针脚的 1.37、1.51（连接起动继电器的两个针脚）已经烧断，致使 ECU 无法控制起动机继电器线圈，经详细检查后确认 ECU 确实无输出，由此可判定 ECU 损坏。更换 ECU 后，故障排除。

提示：

电控单元 ECU 内部烧毁或针脚处烧焦的现象很少发生，一旦出现这种现象，很可能在电控系统相关电路发生过短路或过电压、过电流的情况，或者是 ECU 针脚接触不良、密封失效进水等现象。本故障经与用户了解，故障前曾经对车辆进行过焊接，但未拔掉 ECU 插头，所以，在对车辆进行焊接作业时一定要将电控单元拆掉或断开其电源。

案例 3

车型： 潍柴货车，装博世电控系统。

故障现象： 行驶途中突然熄火，起动时起动机不转。

故障检查：

本着由简到繁、先易后难的维修原则，在起动机起动端子上连接测试灯，起动时测试灯不亮，后直接给起动机的起动端子（50）送电起动机转动正常，发动机也随之转动，但发动机无着火迹象，在检查点火开关时发现接通点火开关后，位于仪表板上的故障灯不亮，此时怀疑发动机电脑是否没有点火供电。

关闭点火开关，拔下进气压力传感器、冷却液温度传感器等，再接通点火开关，测量传感器上都没有工作电源或参考电压，确认 ECU 没有供电或损坏。

ECU 电源电路如图 6-20 所示。

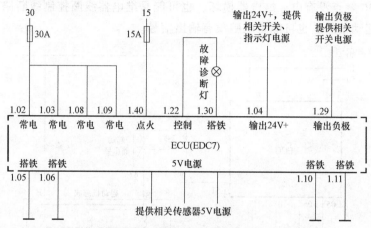

图 6-20 ECU 电源电路原理图

从 ECU 电源电路可知，在常电、搭铁具备的前提下，点火信号就是 ECU 的唤醒功能，若 ECU1.40 没有得到点火信号，ECU 将无法工作，直接导致故障指示灯不能点亮，相关传感器没有工作电源。

在关闭点火开关的情况下，将 ECU 插头拔下，发现电脑线束插头的 1.40 针脚有严重的烧焦现象，但线束侧有点火供电，疑似点火供电送不到电脑内，电脑不能工作。

故障分析：

在检修电脑、线束插头时，发现其他针脚也有不同程度的氧化现象，像是电脑插接器密封不良，有水侵入的迹象。本案例故障可能是由于电脑针脚进水，产生接触电阻最终引发烧蚀，使发动机电脑得不到点火供电而不能工作。

故障排除：

发动机电脑烧坏的概率很小，所以首先应处理电脑供电端 1.40 的接触问题，通过对电脑针脚的除锈、烧蚀处理，以及线束侧插簧的弹性处理，恢复线束与电脑的连接，接通点火开关后故障灯点亮，起动时起动机、发动机工作正常。

案例 4

车型： 潍柴重型货车，装博世电控系统。

故障现象： 起动机工作正常，但发动机无着火迹象。

故障检查：

首先，连接故障诊断仪读取故障码，无故障码存在，然后对燃油系统进行检查，将低压、高压管路系统内空气排空，试着起动发动机，结果顺利起动，随后收拾工具准备结束维修。而熄火几分钟后再次起动，又出现起动困难现象，检查发现燃油管内仍然有空气，排气后又能顺利起动，稍等几分钟后故障依旧，因此确定燃油管路存在进空气现象。

故障分析：

　　燃油系统连接管路较多，检修或更换燃油系统部件时特别是拆装频繁时，对各个部件的拧紧力矩掌握的不准确，或是管接头处理不干净等密封不严现象，都会造成对部件的损伤，使密封性能变差。本例故障排空气后能顺利起动，说明电控系统正常，发动机不着的原因可能是管路系统的某个接口或管路本身有漏气现象存在，应仔细检查。

　　故障排除：

　　经仔细检查燃油管路部件，发现燃油粗滤器进油口螺纹处有轻微损伤，导致空气进入油路，造成发动机无法正常起动。

　　更换粗滤器或低压油路部件后发动机正常起动。

　　案例5

　　车型：潍柴重型货车，装博世电控系统。

　　故障现象：起动机、发动机转动正常，但发动机无法起动。

　　故障检查：

　　利用诊断仪未读到故障码，检查燃油系统低压油路正常、高压泵的出油正常、供油量充足。依次将喷油器回油管松开观察喷油器回油量，经对比观察，发现只有第三缸喷油器回油量较大，其他各缸喷油器回油量基本正常，据此可判断第三缸喷油器损坏。

　　故障分析：

　　柴油机共轨燃油系统部件特别是喷油器、燃油计量单元等部件，对燃油质量要求很高，劣质的燃油或含水量较高的燃油，会造成喷油器针阀磨损，导致密封不严或卡滞现象，如果泄漏过大则可能造成轨管压力降低，起动轨压不足以开启喷油器而无法起动，通过上述检查可初步判定三缸喷油器有泄漏或卡滞现象。

　　故障排除：

　　疑似燃油质量所致，所以更换第三缸喷油器，并将其他喷油器进行了清洗，更换并增加了具有除水功能的合格的柴油滤清器，发动机顺利起动，同时建议用户尽快更换质量可靠的优质燃油。

　　案例6

　　车型：潍柴重型货车，装博世电控系统

　　故障现象：发动机无法起动且无故障码。

　　故障检查：

　　起动时起动机转动有力发动机运转正常，但无着火迹象，疑似油路问题，将高压泵的高压油管接口松开，用起动机带动，发现无燃油流出，判断高压泵内有空气，设法将回油管堵住，继续用起动机带动排气，等有燃油流出后，恢复管路，起动发动机仍然无法起动。

　　看来燃油管路漏气现象严重，再次检查低压管路仍未发现问题，顺着油管检查至燃油箱时，发现油箱液位很低，回油管刚刚置于燃油液位之下。

　　故障分析：

　　燃油系统切忌空气进入，通过对燃油管路的检查未见异常，而油箱内的液位过低，会不会是由于回油管油流冲击液面溅起气泡，被输油管连气带油吸进出油管，造成燃油管路内产生大量空气而导致发动不着呢？

　　故障排除：

　　根据分析判断可能由于燃油液位不足所至，于是添加油箱内燃油，排空油管内空气，发

动机顺利起动。

案例 7

车型：潍柴重型货车，装博世电控系统。

故障现象：发动机起动困难。

故障检查：

用诊断仪读取不到故障码，从数据流观察同步信号数值正常，显示为 48，但反应时间略长（比较平时情况），对曲轴转速传感器和凸轮轴转速传感器进行检查时，发现曲轴转速传感器表面有吸附物类似金属屑、飞轮信号盘上沾有油污、泥土且很脏，线束及传感器插接器未见异常。

故障分析：

柴油机电控系统中通过曲轴转速传感器和凸轮轴转速传感器信号的对比，来确定喷油器的喷油顺序、喷油时间，案例中发现同步信号反应时间较长，且曲轴转速传感器飞轮信号孔处有脏物，导致了传感器不能及时、准确识别飞轮上的信号位置，信号电压定会受到影响，发动机电脑无法做出正确判断，并输出正确的驱动控制信号，导致了起动困难。

故障排除：

重点清除了曲轴转速传感器及飞轮信号盘上的脏物，保证传感器的正确识别，发动机顺利起动。

案例 8

车型：潍柴重型货车，装博世电控系统。

故障现象：起动机、发动机运转正常，无故障码，发动机无法起动。

故障检查：

连接诊断仪，起动时观察数据流，发现轨压达不到起动最低压力 160bar[⊖]；用起动机带动发动机，检查共轨限压阀无泄漏；断开高压油泵出油管，发现高压油泵两个出油口都出油，但油柱高度不一样，一个高度约 4.5cm，一个不足 2.0cm，判断为高压油泵供油能力不足。

故障分析：

从以往维修经验数据可知，发动机起动转速达到 200~250r/min 以上，高压油泵出油油柱应有 4.5cm 的高度，而上述轨管泄压阀的检查和高压油泵高压输出管出油口处油柱高度不同的目测对比，判断故障主要原因应为高压供油不足所至，而劣质燃油是导致高压油泵柱塞早期磨损的真正原因。

故障排除：

更换高压油泵，更换并加装除水滤清器。

案例 9

车型：潍柴重型货车，装博世电控系统。

故障现象：起动机正常运转，柴油机无法起动。

故障检查：

通过询问客户得知，该车是从厂家提车时加注了-10#柴油，回到当地（东北）停车后次

⊖ 1bar=100kPa

日无法起动。

经检查低压油路发现油箱内柴油结蜡，造成燃油流动性受阻，堵塞油路和各个滤芯，导致了发动机无法起动。

故障分析：

柴油发动机燃油受环境温度影响很大，该车在使用柴油时未根据环境温度正确选择柴油标号，而造成柴油结蜡导致进油管受阻或堵塞。

故障排除：

彻底更换柴油（符合当地最低温度，-35℃），疏通油路或更换滤芯。

案例10

车型：秦皇岛通联 WP12。

故障现象：起动时间过长，有时需要喷一些起动液方可起动。

故障检查：

接通点火开关，故障指示灯能够点亮，初步说明发动机电脑供电正常，检查电控系统传感器、执行器线束、插接器未见异常；检查燃油系统管路时，发现低压油路油管太细，内径大约6mm左右，远小于潍柴规定最低的12mm要求。

故障分析：

由于低压油管内径小于规定的12mm，导致低压供油量不足，进而使高压油泵功率降低，轨压建立过程过慢，致使起动时轨压达不到规定值，喷油量不足，导致了起动时间过长，根据这种情况分析，此车即使起动后，行驶中也会感觉加速不畅、发动机无力。

经与用户了解，该车行驶途中出现了熄火现象，寻找柴油泵维修人员现场检修，称油管漏气，更换了低压油管后就出现了此种情况。

故障排除：

检查油管及各个连接处，更换符合规格的低压管路并排放空气，发动机顺利起动。

2. 起动后熄火故障案例

案例11

车型：潍柴重型货车，装博世电控系统。

故障现象：发动机工作一段时间就会动力不足继而熄火，但停车熄火一段时间后又能正常工作，但再工作一段时间后又会无力而熄火。

故障检查：

读取故障码并删除故障码，只有242冷却液温度过高故障码存在；通过诊断仪数据流查看，起动后发动机冷却液温度迅速达到107℃，但实际冷却液温度也只有50~60℃，再对水路进行检查未见异常，怀疑冷却液温度传感器损坏。

关闭点火开关，拔下冷却液温度传感器线束插头，拆下冷却液温度传感器，进行加温试验，发现温度与电阻值变化不是线性关系（表6-10），而是跳跃式变化，确认该传感器损坏。

表6-10　温度与冷却液温度传感器电阻近似值

温度/℃	电阻值/kΩ	温度/℃	电阻值/kΩ
-40	41	-30	23

（续）

温度/℃	电阻值/kΩ	温度/℃	电阻值/kΩ
−20	14	60	0.57
−10	8.6	80	0.31
0	5.4	100	0.18
20	2.3	120	0.10
40	1.1	140	0.06

故障分析：

冷却液温度传感器损坏后，给电控单元（ECU）发送了错误的信号，电控单元（ECU）接收到错误的温度过高信号，启用了自我保护模式，采取了停机策略。

故障排除：

更换冷却液温度传感器，发动机工作正常。

案例 12

车型： 潍柴重型货车，装博世电控系统。

故障现象： 发动机起动基本正常，但怠速不稳，忽高忽低，然后熄火，故障灯点亮。

故障检查：

读取故障码为 324 车速信号问题，在对车速传感器检查时，发现该传感器线束插头处有包扎的痕迹，打开绝缘胶布后看到屏蔽线已断，信号线多股铜丝受损严重，经与客户了解得知，之前由于里程表显示不准确，检修过车速传感器和里程表，可能在检查车速传感器时，由于操作方法不当或失误对线束造成伤害，留下了隐患。

故障分析：

车速传感器信号主要用于发动机的怠速、加减速期间以及自动巡航时的空燃比控制，由于车速传感器线束插头严重受损，导致了车速传感器信号线受到干扰，发动机 ECU 接收到了不真实的信号，使得 ECU 失去了正确的判断，导致了上述故障现象。

故障排除：

修复受损的车速传感器线束插头，故障得到排除。

案例 13

车型： 潍柴重型货车，装博世电控系统。

故障现象： 发动机能起动但伴有抖动，转速在 540r/min 马上就掉下来，也就是起动 2~3s 后自动熄火。

故障检查：

在短暂的着车过程中故障灯不亮，说明电控系统问题不大，重点检查燃油系统，低压管路及连接未见异常，拆开喷油器回油管、共轨管限压阀，用起动机带动发动机观察，当发动机有爆发声音时，看到共轨管限压阀喷出一股燃油，同时在数据流中显示轨压上升到 440bar 后很快落到 280bar，然后在 280~320bar 之间波动。

故障分析：

在高压共轨电控系统中，高压共轨管限压阀的设计，主要是为了确保共轨管内压力稳定在规定的压力值范围内，当压力超过设计极限时（一般为 1800bar），泄压阀打开以保证轨管压力不至于无限制升高；本案例在起动时压力达到 440bar 时，泄压阀就有燃油流出，所以可判定共轨管限压阀损坏。

故障排除：

更换共轨管总成，发动机起动后正常工作，再无熄火现象。

案例 14

车型：潍柴货车，装博世电控系统。

故障现象：行驶途中突然熄火，但随后又能起动，行驶中熄火现象频繁发生，故障灯不亮。

故障分析：

发动机能起动且能行驶，说明电控系统正常，导致熄火可能是突然断电或是线路某处有间歇性的搭铁或短路所致。

故障检查：

此类故障应对线束的固定、线束插接器和有可能在车辆行驶过程中线束松动重点检查，采取模拟试验的方法，在发动机工作时，对有可能造成熄火的部件、线束、插接器进行摇晃、拉动，目的是让故障重现。当对副熄火开关线束检查时，发动机突然熄火，经认真检查线束绝缘皮磨破，导线在受到振动时不定时地搭铁，错误地把熄火信号送给了电脑，所以发动机突然熄火。

该车起动机是由 ECU 控制的，有两种起动方式：一种是在驾驶室通过点火开关（50）进行起动，另一种是通过车下的副起动开关进行起动的，起动机控制电路如图 6-21 所示。

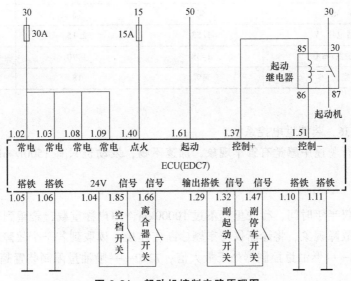

图 6-21　起动机控制电路原理图

故障排除：

对破损的线束进行修复并重新固定，故障得到彻底排除。

3.“跛行回家”故障案例

案例 15

车型：欧曼 6 货车，装博世电控系统。

故障现象：发动机起动正常，但无论空载还是重载转速只能加到1500r/min。

故障检查：

用诊断仪读取故障码，报告有1709——蓄压管限压阀执行或卡住，671——轨压传感器电压太高；查看主要数据流，怠速时实际轨压为74.0MPa，额定轨压为50.1MPa，燃油计量单元触发为1161mA，燃油计量单元占空比为15.9。

故障分析：

柴油发动机高压共轨电控系统中，当主要传感器出现故障时，控制器将会启用失效策略，并采取"跛行回家"模式，限制发动机转速和转矩，其中，轨压传感器报告有信号电压太高，无论是传感器本身或线路短路、断路，发动机电脑都将认为轨压传感器失效，而进入"跛行回家"模式，本例故障就是一个典型的传感器失效保护模式。

故障排除：

根据分析可重点检查轨压传感器及其线路，当检查到传感器时，发现传感器线束插头虽在传感器上插着，但插头锁止机构未到位，致使传感器与线束插头接触不良，故障时也称断路现象，故而报告有传感器信号电压太高的故障码，将传感器线束插头与传感器插针处理干净，重新插好，发动机工作正常。

于是记录了几个重要的参数供大家检修时参考（表6-11）。

表6-11 部分数据流参数（一）

项目	怠速	1500r/min	2000r/min
实际轨压/MPa	46	74	85
额定轨压/MPa	46	75	85
轨压传感器电压/V	1.53	2.15	2.35
计量单元触发/mA	1438	1370	1340
计量单元占空比(%)	19	18	19

案例16

车型：解放J6，装博世电控系统。

故障现象：行驶途中感觉有耸车现象，加速不畅，发动机只有1500r/min左右，故障灯点亮。

故障检查：

该车使用仅仅半年时间，行驶里程不过10000km，用户称重载，希望到现场维修。到达现场后，核实了故障现象，将诊断仪与车辆诊断座连接，读取到若干个故障码，然后删除故障码，仍有1122——燃油量控制器处于最大值，7210——喷油量限制装置超速故障码存在。

故障分析：

燃油量控制器处于最大值，控制器将加大高压泵的供油量，燃油压力超高，泄压阀将被冲开，轨压下降（一般此时轨压在70.0~76.0MPa之间变换），控制器将限制发动机转速，进入"跛行回家"模式，此时加速踏板虽然起作用，但发动机转速最高只有1500r/min。

根据诊断仪报告的故障码和所了解的电控原理，结合维修经验，这种故障一般不会是电控系统的传感器、执行器或线路所致，大多数是由于使用了不合格的劣质燃油，特别是含水量较高的燃油，会使高压泵、喷油器柱塞发卡或磨损，造成上述故障的产生。

故障排除：

由于有了一些维修经验，所以现场救援时就准备了各种滤芯，以及质量有保障的油水分离器（无检测功能但有放水功能），待检查分析完将滤芯和油水分离器更换并排气，发动机正常工作。

随后记录了一些主要的参数以备参考（表6-12）。

表 6-12　部分数据流参数（二）

项目	急速	1500r/min	2500r/min
实际轨压/MPa	45.5	70.8	96.3
额定轨压/MPa	45.0	70.6	95.9
轨压传感器电压/V	1.5	2.05	2.64
计量单元触发/mA	1412	1368	1319
计量单元占空比（%）	19	19	18

案例 17

车型：潍柴华菱自卸车。

故障现象：起动发动机后，加速踏板踩到底，最高转速只能达到 1500r/min。

故障检查：

通过诊断仪读取到以下故障码，251/237——加速踏板 1/2 错误，1381——进气加热继电器错误，1651——车速传感器故障，362——机油温度传感器故障/温度过高，1123——高/低压油路有泄漏，1709——共轨泄压阀故障。记录后删除故障码，除车速传感器故障码被删除外，其他故障码删不掉。

从数据流中看到，急速时实际轨压与额定轨压偏差很大，并且压力一直在上升，当达到 1743bar 时，故障灯点亮，此时，无论加速踏板踩下多少，发动机转速最高只有 1500r/min。

故障分析：

在柴油发动机电控系统中，当主要传感器或执行器出现故障时，控制器将采取失效策略，限制发动机转速和转矩输出，使系统进入"跛行回家"模式。本例却有六个故障码删除不掉，根据电控原理分析，同时造成若干个器件损坏的可能性不大，况且此车能起动并有 1500r/min 的发动机转速；再根据上述检查中看到的轨压一直上升，且能达到 1743bar，说明轨管压力过高，泄压阀被冲开，出现上述现象。综合分析，该故障还应重点查找燃油系统特别是燃油管路。

故障排除：

对燃油系统进行检查时，听到高压泵上有"嗞嗞"声，发现高压回油管有膨胀现象，再仔细查证落实回油管，有被压伤挤扁痕迹，看来回油不畅应该就是导致轨压上升的主要原因。

更换被压扁的回油管后发动机正常工作。

案例 18

车型：潍柴货车，装博世电控系统。

故障现象：发动机能正常起动但转速只有 1500r/min，故障灯点亮。

故障检查：

读取故障码为134共轨限压阀打开。首次起动后踩加速踏板发动机能达到额定转速，但通过数据流观察发动机在起动后的几秒钟内实际轨压大于额定轨压。

故障分析：

从故障码来分析，共轨限压阀打开，是因为共轨管内压力超出高压极限。而导致共轨管压力超出高限的主要原因，是回油管路不畅和燃油计量单元得到了错误的信号，而从数据流中没有发现有关燃油计量单元的问题，所以应重点检查回油管路。

在柴油发动机高压共轨电控系统中，当发动机电脑检测到轨管压力超出高压极限或轨管限压阀打开，控制器将进入"跛行回家"模式，限制发动机转速，大多数情况下发动机转速最高为1500r/min。

故障排除：

对回油管路逐段检查，发现油箱内的回油管有堵塞现象，对其进行疏通处理，发动机工作正常。

案例19

车型：潍柴货车，装博世电控系统。

故障现象：车辆行驶途中感觉加速无力，发动机转速最高只有1500r/min，故障灯点亮。

故障检查：

读取故障码为134——共轨限压阀打开。用诊断仪读取数据流，轨压迅速升高1800bar，然后又降到760bar。从这个现象能确定共轨限压阀正常，应重点查找燃油回油管路和燃油计量单元。检查油路，低压油路正常，回油畅通，但发现油品颜色异常。

故障分析：

通过上述检查，轨管压力能升至1800bar，而且还能降到760bar，说明轨管限压阀工作正常；对燃油管路检查未见异常，说明油路问题不大，只是油品颜色异常值得考虑。

在共轨燃油系统中对油品要求很高，而油品颜色异常说明油品质量差，微粒物多或含水量大，很可能导致燃油计量单元发生卡滞现象，且卡在常开位置，造成轨管压力无限制升高，使得共轨限压阀打开，发动机进入"跛行回家"模式。

故障排除：

更换燃油计量单元（因无配件故更换高压油泵总成），清理油路更换燃油，发动机工作正常。

案例20

车型：潍柴货车，装博世电控系统。

故障现象：发动机起动基本正常，但最高转速只有1500r/min，空载平路行驶勉强，重载动力严重不足，故障灯点亮。

故障检查：

通过诊断仪读取故障码有两个，一个为231——进气压力传感器电压超出上限值，另一个为223——进气温度传感器电压超出上限值。

根据故障码的提示，关闭点火开关准备用万用表电压档对进气压力传感器进行检查，结果拔插头时发现该传感器线束插头与传感器插座很轻松地就拔下来了，插头与插座的锁片（锁止机构）早已损坏，导致其接触不良。

故障分析：

柴油发动机高压共轨电控系统，发动机电脑检测到发动机温度超出极限范围时，本例故障是通过进气压力传感器检测到发动机温度过高，从而使控制器采取保护模式，使发动机进入"跛行回家"模式的。故障码反映传感器单纯，所以重点考虑进气压力传感器的接触问题。

故障排除：

修复已损坏的进气压力传感器线束插头，保证线束插头与传感器插座接触良好，再次起动发动机，转速能达到设定转速。

案例 21

车型：潍柴货车，装博世电控系统。

故障现象：发动机工作正常，行驶途中偶尔出现踩踏加速踏板时，发动机转速只有1500r/min，故障灯点亮的情况。

故障检查：

读取故障码并删除故障码，但只有"254——油路进油阻力太大"故障码删不掉，看来故障码254有可能是真正的故障点。

故障分析：

高压共轨燃油系统大体可分为高压和低压两大部分，低压油路应从燃油箱、各种滤清器、输油泵以及管路着手，这部分无论器件损坏或管路不畅，主要影响到高压泵的供油能力，进而影响到高压的产生和高压泵的输出；而高压部分则主要考虑高压泵、燃油计量单元、共轨管、喷油器以及回油管等，这部分出现故障时，大多反映高压过高、压力不足、泄压阀打开等现象。本案例所报告的故障码显然反映的是低压油路部分，应重点有针对性地查找。而故障出现时发动机转速只有1500r/min，说明发动机控制器启用了"跛行回家"模式，限制了发动机转速和转矩输出。

故障排除：

对低压油路逐段检查时，发现从油箱出来至粗滤的进油管有弯折的地方，其他管路、连接处未见异常，这可能就是导致进油阻力太大的真正原因吧。

为了保证进油畅通更换了低压油管，发动机正常工作。

案例 22

车型：潍柴货车，装博世电控系统。

故障现象：发动机起动困难且在将要起动的一瞬间发动机发出明显的"咔咔"声，发动机起动后转速也只能达到1500r/min，故障灯点亮。

故障检查：

用诊断仪读取故障码并记录，删除故障码后只存在"112——曲轴转速传感器故障"，对其检查时，发现该传感器线束插头与传感器插座松动，有接触不良现象。

故障分析：

柴油发动机高压共轨电控系统，控制器检测到曲轴转速传感器没有信号后，会导致起动困难，若行驶中，控制器会采取失效保护策略，使发动机控制进入"跛行回家"模式，靠单传感器（凸轮轴转速传感器）工作，所以会出现起动困难的现象。

故障排除：

处理曲轴转速传感器插头接触不良的故障，同时对其他传感器的连接情况进行了检查。

然后测试，发动机顺利起动。

案例 23

车型：豪沃重型货车，装电装系统。

故障现象：起动正常，发动机工作正常，行驶途中有时出现任凭油门加大，发动机转速却不上升，最高只有 1500r/min，且行驶无力的现象，但人为熄火后，再次起动发动机，又能继续行驶，不定时地又会发生类似现象。

故障检查：

车辆是开来的，通过对驾驶人的询问，得知每次出现加速不畅时，会看到发动机转速只有 1500r/min，而车速表指针却指示到最大极限。

读取故障码，显示车速传感器信号断路或故障。

针对故障码所指的车速传感器进行检查，发现传感器线束插头松动，拔下后观察插头与插座的插簧和插片氧化严重已失去铜质本来光泽，插头严重接触不良。

故障分析：

在高压共轨电控系统中，涉及有几项传感器或执行器故障时的保护模式，其中当车速传感器出现短路或断路时，发动机电控单元将采取"跛行回家"模式，本例故障，驾驶人称故障发生时会看到车速表指针指向最高位置，故障码表明车速传感器有故障，实际检查发现传感器接触不良。综合分析，本例故障是由于车速传感器接触不良时好时坏，导致了发动机电脑得到了车速超速的错误信号，使发动机进入了保护模式。

故障排除：

对氧化了的插头插座进行处理并且使其接触良好，故障得到排除。

案例 24

车型：潍柴欧曼货车，装博世电控系统。

故障现象：行驶途中突然感觉加不上油，人为熄火后，再次起动转速只有 1000r/min。

故障检查：

读取故障码，1709—共轨泄压阀打开，72—传感器 1 信号 1/2 不正确，433—排气制动对地短路，电源电压低。

实际测量发现传感器 1 上没有 5V 电源，轨压传感器上也没有 5V 电源，后将轨压传感器拔掉，油门 1 上有了 5V 电源。

故障分析：

在发动机电脑内部对传感器 1 和轨压传感器共用了一个 5V 电源（图 6-22），而轨压传感器内部短路，导致了传感器 1 上 5V 电源被拉低，所以有电源电压低的故障码。

电脑得到上述故障信息后启用了失效保护模式，限制了转速，所以发动机转速只有 1000r/min。

故障排除：

更换一根高压共轨管（因无轨压传感器配件）后，发动机正常工作。

案例 25

车型：潍柴货车，装博世电控系统。

故障现象：发动机能正常起动，但转速始终在 1000r/min，踩踏加速踏板也不起作用，故障灯点亮。

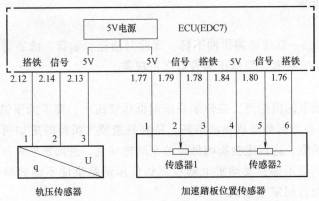

图 6-22　加速踏板/轨压传感器与 ECU 的连接电路

故障检查：

读取故障码为 "221——加速踏板信号异常"，检查其线束连接正常，用诊断仪观察数据流，两倍关系不成立，进一步检查其工作电源均正常，判定加速踏板传感器失效。

故障分析：

在柴油发动机高压共轨电控系统中，使用的加速踏板位置传感器实际上有两个功能，其中传感器 1 为主传感器，主要反映加速踏板踏下的行程，以此作为发动机的负荷信号传送给发动机电控单元；另一个称传感器 2 为副传感器，主要是监测主传感器的工作情况（电路如图 6-23 所示），两个传感器同轴动作。在设计时将两个加速踏板传感器的信号电压定为两倍的关系，发动机电控单元通过对两个加速信号电压的比例关系，来判断加速踏板传感器的工作情况，当两个信号电压的两倍关系不成立时，电控单元将采取失效策略，使柴油机工作在 "跛行回家" 模式，限制发动机转速。

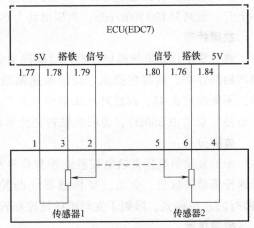

图 6-23　加速踏板位置传感器与 ECU 连接电路

故障排除：

通过对加速踏板传感器的检查，传感器 1、传感器 2 的工作电源均正常，但两个信号电压不存在 2 倍关系（表 6-13），更换加速踏板位置传感器，故障得到排除。

表 6-13　加速踏板位置传感器信号电压 2 倍关系表

加速踏板位置传感器	怠速	1500r/min	2500r/min
油门 1 信号/V	0.74	1.67	4.0
油门 2 信号/V	0.37	0.84	2.0

案例 26

车型： 潍柴货车，装博世电控系统。

故障现象： 发动机原地加速正常，但重载时动力严重不足，转速上升到 1500r/min 时就

259

上不去了，故障灯点亮。

故障检查：

读取故障码为253—低压油路供油不畅，据此对油箱、油管、滤芯进行检查，滤芯无含水现象，油箱通气阀未堵塞，但低压油管有弯折现象。

故障分析：

为了保证高压油泵的供油量，在燃油系统的低压管路中，要求低压供油管内径要大于等于12mm，内径过小或弯折会造成供油不畅，特别是重载大负荷时更加明显，检查低压油管时发现油管有弯折现象。这肯定会影响低压油泵的输油量，进而影响高压油泵的工作，致使大负荷高转速时供油量不够，发动机电脑检测到低压油路供油不畅故障时，将进入保护模式，就是发动机"跛行回家"模式。

故障排除：

更换弯折的低压油管，发动机工作正常。

案例27

车型： 潍柴货车，装博世电控系统。

故障现象： 行驶途中出现了发动机抖动、转速不稳的现象，即使将加速踏板踩住转速也不上升，最高只有1500r/min，表现出动力不足的故障，故障灯点亮。

故障检查：

通过诊断仪读取故障码并删除故障码后，"114——曲轴转速传感器信号异常"的故障码却始终存在，观察数据流，踩踏加速踏板时，转速超过1500r/min时，同步信号出现跳动，不能稳定在48，据此对其线束检查未见异常，对曲轴转速传感器进行静态检查，发现已断路（参考值860Ω），说明曲轴转速传感器失效。

故障分析：

柴油发动机高压共轨电控系统具有自诊断和传感器失效运行模式，当ECU检测到曲轴转速传感器失效后，会通过单传感器（凸轮轴转速传感器）继续工作，但发动机会进入"跛行回家"模式，限制了发动机的转速和转矩。

故障排除：

更换同型号的曲轴转速传感器，故障彻底排除。

案例28

车型： 潍柴货车，装博世电控系统。

故障现象： 柴油机起动后最高转速只有1500r/min，故障灯点亮。

故障检查：

通过诊断仪读取故障码，并记录有故障码134、1122、7210、356、699、134，删除故障码后故障码134仍然有存在，其含义为共轨限压阀打开。

检查并排除低压油路，在对喷油器回油量检查对比时，发现第六缸回油量异常。为了确认故障，通过诊断仪做高压测试，当转速为2200r/min时，实际轨压仅为900bar，远没有达到设定值目标1300bar，据此可判断高压系统泵油能力差，或存在泄漏的地方，采用断缸测试仍然是第六缸喷油器工作能力差。

故障分析：

根据电控原理分析，结合实际维修经验，发动机电控单元一旦检测到轨管限压阀打开，控制器将采取失效保护策略，发动机将工作在"跛行回家"模式，限制发动机转速和转矩输出。通过上述检查和故障码134的存在，故障原因可能为第六缸喷油器发卡或磨损。

故障排除：

更换第六缸喷油器，发动机正常工作。

案例29

车型： 陕汽德龙重型自卸车。

故障现象： 行驶途中加速踏板踩到底转速只有1500r/min，但空转正常。

故障检查：

用诊断仪读取故障码只有1713，其故障含义为PCV燃油计量小于计算值。据此，首先检查燃油计量单元（PCV）电磁阀及其线路，电磁阀静态时电阻值为3.1Ω，传感器线束插头与传感器插座接触良好；在对燃油管路检查时，发现粗滤器出口处有轻微泄漏痕迹。

故障分析：

燃油系统如果是低压部分出现渗漏，会影响到输油泵的供油量，同时也就对高压产生影响，致使高压压力不足或是大负荷高转速时供油不足。当发动机电脑通过轨压传感器检测到压力不足时，会通过对燃油计量单元的控制进行轨压稳定，但由于低压管路有泄漏，控制器将失去对轨压的调整能力，所以采取了失效保护策略，发动机进入"跛行回家"模式，限制了发动机转速和转矩输出。

故障排除：

拆下粗滤器连接管，将密封圈更换，重新按规定扭矩将管路连接，排空管路空气，发动机工作正常。

4. 其他故障案例

案例30

车型： 解放悍威，装道依茨发动机。

故障现象： 下坡使用排气制动时，排气制动无反应，但猛踏加速踏板一下（转速瞬间上升），排气制动指示灯点亮、排气制动起作用。

故障检查：

用诊断仪读取故障码：有排气制动阀、加速踏板1、加速踏板2方面的若干故障码，然后均能够删除。

故障分析：

排气制动的设计主要是在汽车下坡时，利于排气制动作用以减少制动器长时间摩擦受热，降低制动效果，或减少制动器摩擦，以延长制动器使用寿命，在车辆制动中排气制动已经起到了积极的作用，越来越被人们重视和依赖。

而排气制动阀的工作是有设定条件的，符合条件时才能够工作，首先，确保有关排气制动阀控制电路正常（电路如图6-24所示），然后，需要驾驶人将排气制动开关接通，除此之外，还有发动机转速必须符合出厂设定，CA6DL2发动机在2000~2500r/min的范围内，DEUTZ/6DE3/6DF3发动机在2200~2700r/min时工作，而低于1500r/min时不明显或者不工作；也就是说，排气制动工作有最低转速和最高转速的限制，例如，CA6DL2发动机在2000r/min以上，排气制动才能起作用，高于2500r/min时即解除排气制动功能。

驾驶人报告的情况可能是在使用了排气制动开关时，发动机转速没有达到工作条件，所以

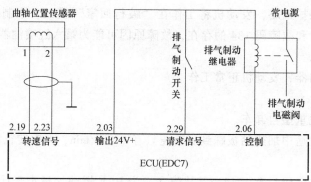

图 6-24　排气制动控制电路原理图

只有急加速一下使发动机转速瞬间升高，排气制动指示灯点亮、排气制动阀才进入工作状态。

故障排除：

此例故障说明驾驶人不了解排气制动功能的使用条件，并非真正的故障。

案例 31

车型： 玉柴货车，装电装电控系统。

故障现象： 使用排气制动时，故障灯点亮，排气制动不起作用。

故障检查：

用诊断仪读取故障码记录后并删除故障码，唯有 1681 故障码删除不掉，查阅故障码说明，得知 1681 反映排气制动输出信号开路或短路到地，于是对排气制动阀及插头、插座进行了检查，未见异常。

故障分析：

故障码的含义有时表达得很清楚，例如某某传感器断路、某某传感器短路；有些就不好理解，像 1681 故障码就不是很清楚。其实在检修故障时，经常会遇到类似情况，有时需要走许多弯路才能修复。为了彻底搞清楚问题，维修工应找来电路图，努力从电路图中得到启示，图 6-25 所示为排气制动控制电路原理图。

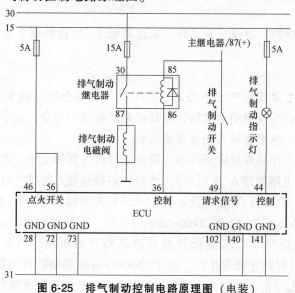

图 6-25　排气制动控制电路原理图（电装）

通过对排气制动控制电路原理图分析，发动机电控系统所报告的故障码大多数为传感器、开关信号或对执行器、继电器的输出控制信号，一般都有直接的连接关系，而不直接连接的属于间接控制的报告故障码的较少，所以，本例故障应重点查找排气制动继电器的控制部分。

故障排除：

经过对排气制动继电器控制部分线路的查找，原因是发动机 ECU 的 36 号排气制动继电器控制信号与排气制动继电器的 86 脚之间的线路断路，修复断路导线，故障排除。

案例 32

车型：潍柴货车，装博世电控系统。

故障现象：发动机动力不足，但故障灯未亮。

故障检查：

起动正常，怠速平稳，原地加速发动机能达到额定转速，路试时转换多功能省油开关，动力性无明显变化，疑似多功能省油开关失效。

对多功能省油开关进行静态检查，发现其各档位电阻值无变化，对其各档位信号电压检查均为 2.9V。

故障分析：

多功能省油开关也称多态开关，能根据整车的使用工况通过限制发动机的转矩和转速，从而使发动机运行在指定的转矩、转速区域中，即发动机输出的功率限制在指定的功率范围内，可降低整车燃油消耗。

在整车装载不同时，可以使用多功能省油开关达到节油 1%~2% 的目的，同时还可以提高发动机使用寿命。

多功能省油开关分为三档，即Ⅰ档、Ⅱ档、Ⅲ档，如图 6-26a 所示。

发动机输出功率分为最大功率（重载）Ⅲ档，中档功率（中载）Ⅱ档，最小功率（轻载）Ⅰ档。

多功能省油开关有两根导线均与发动机电脑连接，开关内通过电阻器来改变不同的档位，一般情况下，在开关脱开线束时测量，空载时 9.8kΩ，中载时 4.2kΩ，重载时 1.5kΩ，如图 6-26b 所示。

多功能省油开关与线束连接正常的情况下，用万用表电压档测量两线之间轻载时 2.9V，中载时 1.9V，重载时 0.9V。

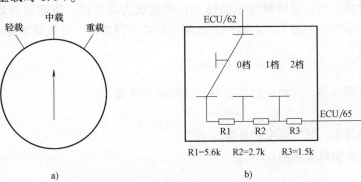

a)　　　　　　　　　　　　　b)

图 6-26　多功能省油开关

a）多功能省油开关档位　b）多功能省油开关内部电路

故障排除：

根据上述分析和检查，多功能省油开关无论在何种状态，信号电压始终不变，况且处于空载位置，所以更换多功能省油开关，路试一切正常。

案例 33

车型： 奥威 J6，装博世电控系统。

故障现象： 平路行驶正常，但重载特别是爬坡时，动力严重不足，打开多功能省油开关重载档，没有明显变化，但故障灯点亮。

故障检查：

用诊断仪读取故障码有多个，记录后全部可以删除，根据驾驶人描述，重点检查多功能省油开关，关闭点火开关，将多功能省油开关取出并将线束插头拔下，用万用表电阻档测量各档位时两端子的电阻值，测量结果如下：

轻载：9.8kΩ，中载：4.3kΩ，重载：无穷大。

故障分析：

根据维修经验无论是博世电控系统还是电装电控系统，无论叫多功能省油开关还是多态开关，无论开关是两端子还是多端子，共同的特点是，在两条信号线之间，各档位时均应有不同参数的电阻值，本开关检查时发现重载档时无电阻值，判断该开关内部损坏，参照图6-26所示，开关内部的2位触点损坏或接触不良。

故障排除：

更换同型号质量可靠的多功能省油开关，故障得到排除。

案例 34

车型： 潍柴货车，装博世电控系统。

故障现象： 车辆行驶途中尾气排放恶化，出现黑烟现象，停车熄火后，再次起动时很困难，并伴有黑烟。

故障检查：

通过数据流观察，起动时轨压只能达到 160bar，远远低于起动轨压，检查低压油路、高压油路未见漏油漏气现象，做喷油器回油量试验时，发现第三缸喷油器回油量异常。

故障分析：

喷油器回油量异常有可能是针阀磨损严重，使燃油雾化不良，导致燃烧不充分，排气管冒黑烟，也有可能发卡，导致轨压不能稳定在规定压力范围内，使起动困难，无论哪种情况，第三缸喷油器都需要更换，六缸中只有第三缸喷油器损坏，可能是本身质量问题，其他喷油器不必考虑。

故障排除：

更换第三缸喷油器，发动机起动正常，故障彻底排除。

案例 35

车型： 潍柴货车，装博世电控系统。

故障现象： 发动机冒黑烟。

故障检查：

检查进气系统空气滤芯及气路畅通、增压器正常；检查低压油路时发现柴油中有水，拆检喷油器，发现各个喷油器喷油头有不同程度的水锈，据此可判定由于柴油中有水导致喷油器针阀生锈卡滞。

故障分析：

柴油中有水且未加装除水放心滤，导致喷油器针阀锈蚀卡滞，燃油雾化不良。

故障排除：

加装除水放心滤，更换放心油品，更换喷油器。

案例 36

车型： 潍柴货车，装博世电控系统。

故障现象： 发动机空载时正常，只是重载时冒黑烟，故障灯不亮。

故障检查：

连接诊断仪随车观察数据流，发现重载特别是爬坡时进气压力达到 $1.5 \mathrm{kgf/cm^2}$（绝对压力），但瞬间就降到 $0.6 \mathrm{kgf/cm^2}$，转速下降，排气管冒出黑烟，疑似气路存在漏气现象。

首先，对进气系统空气滤芯及气路、增压器以及管路检查未见异常；检查油路和油品也未发现异常现象。

故障分析：

发动机起动正常，平路行驶基本正常，但重载或爬坡急加速时，进气压力变化较大且瞬间降低很多，看来进气系统存在着隐形故障。

故障排除：

再次对气路进行仔细检查，发现空滤器后的一段橡胶软管较软，在急加速高转速时有被吸扁的迹象，导致了发动机大负荷时进气量不足，更换进气软管，再次急加速和重载路试故障消失。

案例 37

车型： 潍柴货车，装博世电控系统。

故障现象： 发动机工作一段时间后加速踏板失效不起作用，但停车一段时间后又恢复正常，再过一段时间同样的现象又会出现。

故障检查：

通过观察数据流，发现发动机起动后冷却液温度会迅速升高到 107℃ 左右；对冷却液液位、水管等部件检查均未发现异常，但是水泵传动带有点松弛，很可能是冷却液循环不好、散热性能变差。

故障分析：

柴油发动机高压共轨电控系统具有自我保护功能，当发动机温度超出极限温度时，发动机进入过热保护模式，加速踏板表现出失效状态，熄火后让发动机稍微冷却一段时间，冷却液温度降下来后，加速踏板又会起作用。

故障排除：

此例故障对水泵传动带张紧处理后恢复正常，有时也会因为冷却液温度传感器性能变坏导致类似的故障。

案例 38

车型： 潍柴货车，装 WP10330N 系列柴油机，法士特变速器。

故障现象： 发动机怠速时与变速器、驾驶室发生共振。

故障检查：

起动发动机，观察怠速为 550r/min，共振现象较为明显，但略提升发动机转速，上述现象消失。

故障分析：

在检查共振现象时，即使是发生共振，仔细观察发动机转速仍然是很平稳的，而提高发动机怠速转速能避免发动机与变速器以及驾驶室的共振现象，说明发动机转速在 550r/min 时是该车的一个共振点，这是设计原因还是装配原因不得而知。

故障排除：

在没有有效的检测手段和必要的诊断设备的情况下，也就无法找到共振真正的原因，所以通过反复试验最终将发动机怠速调整到 620r/min 时，问题得到解决，这样虽然怠速转速略高一些，但避免了共振现象，也不会对发动机造成什么损害。

案例 39

车型： 潍柴货车，装博世电控系统。

故障现象： 当车速达到 60km/h 左右，发动机转速达到 1300r/min 时，整车抖动严重。

故障检查：

起动发动机，在各种转速下试验均未发现有整车抖动现象，路试时，只有符合上述条件时发动机与传动系统发生共振，疑似传动轴动平衡失衡。

故障排除：

更换整车传动轴，故障消失。

案例 40

车型： 潍柴货车，装博世电控系统。

故障现象： 怠速不稳且故障灯不亮。

故障检查：

检查燃油管路、各传感器连接情况、线束均未发现异常现象；通过观察数据流发现车辆没有移动，便有车速信号存在，并且在 0~7km/h 之间不停地变化。

故障分析：

在车辆没有行驶时，出现了车速信号，并且还有变化，若是车速传感器本身有故障，却未报故障码，由它导致怠速不稳的可能性不大，也许是车速传感器信号线受到车辆电气设备的干扰，出现了错误的车速信号，导致了发动机怠速不稳定。

故障排除：

检查车速传感器正常，仔细检查传感器线束时，发现其屏蔽线未搭铁，恢复屏蔽线搭铁后，怠速不稳故障排除。

案例 41

车型： 潍柴货车，装博世电控系统。

故障现象： 发动机动力不足，但故障灯未亮。

故障检查：

对燃油系统的低压、高压管路以及油质检查均未发现异常，对空气滤芯及进气管路检查时发现中冷器下端裂开长约 10cm 左右的口子，导致进气管漏气。

故障分析：

柴油发动机电控系统喷油量的控制其主要的信号之一就是进气压力，如果进气不足会严重影响喷油量的计算，进气少喷油量则少，进气量大则喷油量就大，如果进气系统出现严重的漏气现象，将严重影响喷油量的控制，所以会出现动力不足的故障。

故障排除：

更换中冷器。

案例 42

车型：潍柴货车，装博世电控系统。

故障现象：车辆行驶中，在过铁道时出现了加不上油的现象，尽管将加速踏板踏到底，发动机转速依然上升缓慢，故障灯点亮。

故障检查：

用诊断仪读取故障码有 143-5 缸喷油器线束开路，据此对其进行检查，该喷油器接线柱连接处螺母虽拧紧，但未将导线接线鼻子压紧。

故障分析：

故障发生时是在过铁道途中，有可能是发动机电控系统线束或电器件受到颠簸、振动，导致了接触不良的现象，本例故障，检查 5 缸喷油器时，喷油器螺母虽紧，但接线鼻子却未压紧，这是出厂或过去检修时留下的隐患，之前未发生故障是因为喷油器螺母、螺杆以及接线鼻子未氧化，即使未压紧，也还接触良好，此次故障是由于各连接部分氧化，加之线束受到振动所至。

故障排除：

处理喷油器接线柱及螺母使之接触良好，重新将喷油器线束接线鼻子拧紧。

案例 43

车型：解放 J6 货车，装博世电控系统。

故障现象：高、低速转换时无明显变化，故障灯不亮。

故障检查：

首先检查位于变速杆手柄上的高、低速选择开关，发现原装开关旁边又安装了一个普通电器开关，且导线外露，看来是原装开关损坏后新加的。

接通点火开关，在开关两端均没有发现有任何等级（5 V 或 24V）的电压参数，疑似线路有断路的地方，这时，驾驶人称，换过开关后不久烧过一个熔丝，之后这个熔丝就不能上，一上去就烧，果然经常烧的那个熔丝是位于保险盒上第 26 号。

通过万用表检测，开关上其中一根导线与 26 号熔丝直通，顺着开关另一根导线查找，未经变速杆护套直接垂下去到了发动机线束，并且看到这跟导线有烧蚀的痕迹，继续查找这跟导线直接连接位于变速器上的高、低速转换电磁阀。

故障分析：

检查到此，问题已经基本明白，修理工给改装了一个开关，未将线束按原来的变速杆护套内进行穿线，导致了驾驶室落下后把改装的线束压破短路而烧坏 26 号熔丝。

故障排除：

因没有原装开关，仍然使用已经改装的开关，但是重新将线束穿于变速杆护套内，问题解决。

练习与思考

综合题

1. 阅读分析案例 1，完成如下工作：

1）较为详细地描述该故障案例的故障现象。

2）列举导致故障的原因有哪些？

3）绘制图 6-18 电路，简述 PCV 电磁阀工作过程。

4）当你了解了 PCV 电磁阀的工作原理后，可否想到应急方法？是什么？

2. 阅读分析案例 2，完成如下工作：

1）较为详细地描述该故障案例的故障现象。

2）列举导致故障的原因有哪些？

3）绘制图 6-19 电路，回答如下问题：

①分析起动机工作的必备条件有哪些？

②简述起动机工作过程。

3. 阅读分析案例 3，完成如下工作：

1）较为详细地描述该故障案例的故障现象。

2）列举导致故障的原因有哪些？

3）绘制图 6-20 电路，回答如下问题：

①该 ECU 电源电路属于哪种控制方式？

②该 ECU 电源电路主要构成因素有哪些？

③简述该 ECU 电源电路工作过程。

4. 阅读分析案例 12，完成如下工作：

1）较为详细地描述该故障案例的故障现象。

2）列举导致故障的原因有哪些？

3）根据故障案例分析，回答如下问题：

① 说出该车速传感器的类型。

② 绘制车速传感器与 ECU 的连接电路。

③ 可否说出车速传感器可能受到的干扰源有哪些？

5. 阅读分析 "3. 跛行回家故障" 案例 15-案例 27，完成如下工作：

1）列举导致发动机出现 1500r/min 的故障原因。

2）分别说出这些故障原因为何能导致出现发动机最高转速 1500r/min？

6. 阅读分析 "3. 跛行回家故障" 案例 28、案例 29，完成如下工作：

1）列举导致发动机出现 1000r/min 的故障原因。

2）分别说出这些故障原因为何能导致出现发动机最高转速 1000r/min？

7. 绘制图 6-24 电路，回答如下问题：

1）简述排气制动的工作条件。

2）简述排气制动控制电路工作过程。

8. 阅读分析案例 31，完成如下工作：

1）较为详细地描述该故障案例的故障现象。

2）列举导致故障的原因有哪些？

3）绘制图 6-25 电路，回答如下问题：

① 简述该电路工作过程。

② 用图示方法说明排气制动继电器 86 号至 ECU36 号导线的检查方法步骤。

③ 可否说出车速传感器可能受到的干扰源有哪些？

9. 绘制图 6-26b 电路，完成如下工作：

1）简述省油开关性能的检查方法步骤。

2）如何判断省油开关的两条导线，哪条是电源？哪条是信号？

10. 阅读分析案例 36，你会得到哪些启发？

参 考 文 献

[1] 栾琪文. 汽车电控柴油机结构原理与维修[M]. 北京：机械工业出版社，2006.

[2] 徐家龙. 柴油机电控喷油技术[M]. 北京：人民交通出版社，2004.

[3] 张月相，王雪艳，刘大学，等. 电控汽车柴油机培训教程[M]. 哈尔滨：黑龙江科学技术出版社，2007.

[4] 杨庆彪. 电控柴油发动机结构原理与维修[M]. 北京：中国劳动社会保障出版社，2010.

[5] 王尚勇，杨青. 柴油机电子控制技术[M]. 北京：机械工业出版社，2006.

[6] 魏建秋，章炜. 国产车用柴油机结构与维修[M]. 北京：机械工业出版社，2008.

[7] 赵培全，钟勤俭. 国Ⅲ系列重卡柴油机常见故障与维修[M]. 北京：机械工业出版社，2011.

[8] 林学东，王霆. 车用发动机电子控制技术[M]. 北京：机械工业出版社，2008.

[9] 杨洪庆，刘映凯. 汽车发动机电控技术[M]. 北京：中国人民大学出版社，2009.

[10] 房颖. 柴油发动机电控系统检修[M]. 郑州：黄河水利出版社，2011.

[11] 张西振. 汽车发动机电控技术[M]. 北京：机械工业出版社，2009.

[12] 黄玮. 柴油发动机构造与原理[M]. 北京：科学出版社，2009.

[13] 李春明. 汽车发动机电控燃油喷射技术[M]. 北京：国防工业出版社，2009.

[14] 杨杰民，等. 现代汽车发动机电控系统[M]. 上海：上海交通大学出版社，2002.

[15] 曹家喆. 汽车电子控制基础[M]. 北京：机械工业出版社，2007.

[16] 姜立标. 汽车传感器及其应用[M]. 北京：电子工业出版社，2010.

[17] 陈礼璠，等. 汽车节能技术[M]. 北京：人民交通出版社，2005.

[18] 王东胜，等. 增压器[M]. 北京：化学工业出版社，2009.

[19] 刘玉梅. 汽车节能技术与原理[M]. 北京：机械工业出版社，2010.

[20] 龚金科. 汽车排放及控制技术[M]. 北京：人民交通出版社，2007.

[21] 周龙保. 内燃机学[M]. 北京：机械工业出版社，2005.

[22] 周庆辉. 现代汽车排放控制技术[M]. 北京：北京大学出版社，2010.

[23] 周松，肖友洪. 内燃机排放与污染控制[M]. 北京：北京航空航天大学出版社，2010.

[24] 卢晶，刘玉峰. 柴油机的颗粒物排放及控制策略[J]. 柴油机，2002(3)：25-27.

[25] 孙玉玮，王瑞君. 柴油机微粒捕集技术研究进展[J]. 柴油机，2004(6)：25-29.